上图 / 初入哈军工时的黄瑞松

下图 / 哈军工毕业留念（后排右二为黄瑞松）

上图 / 初入国防部五院时的黄瑞松

下图 / 黄瑞松夫妇（后排右四、右五）结婚后第一次回老家，与老父亲及家人合影

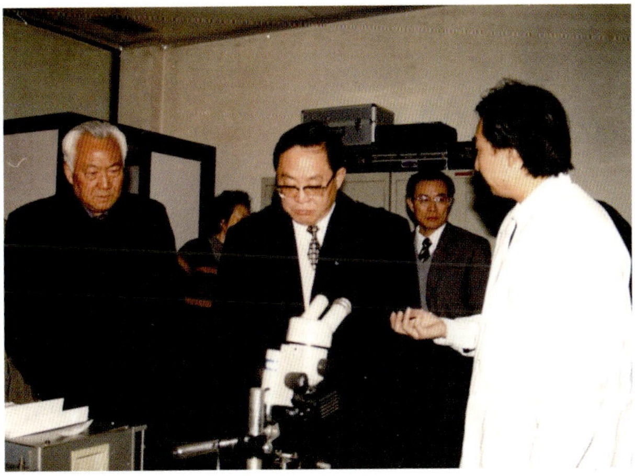

上图 / 黄瑞松工作留影

中图 / 黄瑞松（右一）接待军方领导检查工作

下图 / 黄瑞松（左一）陪同国防科工委副主任、国家航天局局长栾恩杰（前排右二）到光电技术研究所视察

上图 / 黄瑞松向到访专家讲解激光陀螺产品

中图 / 黄瑞松（中）在试验场与一线员工交流

下图 / 黄瑞松（前排右三）陪同时任中国航天科工集团公司总经理夏国洪（前排右二）到导弹总装厂慰问加班职工

上图 / 黄瑞松（左一）在庆祝建国50周年阅兵式上留影

中图 / 黄瑞松在人民大会堂领取国家科学技术进步奖后留影

下图 / 黄瑞松荣获何梁何利基金科学与技术进步奖

上图 / 黄瑞松（右）接受著名主持人白岩松（左）采访

中图 / 黄瑞松在新闻联播节目中谈“家风”

下图 / 黄瑞松在央视采访中和儿子各写一句话阐释“家风”

上图 / 黄瑞松在试验基地留影

中图 / 黄瑞松为母校宜兴一中题字

下图 / 黄瑞松和一起工作多年的战友团聚（前排左二为黄瑞松）

上图 / 黄瑞松和老伴儿游黄山

下图 / 黄瑞松与家人合影

黄瑞松院士传记

Academician Huang Ruisong's Biography

《中国航天院士传记丛书》总编委会 组织编写

凌览 凌翔 著

中国宇航出版社

·北京·

图书在版编目(CIP)数据

黄瑞松院士传记 / 凌览，凌翔著 ；《中国航天院士传记丛书》总编委会组织编写. -- 北京 ：中国宇航出版社，2016.9

(中国航天院士传记丛书)

ISBN 978-7-5159-1182-3

Ⅰ. ①黄… Ⅱ. ①凌… ②凌… ③中… Ⅲ. ①黄瑞松一传记 Ⅳ. ①K826.16

中国版本图书馆 CIP 数据核字(2016)第 228623 号

责任编辑　黄　莘

责任校对　牟宁宁　刘　凯　　**装帧设计**　宇星文化

出版发行　中国宇航出版社

社　址　北京市阜成路 8 号　**邮　编**　100830

(010)60286808　　(010)68768548

网　址　www.caphbook.com

经　销　新华书店

发行部　(010)60286888　　(010)68371900

(010)60286887　　(010)60286804(传真)

零售店　读者服务部

(010)68371105

承　印　三河市君旺印务有限公司

版　次　2016 年 9 月第 1 版

2016 年 9 月第 1 次印刷

规　格　787 × 960

开　本　1/16

印　张　23.5　**彩　插**　8 面

字　数　339 千字

书　号　ISBN 978-7-5159-1182-3

定　价　78.00 元

《中国航天院士传记丛书》总编委会名单

《黄瑞松院士传记》编审委员会名单

编审委员会

主　任　于世元

副主任　崔春满　高文坤

委　员　张建刚　王　黎　邹　洪　庄　剑　张　丽
武好军　任家祥　刘德胜　刘　亮　申震宇
何保成

编审委员会办公室

主　任　王　黎

副主任　岳　铮　刘志强　刘　铭　刘　航

成　员　刘子豪　屈光续　王　威　闫　俊　王　华
刘华英　刘　丹　姜　坤　张晓倩　卢德会
柴晓莉　吴垚锃　杨虞微　刘一丹　侯甫芳
杜　静　于伟佳　南静河

序　一
Preface I

中国航天事业自1956年创建以来，已经走过50多年的发展历程。在党中央、国务院、中央军委的亲切关怀和英明领导下，中国航天人团结一心、顽强拼搏、勇于创新、无私奉献，不仅取得了以“两弹一星”、载人航天工程和月球探测工程为代表的辉煌成就，孕育形成了航天传统精神、“两弹一星”精神和载人航天精神，也造就了一支技术精湛、作风优良的航天人才队伍。

航天系统的中国科学院院士和中国工程院院士就是这支队伍的杰出代表。中国航天科技集团公司和中国航天科工集团公司先后有50多位科学家和航天工程专家当选为两院院士。其中，有7位院士获得过“两弹一星”功勋奖章，2位院士获得过国家最高科学技术奖。他们不仅是航天成就的主要创造者，也是航天精神的重要孕育者和忠实践行者。

中国航天事业是在新中国成立不久，工业实力、科技实力、综合国力都很薄弱，帝国主义严密封锁，苏联撕毁协定、撤走专家的情况下发展起来的。以航天院士为代表的中国航天人，自力更生，艰苦奋斗，奋发图强，顽强拼搏，在一穷二白的基础上，独立自主地创建起了中国的航天事业。

航天型号研制是复杂的系统工程，涉及很多领域，需要众人参与，必须大力协同、集智攻关才能完成。以航天院士为代表的中国航天人，在航天工程研制实践中，齐心协力，密切配合，实现了一次又一次技术突破，铸造了一项又一项辉煌成就。他们为祖国的航天事业作出了巨大贡献，却淡泊名利，不计得失，将个人利益置之度外。

航天事业属于尖端技术领域，难度大、风险高、技术复杂，在发展历程中碰到过很多难题，经历过各种坎坷，甚至遭受过重大失利。以航天院士为代表的中国航天人，在困难和失败面前不动摇、不退缩，树立百折不挠、锲而不舍、脚踏实地、严谨务实的工作作风，不断攻坚克难、勇攀高峰，取得了一个又一个胜利，树立了一座又一座丰碑。

今天，在由航天大国向航天强国迈进的征程中，航天院士的科学思想、创新意识、坚定信念和爱国情怀是全体航天人宝贵的精神财富。中国航天科技集团公司和中国航天科工集团公司决定出版《中国航天院士传记丛书》，不仅是为了宣传航天院士的科研成就，总结航天院士的成长规律，更是为了传承航天院士的宝贵精神，使之生生不息、薪火相传，为“续航天梦、筑强军梦、圆中国梦”的伟大实践提供精神动力和思想源泉。

许达哲

2014 年 1 月

序 二
Preface Ⅱ

中国航天事业创建半个多世纪以来，培养和塑造了一大批功勋卓著、德高望重的中国科学院院士和中国工程院院士。他们具有坚定的理想信念和强烈的爱国情怀，理论功底深厚，技术水平高超，善于引领科学发展和技术创新，在中国航天事业发展的关键时期发挥了重要作用，为中国航天事业取得辉煌成就、孕育航天精神作出了突出贡献。

为了全面、系统地总结航天院士的成长规律，把航天院士的科学思想和创新方法记录下来、传承下去，为中国航天事业积累精神财富，为航天强国建设提供有益借鉴，中国航天科技集团公司和中国航天科工集团公司研究决定，组织编写一套《中国航天院士传记丛书》（以下简称《丛书》）。

党的十八大描绘了坚持中国特色社会主义道路、全面建成小康社会、实现中华民族伟大复兴的宏伟蓝图，同时也为加强国防和军队现代化建设、推进我国由航天大国向航天强国迈进指明了方向。在中国航天事业“续航天梦、筑强军梦、圆中国梦”的新形势下，出版这套《丛书》，具有重大的现实意义和深远的历史意义。

记载航天历史。航天院士是中国航天事业的宝贵财富，他们的成长历程反映了航天事业的发展轨迹。这套《丛书》不仅是航天院士个人的传记，也从不同侧面记载了中国航天从技术到管理、从思想到精神的真实历史。

弘扬航天文化。宣传航天院士，就是站在科学的高度，向社会各界全面宣传航天事业，弘扬航天文化，使其成为中华民族文化宝库的重要组成部分，增强中华民族的自信心、自豪感和凝聚力，提升国家的软实力。

传承航天精神。航天精神是包括航天院士在内的几代航天人，在中国航天事业发展历程中，不断积累、提炼、传承而逐渐形成的，是民族精神、时代精神与航天实践相结合的产物，是中国航天事业之魂。《丛书》全面反映了航天院士的学术成就、科学作风和思想品格，有助于航天精神薪火相传。

培育航天人才。中国航天事业已经完成了新老交替，一代航天新人正在茁壮成长。《丛书》是泽被后世的人才工程，对于培育航天人才、发展航天事业、铸造新的辉煌将产生积极的促进作用。

总之，《丛书》是一套具有航天特色的爱国主义教材，是不可多得的精神食粮。相信这套《丛书》的出版发行，必将吸引更多的年轻人热爱航天、投身航天、奉献航天，以饱满的热情和昂扬的斗志再攀高峰，使中国航天事业后继有人，蓬勃发展，续写辉煌。

2014 年 1 月

目　录
Contents

第六章　强国利剑　世代玲珑

第七章　反舰杀手　泪洒英雄

开　篇　大国崛起的默思

2006年，中央电视台推出了一部12集大型电视纪录片《大国崛起》，引起了空前的关注和热议。纪录片通过全球化的视野，讲述了500年来9个世界性大国的兴衰和历史变迁，展现了大国引领世界文明的辉煌过程，以及世界大国风云激荡的历史画卷。地处大西洋和地中海交汇处的葡萄牙，一个国土面积不到10万平方公里的小国，却靠着先进的航海技术、强烈的探险精神和强大的火炮威力，崛起为世界海上霸主长达100多年。取而代之的邻居西班牙，一个比葡萄牙大不了多少的国家，凭借狂热的海上冒险精神和强大的“无敌舰队”纵横天下，成为当时的海上第二强国，在全盛时期，葡萄牙在东、西班牙在西，势力范围到达全世界。得益于工业革命和海外掠夺而逐渐强盛的“日不落帝国”英国，打败了西班牙的“无敌舰队”后，夺取了西班牙的世界霸主地位……

通过并未尘封的历史，我们不难看出，各个大国崛起的方式可能不尽相同，但有一点是相同的，就是必须以强大的军事力量作为后盾——否则，即便一时崛起也难以持久。风云激荡的历史告诉我们，一个国家最可靠的活动半径就是军事火力能到达的半径。

在古代，由于航海技术不发达，中国东部和南部的茫茫大海反倒成了保护中国边疆安全的天然屏障。但在近代，却成了帝国主义侵略中国的桥头堡，他们一次次用坚船利炮从这里打开缺口，他们野蛮的铁骑在这个东方文明大国长驱直入、肆意践踏。在近代中国苦难沧桑的历史回声中，一直悲壮而绵长地回荡着中华民族对制海权的呼唤。中国18000多公里长的海岸线和约300万平方公里的海洋国土，值得我们花任何代价来捍卫。1953年2月，毛泽东主席首次视察海军舰艇部队，他从武汉顺流而下，先后为5艘战舰题词，题词都是相同的一句话——“为了反对帝国主义的侵略，我们一定要建立强大的海军”。

中国的航天事业和中国飞航导弹就是在这样的历史背景和现实需要下应运而生的。人类活动轨迹表明，一个国家若能从人类活动的一个领域有效地迈向另一个领域，就能获得巨大的战略优势。当人类从陆地到近海，斯堪的纳维亚人建立了非凡的统治地位；从近海到公海，葡萄牙、西班牙、英国等先后取得了霸主地位；当大气层成为人类活动的新领域时，美国在航空上的优势支撑了其快速发展。今天，当太空成为人类新的活动领域时，在航天领域的强大就具有了划时代的意义。或许，这已经成为新的大国崛起的重要标志。

中国的航天事业和中国飞航导弹半个多世纪的发展道路，是一条波澜壮阔的道路。一大批品性坚韧而胸怀远大的航天人，前仆后继，经历了艰苦卓绝的探索，涌现了可歌可泣的事迹，留下了激励人心的精神。黄瑞松院士，就是他们中的一位。

让我们推开时代的窗，回望历史长河深处，在 1938 年——黄瑞松的人生零时，共同迎接他的到来。

黄瑞松

黄瑞松院士传记

Academician Huang Ruisong's Biography

第一章

寒门子弟　立志从戎

黄瑞松在战争年代中出生和成长，在童年时期就饱尝国仇家恨，从小心中就埋下了从军报国的强烈愿望，长大后多次报名参军——他能如愿以偿吗？

1. 生逢乱世

1938 年 7 月 18 日，在江苏省宜兴县（现为宜兴市）和桥镇西锄村的一个普通农民黄鸿法家里，一个幼小的生命来到了世间，这是他的第五个孩子、第二个男孩儿。尽管时局混乱、世道艰难，但这个新生命的降临仍然给这个家庭带来了巨大的欢乐。这个家庭新成员，就是后来成为中国飞航导弹工程科学家、中国工程院院士的黄瑞松。

黄瑞松生在一个战火纷飞的时代。就在他出生这一年，在世界的另一端，希特勒正在进行着他精心蓄谋的扩张计划，在 1938 年逼迫奥地利并入德国后，又把黑手伸向了下一个目标捷克斯洛伐克，在这一年，他还和意大利法西斯独裁者墨索里尼秘密达成了联手对英法作战的协议，并很快于 1939 年下令闪击波兰，自此，第二次世界大战全面爆发。在东方的中国，1937 年 7 月 7 日，日本发动了"七七"卢沟桥事变，开始全面侵华。12 月 13 日，日寇攻占南京并制造了震惊中外的南京大屠杀惨案。1938 年中国军队和日寇在徐州、台儿庄等地进行了大规模的会战。1938 年 3 月，蒋介石发布《抗战建国纲领》。5 月，毛泽东发表《论持久战》……

1937 年 12 月，日寇从太湖袭进宜兴，在大浦河南东村上岸后，一路烧、杀、抢、掠到了宜兴县城。为了占领宜兴县，派出多架飞机到宜兴县城上空轮番轰炸，一时间，这座古城变成了一片火海。

宜兴位于苏、浙、皖三省交界处，地处太湖流域，土地肥沃，气候温和，雨量充沛，四季分明。宜兴历史悠久，是一座具有万年开发史、7000 年制陶史、2200 多年建县史的古城，是著名的“陶都”(与之盛名相当的“瓷都”是景德镇)。秦朝时期开始实行郡县制时，宜兴就是全国最早设置的县之一(当时叫“阳羡县”)。汉朝时期，成为阳羡侯国。在古代，宜兴出了 10 个宰相，4 个状元，并留下了凄婉动人的“梁祝传说”。

然而，就是这样有着数千年灿烂历史的文化古城，也未能在日寇的涂炭下幸免于难。日寇攻占宜兴后，驻扎在宜兴县城西南的张渚镇，入城后屠城 3 天，连婴儿和七八十岁的老人都不放过，杀得尸横遍地，血流成河，被焚毁房屋达 10 万间以上，其中张渚镇被毁三分之二，和桥镇被毁半条街，浓烟冲天，焚烧绵延半月之久。从此，宜兴人民陷入水深火热之中。

希望孩子能在这样的乱世中平安长大的父亲，给儿子取名为“瑞松”，“瑞”意味着吉祥，“松”则象征着郁郁葱葱的健壮的生命。

父亲黄鸿法对子女们的期望都很简单——健康成长，早点懂事儿，早点成家立业，将来儿子娶一个好媳妇，女儿嫁一个好人家，儿女们让黄家的家业更兴旺些。对于祖祖辈辈面朝黄土背朝天的庄稼人来说，脚下亘古而深沉的大地，早就让他们形成了一种深入骨髓的思想：一辈子好好守着土地才是天经地义，只有靠土地才能吃饱肚子，穿暖身子，活得有面子。

黄鸿法自幼家贫，由于娶不起媳妇，只能到女方家入赘——俗称“倒插门”。在旧社会，入赘经常会受到别人轻蔑，没什么社会地位，因而，不到万不得已，男人是不会轻易去别人家入赘的。妻子蒋春娣的家境稍微要好一些。两人成婚后，基本上能过上自给自足的生活。黄瑞松出生的时候，家里已有 3 间瓦房和 1 间草房，半条耕牛，农具较为齐全。黄鸿法夫妇二人全年要耕作 28 亩田地（其中租种地主 15 亩），农忙之时会请别人来帮帮忙，每年的土地收成交完地主的地租和政府的钱粮（田税）后，全部用来供给子女们读书。黄鸿法和蒋春娣都是文盲，因此主张孩子们都上学读点儿书——但并不是为了读书成才，而是希望能识几个字而不再像父母那样被别人欺侮、压迫和剥削。

黄鸿法是一个老实本分的农民。土改后，地主的 15 亩田地他不再租种，日子过得紧多了。解放后，国家实行军官薪金制，黄瑞松的大哥黄庆华作为一名空军中尉，工资收入还不错，于是他开始承担起长兄的责任，供两个弟弟上学。

2. 国仇家恨

1944 年，黄瑞松进入和桥镇西鉏村唯一的小学——西鉏小学上了一年级。

和桥镇历史久远，是宜兴四大镇之一，有 1500 年的历史，早在清朝时期就设置了和桥镇。古时候，和桥是“千叶小舟云集，八方商贾过往”的繁华商埠。“和桥”这一名字也很有来历，相传宋时有一对邵氏兄弟不和，经乡邻相劝，合建一桥以示和好，取名“和桥”。之后镇以桥名，让一段千古佳话流传至今。

西锄地处滆湖之滨，长达50余公里的河道纵横交错。滆湖是苏南地区仅次于太湖的第二大湖泊，在太湖西北，湖面状如一长茄形，湖岸圆滑整齐，湖体呈浅碟形，湖底平坦，沿湖河港纵横，水网交错，池塘星罗棋布，自然环境非常优美。

尽管近在咫尺的滆湖风景如画，但童年时期的黄瑞松却没有机会去游玩。一来新四军借助滆湖的芦苇荡和日寇打起了游击战，那个地方很危险；二来他的童年几乎都在繁杂的劳动中度过。对于黄瑞松的童年，劳动才是永恒的主题，而学习仅仅是无足轻重的点缀。由于家里要种很多田地，孩子们很早就参加了农业生产劳动和家务劳动，放牛、放猪、养蚕、割草、洗衣、做饭、锄地……黄瑞松都干过。因为父亲早已给他们做好了人生的“职业规划”，让他们早点儿参加到农业生产中来，自然也在情理之中。在父亲眼里，田地才是真正的人生“课堂”，农业才是真正的人生“职业”。而且只要你足够勤劳，就永远不会失业。

今天，黄瑞松对小学的课程已经没有多少记忆，但小学操场上日寇那黑压压的碉堡和闪闪发光的刺刀，他却记忆犹新。西锄，这个滆湖湖畔的小村庄随着宜兴的沦陷，一度成为中日军队交战的前线，日本鬼子的碉堡甚至修到了小学学校的操场边上，耀武扬威的日寇端着枪在村子里横行霸道，无恶不作。黄瑞松的家也遭到了日本人的洗劫。

1938年5月，毛泽东在《抗日游击战争的战略问题》中指出：“江北的洪泽湖地带、江南的太湖地带和沿江沿海一切敌人占领区域的港汉地带，都应该好好地组织游击战争，并在河湖港汊之中及其近旁建立起持久的根据地，作为发展全国游击战争的一个方面。”当时国民党当局规定新四军的主要任务就是：在苏南、皖中敌侧后进行游击战争，在这些地区构成游击网，袭击敌人，破坏敌人交通，以牵制敌人。于是，至1939年年底，新四军苏南部队已经发展到1.4万余人，并向太湖、滆湖、长荡湖地区发展，在这一带和日寇打起了游击，扫荡与反扫荡此起彼伏。黄瑞松家里常常住进新四军的干部，新四军在开明乡绅、农民、民兵甚至儿童团的明帮暗助下，与日寇展开了英勇不屈的斗争。新四军英勇顽强的精神深深地感染了幼小的黄瑞松，他把他们当成了崇拜的偶像。在他幼小的心灵中，就暗暗地把成为一名手握钢枪、威风凛凛的军人当作了自己的人生追求。

由于是游击区，当地进步思想较为浓厚。小瑞松在西锄小学受到的教育也是比较进步的，因为学校的校长就是一位地下工作者——当然，他是后来才知道的。

1940年3月汪精卫投降日本帝国主义后，建立了所谓的南京国民政府，并组建了一支汉奸傀儡军队，这支军队主要是由收编的国民政府的投降军队组成。因汪精卫以“和平、反共、建国”相标榜，故其组建的军队便称为“和平建国军”，简称“和平军”。“和平军”分布在江苏、浙江、安徽、河南及山东等地的敌占区，他们协助日本侵略军守备交通线、据点，并配合日寇进攻共产党领导下的敌后抗日根据地。宜兴“和平军”的驻扎地离黄瑞松家最近的时候不到一公里，他们与新四军不共戴天，视帮助过新四军的人为眼中钉。同时，他们四处劫掠，欺凌同胞，简直就是一伙强盗。

因为家里常住新四军的干部，黄鸿法家就经常被“和平军”骚扰，一次，黄鸿法被他们揪住一顿暴打，并给他上了酷刑——坐老虎凳，黄鸿法被折磨得差点死于非命。都说是“少年不识愁滋味”，而黄瑞松却是少年早知“仇”滋味。面对种种国仇家恨，在他幼小的心灵里，已经播下了杀敌报国的种子。

小瑞松参加了村里的儿童团，站过岗，放过哨。但他并不满足于此，他越来越渴望参军，梦想成为一名横刀立马的真正军人。但是，这时的小瑞松只能是怀揣梦想，因为他还在上小学。他把这个梦想深埋心底，等待机会。

3. 辗转求学

1949 年，解放战争进入到了收尾阶段。4 月 21 日，解放军百万大军从 1000 多华里的长江北岸，冲破国民党军队的重兵防守，横渡长江天险，取得了渡江战役的伟大胜利。4 月 23 日傍晚，解放军开始进入宜兴城，国民党官吏逃之夭夭，国民党军队丢盔弃甲，狼狈逃窜，黄瑞松和小伙伴们一起，跟着老师看护校园。解放军浩浩荡荡地由城北向城南追歼溃逃的国民党军队的场景，再一次激起小瑞松心中的梦想。

4 月底，黄瑞松家乡终于迎来了解放。广大军民一齐走上街头，敲锣打鼓，举行盛大游行，迎接这来之不易的胜利，组织上演了各种剧目，村里还组建了秧歌队。黄瑞松夹杂在狂欢的人群中间，感受着胜利的巨大喜悦。1950 年 3 月，西锄小学成立了少年先锋队，黄瑞松成为了一名少年先锋队员。

1950 年 7 月，黄瑞松小学毕业，考入了和桥镇上的彭城中学。彭城中学离家较远，他住在大姐家，每天都要来回走好几公里，幼小的黄瑞松第一次远离父母，很想家，一时难以适应，情绪也不稳定，进而影响到了学习。由于彭城中学办在庙里，学生人数太少，在学校优化组合调整中被撤销了，只在彭城中学读了初一的黄瑞松不得不再次转入离家数公里外的高塍镇赋村乡的赋村中学续读初二。1952年，赋村中学搬到高塍镇改为高塍中学，离家更远了，黄瑞松读的是“跑学”，即天天走路上学。从西锄到高塍，他每天都要来回走10多公里的路。

在那个积贫积弱、多灾多难的年代，能够读书实在是件不容易的事。黄瑞松兄弟姐妹六人的衣食住行，尤其是多人上学的沉重负担，全都压在年迈的父母肩上，一家人的生活过得比较艰辛。黄瑞松的大姐读过一点儿书，三姐也读过一点儿书，大姐三姐早早就出嫁了。而二姐因为是个好劳力，只得留在家里帮父母干活儿，一天学校的门儿也没进过，出嫁得也最晚，直到二十四五岁才嫁人。

大哥黄庆华（后改名为田心）比黄瑞松大十岁，他的学习成绩一直不错。高中毕业后考了三个学校，都达到了录取分数线，甚至在被镇江一所大学已录取的情况下，还被浙江的国立英士大学游说走了。1949年6月，空军部队来英士大学招收有一定文化程度的有志青年参军，田心毅然投笔从戎，参了军。黄瑞松的嫂子蒋庆云也当过兵，曾在上海海军中学当教师，1956年4月复员后，分配到沈阳皇姑屯铁路工作，思想进步，工作积极，在部队立过二等功两次，三等功一次，集体三等功一次。田心夫妇对黄瑞松的帮助很大，对他的影响也很大，他们常常鼓励弟弟好好学习，争取取得优异成绩，将来报效祖国。在田心夫妇的影响下，黄瑞松投军报国的意愿更加强烈了。

其实早在1951年的时候，黄瑞松就尝试过参军。当时，抗美援朝战争爆发后，国内掀起了广泛的抗美援朝运动，黄瑞松参加了多次抗美援朝游行，积极进行捐助。他和小伙伴们省吃俭用，为志愿军捐钱购买枪炮，与同学一起上街贴宣传标语，到周围乡村为志愿军募捐，积极宣传抗美援朝的意义。当得知志愿军到宜兴招收有文化的士兵去朝鲜战场当教员时，正上初二的黄瑞松抢着报名，然而，由于他满打满算才13岁，没被部队接收。招兵的军官鼓励他，只要好好学习，将来一定有机会到部队当兵，部队最需要有文化的人才。

黄瑞松越来越认识到学习的重要性了，他每天回到家里帮助父母干完家务，就埋头于课本之中。有时，参加农村的扫盲运动，他还把自己学到的知识传授给乡亲们，帮助他们学文化，得到了乡亲们的称赞，这点小小的鼓励，却让他获得了知识所带来的快乐和满足。他对学习变得更加热爱了，并下决心报考高中，以到更高的学堂去接受更多的教育。

1953年7月，黄瑞松初中毕业，考入了宜兴县第一中学读高中。母亲非常高兴，而父亲却显得心情复杂。尽管守旧的父亲并不完全乐意看到这样的结果，但他已经无法阻挡儿子追求上进的决心和行动了。在儿子上学的路上，父亲一直充当着一种反向牵引力的作用，时不时地把他往后面拽一下，但在一组强大的正向牵引力的共同作用下，父亲的反向牵引力就显得力单势孤了。在这一组正向的牵引力中，有哥哥的现身说法，有母亲的鼎力支持，更有冥冥之中来自未来命运的一种巨大吸引和召唤。

早在1950年黄瑞松小学毕业即将升入初中时，父亲就萌生了让儿子终止学业回家务农的想法。前文已说过，父亲让子女们上学的初衷是为了让他们多认点儿字，仅此而已，绝非是让他们借此改变自己的人生轨迹。父亲希望他们忠实地沿着这条既定的轨道行进，让黄家的家业在这片熟悉而久远的土地上世代相

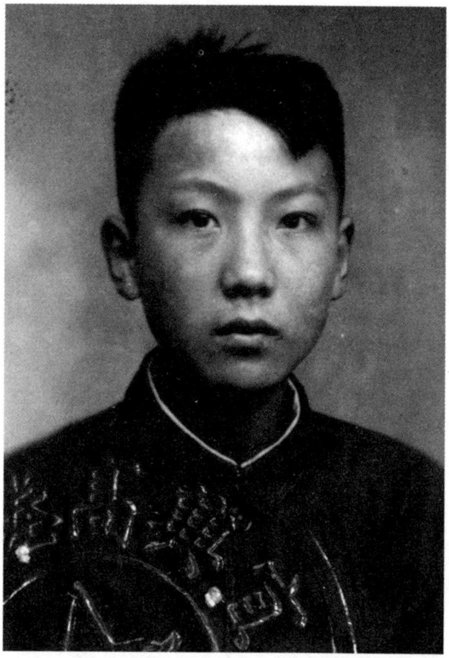

中学时代的黄瑞松

传。为此，他耗时多年，费尽心血，花尽积蓄，已经给3个儿子各自置办了一间房子，初步分好了田地，等待着儿子们一个个在此安身立命。在他遥远的幻想里，未来这里将会出现一派鸡犬相闻、儿孙绕膝、老少同堂、人畜兴旺、五谷丰登的景象。但是，随着大儿子田心参军远走高飞，他心中变得复杂起来。大儿子已经走了，他实在不希望看到其余两个儿子将来也离开家，于是，他意识到必须尽早阻止他们读书。在他看来，书读得越多，心就越大，想法就越不安分。经营这片土地传承黄家的家业，小学文化就完全够用了。于是，他异常武断地要求黄瑞松回家种田。

与父亲完全不同的是，母亲坚持让儿子继续读书，父母出现了越来越严重的分歧和争吵。这在过去，几乎是不可想象的。因为父亲是一个沉默而又老实的庄稼汉，又是入赘到蒋家，家里自然是母亲当家，大小事情都由她做主，父亲这么明确地反对母亲的意见，还几乎没有过。父亲反对归反对，但在母亲的一再支持下，黄瑞松得以继续学业。母亲这样对父亲说："现在老大当兵了，负担轻了，老大的津贴还能时不时地贴补一下家用，老二也越来越懂事了，他自己愿意读书，就应该让他读。"母亲对儿子上学大力支持，充分体现了她对儿子深厚的爱。她对孩子们特别疼爱，比如，她从不让黄瑞松挑担子，怕影响孩子发育，黄瑞松之所以长得身材高大，与此不无关系。

但父亲仍未死心。黄瑞松上了初中后一段时间，在别人的鼓动下，父亲让儿子回家的心意再次变得坚决起来。在他看来，三个儿子中必须要有一个留在家里接替自己，家里如果没有一个男人，就垮了、散了。当时老三盘松的年纪又太小，让老二瑞松回家务农，不仅年岁正合适，而且他又长得壮实，是个好劳力，是块种田的好料。父亲还希望黄瑞松早点回家学一门手艺，边工边农，既能减轻家庭的负担，也会一辈子衣食无忧。于是，父母再次为瑞松上学的事争吵起来，一次比一次厉害。

母亲是一个平凡而不平庸的女人，虽然是裹小脚的旧时代妇女，但目光远大，颇有些新思想。她虽然是大老粗，但为人和善，在村里有一定的号召力，思想也比较开明，从新中国成立以后，一直担任村里的妇女代表，直到 1956 年因年纪大了才辞职。她有着一般庄稼人少有的远见，坚定地认为，男孩子一定要读书，将来是读书人的天下，读好书才会有出息。

这一天，父母又一次争吵起来，固执但说不过母亲的父亲，激动得把堂屋里最大的桌子掀翻在地上，碗碟、盘子以及茶壶全部摔得七零八碎，一片狼藉。母亲气得离开了家，住到了已经出嫁的大女儿家中。那段时间，弟弟盘松便成了父母之间的传声筒，母亲有什么事情要做，就让他转告父亲；父亲有什么事要做，也让他转告母亲。时间长了，在亲戚们的劝导下，父亲才逐渐想通了，不再坚持让黄瑞松辍学务农了，并把母亲重新接回了家。

因为此事，黄瑞松更加珍惜上学的机会，他发愤苦读，到了宜兴一中后，从高一到高三，成绩突飞猛进，直线上升。在高一的时候，他还担任了班上的学习委员。他学习的计划性很强，刻苦钻研，又不读死书，善于对知识进行灵活运用，逐渐养成了好奇、爱学、勤问、深思的习惯。高中阶段对黄瑞松来说，是积累知识很快的阶段，思想觉悟也提高得很快。扩大了眼界，丰富了社会生活经验。1955 年 9 月 8 日，黄瑞松被批准入团，并担任班支部的组织委员。

还在上中学的时候，黄瑞松就对社会活动表现出了浓厚的参与热情，并已显露出他与生俱来的组织、动员、号召方面的才干。他个子长得高大，形象好，说话嗓音洪亮，而且带有鼓动性，活跃而富有朝气，很有凝聚力。在学习和劳动之余，他积极参加各种社会活动，包括：参加儿童团，站岗放哨送信；1952 年 11 月参加中苏友好协会；积极参加各种爱国游行集会；在扫盲运动中，他热心帮助村里搞民校，集中精力协助乡里高级社副社长干出了不错的成绩，在一次社干部和教师大会上得到了乡政府的表扬；他还利用放寒假的时间，连续9天帮助村里的合作社布置俱乐部环境，春节活动搞得丰富多彩，干部群众都很满意。他还用掌握的政策和知识，参与到家庭的一些重大事务中，比如，20世纪50年代中期农业生产合作社广泛兴起，但父母和亲戚们对于参加合作社还有一定顾虑。黄瑞松便积极做他们的思想工作，提高他们的认识，帮助他们克服入社的心理障碍，坚定入社的决心。最终，在他的努力下，父亲黄鸿法带头加入合作社，先入初级社，后又转入高级社。父亲热爱合作社，认真保管农具，屡次受到社里的表扬。

由于学习成绩优秀，思想进步，1955年，黄瑞松被宜兴一中授予“三好学生”荣誉称号。“三好学生”评选从1954年才开始在全国学校推行，而他在推行之初就获得这一荣誉，足见他在各方面都是同学们中的佼佼者。

1956年伊始，黄瑞松开始全力冲刺即将来临的高考。但是，他的参军梦并未泯灭。他天天与书本为伴，但那身英武的军装在他心中一直是一个挥之不去的情结。他心中打定主意，既要学习好功课，又要找机会参军，做一个文武双全的男子汉。

1956年4月，在得知空军来宜兴招收飞行员时，黄瑞松再次报了名，这次先后得到了学校、县委、地委的批准，但在针对飞行员进行的特殊体检过程中，他遗憾地未获通过，参军梦再一次破灭了。

至此，黄瑞松在参军方面已经做了几次尝试，虽都以失败告终，但他抱定了一种不达目的不罢休的决心，继续寻找和等待机会。有句话叫皇天不负有心人，还有句话叫机遇只偏爱有准备的头脑，他既有百折不挠的恒心，又有早已准备好的头脑，属于他的机会总有一天会到来。

4. 如愿以偿

高考前不久的一天，黄瑞松兴冲冲地走进宜兴一中大门，看到校长陪着3名军人出现在校园里。他心中怦然一动，不知为什么，他预感到将有重大事情在自己身上发生。

果然，学校很快就开始组织学生报名，告诉大家军事工程学院（全称为中国人民解放军军事工程学院，简称“哈军工”）来招生了。同学们被召集到一间大教室，前来招生的军官简单介绍了哈军工的情况，出示了招生简章，又拿出一些学校校园景观、学员学习生活的照片给大家看。一心想当一名军人的黄瑞松立即被深深地吸引了，而且他得知学制是6年而不是4年后，并没像一些同学那样打退堂鼓，他暗想，连学习时间都那么长，这个学校肯定不简单，而且时间长就意味着能学到更多的东西。他心中已打定了主意，报名开始后，毫不犹豫地报了名。

学校先组织报名的同学进行笔试，试卷由哈军工出题。笔试后，对排名靠前的同学进行政审和体检。黄瑞松笔试成绩名列前茅，顺利进入到后面的环节。

接下来，组织上对他进行了严格的政治审查，但他本人并不知情，因为政治审查对个人和家庭是严格保密的。哈军工的人先在学校调看了他的档案，调查主要针对三个方面：第一是家庭出身，地主、资本家、旧军人、旧官僚这类人的子女首先被排除；第二是社会关系，直系、近亲中有没有被政府关押、管制的人员，有没有海外关系，等等，有的话就要被淘汰；第三是家庭历史，主要家庭成员的个人历史问题是否清楚、清白，有没有漏报、瞒报、虚报的情况。经过初步筛查后，再由哈军工派人进行内查外调，核实档案的记录是否属实，有无可疑之处。黄瑞松在这轮审查中没有出现问题。

然后是体检，这一关，黄瑞松也顺利地通过了。

前面几关都通过了的同学，就被哈军工预录取了，但接下来还必须参加全国高考。哈军工招生还有一个不成文的规定，要求高考分数不低于清华大学的录取分数线，才能被正式录取。20 世纪五六十年代的哈军工处于与清华、北大比肩的地位，那里名师专家云集、优秀人才齐聚、高干子弟扎堆的盛景，使得入学竞争的激烈程度一度还超过了清华、北大。

但是，当时的黄瑞松，包括学校的领导和老师们，都对这所默默无闻的学校不甚了解，所知极少。一来这所学校 1953 年刚刚组建，从 1955 年才开始招收高中毕业生；二来学校的保密工作做得相当到家。尽管黄瑞松对学校并不了解，但一心想圆军人梦的他，一门心思地想进这所学校。填写高考志愿的时候，他郑重地将哈军工填为了第一志愿。第二志愿则填报了清华大学、交通大学、浙江大学。

高考结束，大家都回家等待成绩和分配。本来这段时间可以出去游玩一下，但黄瑞松呆在家哪儿也没去，生怕错过了通知，况且，也没有平静的心情去游玩。由于他上军校的心情过于急迫，在家里日思夜想、日盼夜盼，做梦都是上哈军工的事儿，一会儿梦到考上了欢天喜地，一会儿梦到没考上垂头丧气，这段时间真是备受煎熬，心神不宁。

8 月 7 日这天，阳光和煦，清风吹拂，碧空如洗，这个与众不同的清晨降临得如此动人，似乎预示着一种好兆头。果然，中午的时候，黄瑞松突然收到了一封信，寄信地址上写的是哈尔滨某地，这正是哈军工的所在地，不知这是录取通知，还是不予录取的通知。他的心怦怦直跳，用颤抖的手急忙打开一看，兴奋得竟有些眩晕。信封里装的不是别的，正是他梦寐以求、朝思暮想的哈军工的录取通知书！命运之神终于向百折不挠的黄瑞松敞开了慷慨的怀抱。录取通知书的封面上醒目地印着“中国人民解放军军事工程学院”一行大字，大字带着一道微微的漂亮的弧形。翻开来，里面用红色的仿宋体印刷，姓名、集合时间、集合地点等信息用蓝黑钢笔工整地写就，页面的下方盖着一方“中国人民解放军军事工程学院招生工作委员会”的大红公章。通知书这样写道：

黄瑞松同学：

根据国家建设的需要，参照你的志愿和条件，高等学校招生工作委员会已决定分配你到我院学习。请你于8月10日至15日凭此通知书到江苏省无锡市X地X单位XXXX房间我院招生组报到集中。亲爱的同学，为了保卫我们伟大的祖国，需要很多优秀的青年参加祖国的国防建设。希望你接到通知后，作好准备，如期到达集中报到地点，接受祖国交给的重要而光荣的学习任务，并努力将自己培养成为全面的优秀的国防建设人才，为把我军建设成为一支最优良的现代化的革命军队而奋斗。我们在此向你致以祝贺和欢迎。

中国人民解放军军事工程学院招生工作委员会

1956年8月5日

黄瑞松（后排左一）
与母亲及兄嫂合影

黄瑞松（前排右一）
与父亲及姐弟合影

黄瑞松连忙把这个巨大的喜讯告诉了父母，父母也高兴得不知如何是好。这下，消息一下子在村里传开了，乡邻亲戚们闻讯纷纷前来贺喜，祝贺他们老黄家又出了个大学生。尤其是黄瑞松要去读军校，更让大家羡慕赞叹不已。要知道，成为解放了全中国并在朝鲜战场把美国都打败了的解放军的一员，这实在是一件无上光荣的事。他们对着黄瑞松父亲慨叹："你老黄家真厉害呀，大儿子当了空军，二儿子又要去读军校，祖坟上得冒多大青烟啊！"时至今日，父亲对儿子的观感已经完全改变，过去曾极力反对儿子读书的往事早已烟消云散，他憨厚地微笑着，谦虚而欢欣地接受着乡邻和亲戚们的祝贺，深深地感到儿子为这个家增光添彩了。不过，他又偶尔露出一丝愁容，因为老二终于也要像他大哥那样远走高飞了！

要说最高兴的，应该还是母亲，鲤鱼跃了龙门，儿子终于有了出息，即将奔赴大好前程，她真的很欣慰。儿行千里母担忧，她将依依不舍之情深埋心底，神情淡定而又有条不紊地为儿子准备御寒的衣服。因为马上就要开学了，而上学的地方哈尔滨冬天又特别寒冷，他生怕儿子冻着——儿子还从没出过远门，更没去过那么冷的地方！

这几天，黄家处于一片热闹和忙碌之中，家里人来人往，络绎不绝，老师和同学们也来祝贺。时间过得很快，转眼到了出发的日了。出发的前一天晚上，黄瑞松几乎一夜未眠。他憧憬着渴慕已久的军校生活和美好的未来，却又留恋着故乡的山山水水特别是家里的亲人。窗外，淡淡的暮霭围罩着依稀的远山，一片星光在天边多情地闪烁，家乡的夜空如此曼妙和宁静，但即将远行的他，心中却浮想联翩。

1956 年 8 月 13 日清晨，黄瑞松在家人的陪伴下来到无锡，到学校的招生组报到。见他们带着大包小包，带队的军官笑着对黄瑞松父母说：“到哈军工上学就和当兵一样，学校管吃、管住、管穿，你们什么都不用带，实在要带，只带脸盆、牙刷、牙膏、肥皂就行了，路上用得着。部队用品讲究整齐划一，其他东西带到部队也不能用。黄瑞松他们每个月会发 7 元的津贴，需要啥自己买就行了，你们放心吧，绝对饿不着，也冻不着的。”父母听了既高兴，又有点儿失落，准备了这么多东西，结果都用不上了。最终，黄瑞松只带走了一个空空如也的旅行包。

轻装出发也好，因为在前面迎接他的，本来就是一条完全崭新的道路。

黄瑞松的这一次出发，在未来中国航天事业的灿烂星空中，便多了一颗耀眼的明星。

黄瑞松的这一次新“生长”，在未来共和国科学家的蔚然林海中，便多了一株挺拔的劲松。

黄瑞松

黄瑞松院士传记

Academician Huang Ruisong's Biography

第二章

冰城求学　结缘军工

黄瑞松踌躇满志地走进了北国冰城的神秘军校，他的人生命运从此改变，他将从此踏上那条崎岖而又壮丽的道路。

1. 第一军工

1953 年 9 月 1 日，一阵嘹亮的军号在北国冰城哈尔滨的天空中响起，多年后人们才知道，它宣告了一个历史的秘密：一所神秘的军校开学了。这所军校从来没挂过校牌，但它赫赫的形象却始终处在中国最高领导层和全军的密切注视之下，毛泽东亲自为学校写了训词，周恩来、朱德、邓小平、彭德怀多次前往视察，十大元帅有八位来视察过。这所军校培养的学生仅有 1.6 万人，但他们之中却产生了 50 余位两院院士，300 多名将军，20 多位中央委员。这所军校只开办了 17 年，而神奇的故事却流传了半个世纪，成为一座历史的丰碑，一个不朽的神话。

这所学校就是中国人民解放军军事工程学院，由于该校校址位于北国冰城哈尔滨，人们习惯称之为哈尔滨军事工程学院，简称哈军工。哈军工海、陆、空三军健全，这在世界军校领域也是独一无二的。在创办 17 年后，哈军工一分为六，分别发展成为国防科学技术大学、南京理工大学、中国人民解放军装甲兵工程学院、解放军理工大学工程兵工程学院、中国人民解放军防化指挥工程学院、哈尔滨工程大学，其专业分支还衍生了其他一些著名大学。哈军工在中国军事院校的发展史上可谓独树一帜，堪称前无古人、后无来者，其地位无可取代，模式不可复制，是名副其实的第一军工。

随着建国初期国际环境的重大变化和国内各项事业的恢复、发展，新中国国防和军队建设面临新的使命和任务，高级军事人才培养被提上了日程。哈军工创办之时，已经创办了以军政指挥人才为主要任务的军事学院（南京）、政治学院（北京），哈军工的创办主要是为了填补军事工程技术人才培养的空白。创办哈军工，既是健全军事人才培养体系、加快建设强大的现代化国防军的迫切要求，也有着建立新中国独立的国防工业体系、增强国防科学技术自主创新能力的长远打算和战略考虑。正如哈军工首任院长陈赓所指出的："办军事工程学院是实现国防现代化的主要一步，是为军队现代化'打头阵、奠基础的'。"

1952 年 3 月 26 日，毛泽东主席批准创办中国人民解放军军事工程学院。7 月，他签发命令任命陈赓为院长。1953 年 4 月，学校基建破土动工。当年 9 月 1 日，举行了第一期开学典礼。哈军工在边建设、边教学中迅速起步。至 1955 年时学校已初具规模，设有五个系和一个预科：一系为空军工程系、二系为炮兵工程系、三系为海军工程系，四系为装甲兵工程系、五系为工兵工程系和预科。出于保密的需要，学校的通信地址、楼宇、系别……全是用数字代号来命名。

毛泽东在为哈军工成立而亲自拟制的"训词"中有这样一段话："为了建设现代化的国防，我们的陆军、空军和海军都必须有充分的机械化的装备和设备，这一切都不能离开复杂的专门的技术。今天我们迫切需要的，就是要有大批能够掌握和驾驭技术的人，并使我们的技术能够得到不断的改善和进步。军事工程学院的创办，其目的就是为了解决这个迫切而光荣的任务。"这充分体现了哈军工的地位和作用。

为了提高生源质量，陈赓院长建立了庞大而强大的招生机构，到全国各重点高中提前选拔优秀考生，用他的话说是到全国重点高中去"掐尖"，把尖子学生想方设法全部招到哈军工来。哈军工刚开始是直接从部队中招生，1955年才开始在全国高中毕业生中招生。1956年考入哈军工的黄瑞松，是第四期学员。

2. 初入校园

1956年8月18日，黄瑞松顺利抵达哈军工。

虽然离破土动工只有短短3年时间，但极其高效的建设效率，使得哈军工这座内在和外在都相当特别的军校，已鹤立鸡群般地矗立在北国大地上。学校占地共250多万平方米，其中主校园面积近70万平方米，南北宿舍区面积近30万平方米，其余是附属工厂四海厂的厂区，步兵战术学习演练区，装甲机动车辆学习演练区，标准枪炮靶场等。漆成绿色的2米多高的木板墙，将各大院区分隔开来，井然有序。沿着学院的外围墙走一圈儿，要3个小时。

黄瑞松他们这级新生一共有1000余人，被编成10多个连，住进了四层的14号宿舍楼。每间屋有4张双层钢床，住8个人。门窗上镶嵌着大玻璃，楼梯和走廊是水磨石的地面，宿舍墙壁漆着一片整齐而崭新的军绿。在排长的带领下，黄瑞松他们领来了生活用品，长绒棉被、羊毛军毯、床单、毛巾、脸盆、军用水壶等一应俱全，以及各种文具和学习用品。将配发的通行证别在胸前。然后给每个人发了理发、洗澡的招待券和当月的津贴7元钱。总之，各种事项应接不暇，黄瑞松初入军营，既兴奋，又好奇。

尽管在宜兴一中的时候见过几张校园的照片，但在接下来的参观中，哈军工的壮丽气魄还是让黄瑞松感到了一种震撼。他们列着队，在排长的统一带领下，沿着柏油铺就的笔直宽阔的院区道路参观这座年轻又活力四射的校园。首先来到了离宿舍不远的一系的飞机陈列室，2架“米格-15”和2架“伊尔-28”战机立即映入眼帘。经过介绍，黄瑞松才知道为什么一样要两架。因为一架是原装的用来作展示的，另一架是拿来拆卸安装的。在教学中，学员们要对其中一架反复拆装以熟悉其结构和设计。那时候，这种先进战机是难得一见的，新闻照片上偶尔出现一下，为了保密都不给近景。各种神秘的新式装备在哈军工不但可以随便看，而且还可以“开膛破肚”地拆开来看个够，这是独一无二的。接下来，黄瑞松继续前往二系、三系……以及其它区域参观，仅参观就花费了很长时间。

来到由建筑大师梁思成主持设计的5座中西合璧的大屋顶教学大楼时，那巍峨壮观的非凡气派让黄瑞松暗自赞叹，他还是头一回见到这样漂亮而又壮观的教学楼。教学楼外观采用我国民族传统建筑风格，内部则是采用俄罗斯民族风格装修，大屋顶全部是木质和琉璃瓦结构，中西合璧，别有一番味道。主楼六层，两侧五层。其余几栋的主楼五层，两侧四层。每栋楼的平面呈一个“凹”字型。5栋大楼基本上构成了一个大四合院结构。飞檐斗拱、雕梁画栋的仿清宫殿式楼宇，既气势恢宏，又精雕细刻。各个翘起的楼檐上，分别雕塑着一位将军，骑着战马，挎着战刀，引领着坦克、大炮、军舰、飞机的模型，分别代表着装甲兵工程系、炮兵工程系、海军工程系和空军工程系。其中11号楼建筑面积46000平方米，在当时是全国单体建筑面积最大的大楼。至今，哈尔滨工程大学的学生即使到了四年级，有时还会在楼中迷路。教学楼一层设有多间更衣室，是雨天挂雨衣、冬天挂皮大衣的地方，顶层设有系图书馆。门厅和走廊都是水磨石的地面，走廊宽达 3 米。各系教学大楼整体建筑结构厚实、坚固、耐用，并建有防原子地下室，考虑得相当全面。

黄瑞松办完报到手续后，就和其他人一道开始了一个多月的军事训练，他被编入了正师级的新生支队。支队下面，是按地域编制的中队，如河南队、北京队、湖南队、江苏队、山东队，等等。军训的主要内容有条令学习、队列训练、武器使用、战术训练及野营等。最先开展的入伍队列训练很漫长，也很枯燥。每天由一名中士教官带着大家训练立正、稍息、齐步、正步。队列训练结束后，进行半自动步枪、54 手枪的射击训练。

在军训过程中，黄瑞松印象最深的是野营。野营的地点在离学校 60 余公里的一个叫小赵家的地方，那是哈军工的校办农场，是学校农副产品供应基地。野营的第一天，院领导作完动员后，所有参加军训的学员，服装整齐地背上背包以及枪支和日用品，从学校开始了长途拉练，向小赵家进发。经过哈尔滨市区时，新生支队的领导要求新生们以齐步走的方式行进，为了能够整齐划一，各个中队分别唱着不同的队歌，引来了市民们争相观看，黄瑞松心中充满了自豪。

正常来讲，军训结束后就该入学上课了。但黄瑞松他们还不能正式入学，因为哈军工实行了一项特殊的制度——预科制，所有学员必须经过预科的学习和考核，才能正式入学。

3. 预科生涯

预科教育是哈军工比较有特色的教育制度，为什么要设预科呢？当时的说法是：其一，本科教育计划、课程设置都是参照苏联军校制定的，苏联是保送高中的优秀生入校学习，我们在文化教育方面还需要在高中的基础上巩固提高；其二，预科教育中军事课占很大比重，从单兵、班、排、连、营、团直到师的攻、防战术以及诸兵种知识、合同战术等都要学，仅靠本科五年是不够的；其三，从第三届开始向高中生招生后，来的都是没有当过兵的学生，而且全国不同区域教育水平相差较大，所以特别设立了预科，用来提高学员的军事、文化水平，为专业学习打好基础。

预科教育主要包括四个方面：一是政治教育，学习我军优良传统，培养革命人生观；二是军事训练，包括队列、纪律、内务、战斗训练，具备从单兵作战至团以下的战术指挥军事素养；三是文化教育，全面深入地掌握各学科的基础知识，为后续专业军事工程的学习打好基础；四是训练独立的工作和学习能力。

黄瑞松经过了军训、入伍宣誓等一系列过程，穿上了崭新漂亮的55式新式军装，成为了一名正式军人，并开始了为期一年的预科学习训练。

每天清晨五点，在激昂的起床号声中，学员们从梦乡中被叫醒，几分钟后，整齐地集合完毕，来到操场上出操。十月的哈尔滨已是滴水成冰的时节，一般人都得穿棉大衣了，但黄瑞松他们出操的时候，却是清一色的秋衣秋裤，跑到汗流浃背，才收兵回到宿舍，洗完冷水澡后，用毛巾把全身擦到通红为止。然后，迅速整理好内务，列队去食堂吃早饭。

在哈军工预科时

军事训练和军体课从最基础的科目开始，然后循序渐进到过障碍、投弹、拼刺刀、军事地形、武器射击等科目。黄瑞松身体素质好，学习能力又强，各种训练科目都应对自如。在哈军工，预科的学员最容易辨认，因为他们的军装明显地比其他人破旧，没办法，摸爬滚打的军事训练项目太多，军装很快就被磨旧了，不时还会磨破刮破。在家千日好，出门一日难。在这里，他依赖不上父母，也指望不上哥哥姐姐，一切都得依靠自己的双手，所有事情都要亲力亲为，钉纽扣，拆洗被子，不会的都要学。

入校伊始，黄瑞松等学员们就被要求过好三关，即入伍关、学习关和工作关，做一个长期为国防建设事业服务的军事工程师。

在一次报告会上，学校领导讲到国家为什么要下这么大力气办哈军工？领导说我们现在的军事工程技术差得太远，他还举了抗美援朝战争的例子：在战争后期，我志愿军已经装备了不少现代化装备，包括坦克、苏式“喀秋莎”火箭炮等，但是，在实战中却出现了层出不穷的问题。比如，进攻某高地时，因坡度过大，超过了坦克的爬坡能力，我军行进中的坦克忽然翻滚了下来；又如，我军习惯于在炮火准备（射击）的同时即发起冲击，炮火未延伸或停止前要到达敌阵地前沿卧伏，炮火延伸或停止时立即跃起冲击，突入敌防御阵地，使敌人措手不及，但由于“喀秋莎”未能正确操作，射击散度大，造成了我志愿军的伤亡；等等。黄瑞松听了，感受到了一种强烈的紧迫感、使命感。指导员还告诉他们：“你们进了哈军工，别的什么都不要去想，你们的任务就是把学习搞好。国家等着你们学成后去研究尖端武器。五年之后你们的办公室、办公桌现在都已经给准备好了！你们除了身份变成一名军人外，还必须在思想上切实‘入伍’，在骨子里、灵魂里必须真正成为一名地地道道的军人！”

毛泽东主席曾对院长陈赓提出期望，希望把哈军工办成第二个黄埔军校。哈军工由于抱负宏大，立足高远，因而治校极严。特别值得一提的是，在共和国历史上，只有哈军工的教学计划是经毛主席亲自审阅的。1954年8月，这份教学计划在哈军工予以公布，全院干部学员备受鼓舞，苏联专家更是震惊：中国人民的伟大领袖能在日理万机的繁忙中亲自审阅学院的教学计划，实在出乎意料，这在苏联是不可思议的事。哈军工教学有著名的“六严”：严肃的教学态度，严密的教学组织，严格的教学管理，严谨的教学作风，严整的教学秩序，严明的教学纪律。比如，上课无论教员还是学员都不允许迟到，有的教员和学员就曾因为迟到几分钟而被通报批评甚至警告处分。在校区每个建筑物——宿舍、食堂、大楼、实验室……都挂着一个电钟，每个建筑物的电钟都指示着同一时间，不会差一分一秒，时时处处昭示着：最严格的素养，就从守时开始。校区又大，因此学员们上课必须熟知地形，在教室与教室之间规划出最短路线、备选路线，有时课间转场要跑步前进才能准点进教室。又如，哈军工有着极高的淘汰率。据统计，黄瑞松之前的三届学员中，在预科升本科时淘汰率最高时近 20%；本科阶段的淘汰率最高时达 30% 以上。第一期学员入院时是 1000 余名，毕业时只剩不到 700 名。其要求之苛刻，淘汰率之高，难以想象。再如，哈军工的考试制度也非常严格。考试前从不划定复习范围，期末考试不仅有笔试，还要口试，任何人都别想侥幸过关。考试判分也极其严苛。拿解析几何题为例，坐标没有注上原点就扣 5 分，化学物理答案上没标单位也扣 5 分。这样严格的教学和训练，有很多人吃不消，但黄瑞松从小吃惯了苦，适应得很快，这种严格的训练也令他终身受益，为他以后在学术上、工作上处处严谨打下了良好的基础。最终，过五关斩六将，大浪淘沙，能够从哈军工顺利毕业的学生，大都成为了各行各业的精英。

尽管黄瑞松在高中时成绩很好，但到了哈军工，也丝毫不敢掉以轻心。在这铁打的军校和严酷的教学重压下，他必须严阵以待，时时如履薄冰。在学习方式上，和以前也大不相同了。预科的第一学期开设的主要课程有马列主义基础、解析几何、合同战术、俄语、军体及复习高中课程（数、理、化和语文）等。黄瑞松的数理化基础很好，大部分课程感觉比较轻松。但是俄语水平有待提高，因中学阶段学的是英语，现在要从头开始学俄语，当时又主张一切向苏联学习，因此他认识到俄语这一工具的重要性，为此特别加强了俄语学习，尤其是口语的练习。在空闲零碎时间例如列队前、会议首长讲话前等，都要拿出单词本来默念或低声背诵俄语单词。

在工作上，黄瑞松对领导交给的各项工作任务都乐于接受，从不挑肥拣瘦、偷奸耍滑，而是认真努力地去完成。哈军工每一天的学习、工作任务安排得很饱满，学员们每天都过得很充实。比如站岗。为了培养学员的军人气质和作风，学员们要在教学楼和宿舍楼站岗执勤，一般教学楼设步枪双岗，宿舍楼设手枪单岗，黄瑞松等预科的学员只在宿舍楼站岗值班，岗哨两小时一班，由当日的值班员轮流担任哨兵。为了锻炼学员的管理能力，从预科开始，学员就要轮流参加学院的值班勤务，值班员一次值班 24 小时，值班期间就不上课了，但耽误的课程需要自己想办法补。一个学期下来，黄瑞松一般要值勤四五回。再比如下地劳动。哈军工建有自己的农场和饲养场。黄瑞松他们班分得了一块菜地，对于种什么，大家各抒己见，讨论后决定种土豆，于是从积肥开始到育种、翻地、下种、灌水、锄草、施肥等，他们大家都要照管，不过大丰收后，大家都十分高兴，很有成就感。在哈军工筹建的几处副食基地，学员们自己养猪、鸡、牛、羊，这也是供学员们参加体力劳动的理想场所，通过参加生产劳动，达到改造思想、勤工俭学相结合等多种效果。

学习、训练和工作如此忙碌而充实，黄瑞松几乎没有时间出去游玩。事实上，由于纪律条例要求严格，要出趟学校也很难。节假日外出，每个连的名额是有限制的，必须持有出入证者方可外出，而出入证数量有限，只有得到连队批准外出者才能领取到。外出的学员要列队接受连值班员的军容检查，即着装要整洁、胡子要刮干净、风纪扣和裤扣都要扣紧、皮鞋要擦亮、衬领要干净等，合格者才予以放行。另外，必须按时归队，每晚都要点名，熄灯号吹响后就不允许到处走动，更不允许深夜不归。集体外出者要二人成行、三人成列，步伐整齐行进。哈军工是保密单位，学校没有挂牌，只挂了一个103部队的牌子。在市区，只要哈军工的学员们一出现，市民们立即就能指认出来：是103部队的！神秘的哈军工最早在哈尔滨人眼中亮相，是在1954年的国庆节。在这一盛大节日里，哈军工派出陆海空学员方队走上街头，迈着整齐的步伐通过市政府广场，接受省市领导和哈尔滨群众检阅。从此，哈尔滨人记住了103部队，知道了这是一支陆海空都有的部队，特别是1955年解放军实行军衔制度以后，哈军工的学员方队着新式军装展示，大盖帽、武装带、各式肩章、各兵种领花，以及装甲兵的大皮靴、头盔，吸引了大量目光，学院的人几乎都是军官，服装也都很漂亮，这道流动的风景让市民们惊羡不已。

入校后一段时间，黄瑞松终于得到了到哈尔滨市区游玩的机会，感受这座北国冰城的风土人情。哈军工出行交通倒还便利，市区有轨电车的终点站延伸到了哈军工的八一楼前，这里便成为了哈军工对外交流的唯一窗口，八一楼有对外的招待所，学员家属若来访探亲便是到此楼为止，不能进院儿。

当时的哈尔滨还保留着浓郁的苏联民族风情，很多建筑都是欧式的，有的建筑带着尖尖的屋顶，识别度很高。街道的路面用手掌般大小的长方形石砖铺砌而成，街边一座座掩映在绿树丛中的小巧建筑显出独有的优雅和宁静。在街上随处可以见到犹太人、波兰人、南斯拉夫人、朝鲜人……当然，苏联人的数量最多。这座别具一格的城市充满了异域风情，在全国还处于传统和封闭状态的时期，哈尔滨却引领着时代的新潮流，被誉为“东方莫斯科”和“东方小巴黎”。黄瑞松头一回来到大城市，哈尔滨的特殊风貌和景致让他目不暇接，很多事物都让他感到耳目一新、大开眼界，比如临街的一处处风格别致的酒吧、咖啡店；街边拉着手风琴的俄罗斯老人；穿布拉吉（连衣裙）的时髦女郎；叮当叮当响着车钟的有轨电车；大大小小的东正教和犹太教教堂……

他在一家照相馆照了戎装照，给家人寄了回去。穿上军装的黄瑞松显得更加英武和神气，和在老家的时候完全变了样，说不定家人一下子还不敢认了呢！同时寄回去的，还有一张《革命军人证明书》即军属证。军属证一式两份，一份由学校寄往原籍的村政府，一份交给个人寄往家里。军属证上写着“黄瑞松同志系一九五六年九月参加我军，现在军事工程学院工作，其家属得按革命军人家属享受优待此证”，落款是“中国人民解放军军事工程学院院长兼政治委员 陈赓”。黄瑞松留给家人的通信地址是“哈尔滨文庙街XX信箱XX分队”。同时，向外发信不用再贴邮票了，实行军邮，信封上盖个章就能邮走，这对他来说也是一件新鲜事。总之，一切都充满新奇。

对于久负盛名的为哈军工开创作出过卓著贡献的陈赓院长，黄瑞松只见过一次。因为陈院长身兼副总参谋长等多个职务，又住在北京，所以哈军工步入正轨后，他就不再经常来哈军工办公，学校日常工作由刘居英副院长主持。1956年11月，陈赓院长参加完苏联远东军事演习回国时，路过哈尔滨，回到了哈军工，说要见见学员们。于是，在西操场，黄瑞松第一次见到了尊敬的院长，心情十分激动。陈院长穿着呢子军大衣，佩戴大将军衔，戴着眼镜，面庞红红的，笔直地站在检阅台上脱稿讲话，讲了远东军演的情况，讲了当前的国际国内形势，勉励学员们刻苦学习真本领，将来为国争光，台下报以阵阵热烈的掌声。陈赓曾经说过一句名言“既要承认长征两万五，也要尊重十年寒窗苦”——“两万五”指的是两万五千里长征，把革命干部和知识分子放在一个平等的位置上，如此尊重知识、尊重人才，在当时的历史背景之下，实在难得。陈院长讲完话后，全院各单位以分列式的形式走过检阅台前，向他行注目礼（但没有走正步）。1958 年整风时，学院不少人给他贴大字报，呼吁他能经常回学院来，但直至 1961 年病逝，他再也没回来过，黄瑞松也再没见过他，但至今，陈院长站在检阅台上声情并茂讲话的情景，仍然深深地留在他的脑海中。

一年后，迎来了预科结业考试，黄瑞松在考试中取得了优秀成绩。在填报入学志愿的时候，他的志愿依次为空军工程系、炮兵工程系、海军工程系，最后他被分配到了空军工程系，他们班上的同学有的分到了炮兵工程系，有的分到了海军工程系。因为当时保密要求极其严格，不该知道的不能知道，不该问的不能问，各科之间不能相互打听，所以，黄瑞松的很多预科同学后来学的什么专业，他从未打听过，也无从打听，至今都不清楚。

黄瑞松改穿上了空军军服，成为了一名空军学员，也开始了他在空军工程系一年半的学习生活。

4. 结缘导弹

1957年，空军工程系开设了导弹专业，黄瑞松所学的专业是有翼导弹自动控制。第一学年的课程仍然是偏基础性的，有俄语、高等数学、普通化学、画法几何，等等。高等数学和普通化学使用译制的苏联教材，是很深奥的教材，主讲教员大都为大尉以上军衔。哈军工的师资力量是十分雄厚的，许多优秀的教员都是陈赓千方百计选调来的，对于难调的人员，周恩来总理亲自出面做工作。一个教研室往往就有十几位正副教授，不少是留学美国、德国的，还有一部分是1949年香港两航起义的航空专家。在航空航天领域，云集了任新民、梁守槃、马明德等大批科技精英。

在钱学森还未从美国回到中国时，时任哈军工炮兵工程系教育副主任兼火箭武器教授会主任的任新民已敏锐地意识到导弹武器的重要性。那时，人们还将导弹称之为火箭。任新民系统地收集了国外这种武器的资料，特别是德国法西斯利用火箭袭击英伦三岛的资料，调查和展望了未来战争的形态和武器装备的发展动态和趋势，以及美国、苏联在战后加速发展这种武器装备的所有新闻报道，编写出教学讲义《火箭武器》。任新民还和金家骏、周曼殊一起，紧密结合中国的实际，就我国发展火箭武器的必要性、可行性及实现途径等，进行了详细的论证，并对如何发展提出了具体的建议。1955年11月，哈军工以院党委名义将任新民等3人起草的《对我国研制火箭武器和发展火箭技术的建议》，转报中央军委。当时主持中央军委工作的彭德怀元帅和总参谋长黄克诚大将看到报告后很高兴，请总参装备计划部部长万毅中将和刚刚回国的钱学森进行研究，在此基础上，钱学森协同万毅撰写了《关于研究与制造火箭武器的报告》。1956年1月20日，彭德怀主持召开中央军委扩大会议，专题研究讨论了这一报告——这是我国国家和军队领导人首次讨论关于研制火箭武器的问题。会上，彭德怀定下这样一个结论：“我们要解决火箭防空、海上发射火箭等问题，目前即使苏联不帮助，我们也要自己研究，苏联帮助，我们就去学习。”在国家领导人的高度重视下，中国的火箭和导弹事业开始蓬勃发展起来。

在 1957 年哈军工成立导弹专业之初，基础条件是相当落后的。最早连学导弹专业的教员都没有，学校就从各系选调一些优秀教师作为骨干，组建专业教研室，包括弹体结构与设计教研室，发动机结构与设计教研室，自动控制教研室，无线电控制教研室，飞行力学和发射教研室，测试及设备与使用教研室等。另外，从即将毕业的第一、二期学生中挑选部分学员进行培养，使他们尽快掌握必要的知识，以便承担教学任务。刚开始教黄瑞松自动控制专业课程的，就有他的学长易生（后任航天三院院长）。1957 年年底，中国从苏联引进了几型导弹并开展了几期导弹培训，哈军工将教员们派去参加了学习；后来又将他们派遣到中国最早的导弹部队去学习。从多方面提高教学能力。另外，也没有教材，最早的一本教材是羌锣根据从苏联悄悄带回来的学习笔记整理而成的一本讲义《导弹概念》。就这样，导弹专业从一张白纸起步，边建设边教研，边探索边实践，老师教学生，学生教学生，摸索着往前走。

黄瑞松的一年级基础课包括物理、化学等大课都在大教室上，一般是 4 ~ 5 个班在一起合上，辅导课则在自己的辅导室里上，基础课的实验课则要从 11 楼列队跑步到二道门里的物理楼和化学楼去上。哈军工的实验课是出奇的严格，旨在养成学员们良好的科学作风和实验技能，实验报告更要求一丝不苟，错一点儿都不行。至 1957 年，哈军工共建成了近 400 个实验室，总投资在 2000 万元以上，实验室种类繁多，设备齐全，样品丰富，在全国首屈一指。当时是要什么给什么，空军司令员刘亚楼上将 1956 年接见空军工程系主任唐铎少将时表示：“凡是学院需要的东西，空军仓库里有的，马上发给；仓库里没有的，列入 1957 年空军订货预算；特别急需的，就从飞机上拆下来给你们。”海军首长对哈军工的支援同样不惜工本。军委各总部有许多尚未装备部队的新式武器装备，也是首先满足哈军工的教学需要。

如此优越的条件，学员们都备加珍惜，一个个如饥似渴地学习。从大二下学期起，黄瑞松就开始全面进行导弹相关的专业课程的学习了。这个时候，导弹专业的条件也逐步改善了，在实验室里已经有了导弹和导弹的各种部件样品供教学研究，教员的教学能力也进一步提升，课程开设进一步充实和丰富，再加之聘请了苏联教员教授有关导弹的课程，更是如虎添翼。当然，苏联教员在教学过程中并不是毫无保留的，他们要遵从国内制定的各种要求和纪律，教学过程中显得小心翼翼，生怕越雷池半步。陈赓院长做了很明智的决策，不允许苏联教员直接给学员上课，他们的主要任务是教会中国的教员，万一苏联的教员走了，掌握了知识和技术的中国教员仍可以自行培养学生。哈军工为了激发苏联教员们的热情，给予了他们优厚的待遇，在哈尔滨包了当时最好的宾馆供他们住宿和生活，他们的子女也可以接来共同生活，相关生活费由哈军工给予一定补助。各教学楼中，每层都有专为苏联教员设立的休息室，里面摆放着小圆桌和简易沙发，墙边摆糕点和水果的柜台上放着个俄式茶炉——类似中国涮羊肉的火锅，用炭烧着红茶，安装着出茶水的水龙头。课间，苏联专家们喜欢到这里来就着红茶吃两块椒盐饼干、黄油蛋糕、水果点心什么的。但中国的教员是不能进去的，这是苏联专家们专享的。

1960 年苏联单方撕毁协议，迅速撤回在中国的苏联专家，哈军工的苏联教员也全部撤离回国了。陈赓院长勉励大家说“革命是从无到有的，军事工程学院也可以从无到有。”这句话激励着哈军工人艰苦奋斗，自力更生，闯过了一道道难关。

1959 年中央军委决定，在军事技术人才培养方向方面，哈军工由维护、使用调整为研究、设计和制造，同时将常规专业调整出去。因此从 1960 年起将炮兵、装甲兵、工程兵和新建的防化兵等工程系调出，并新建为单独的工程技术学院，哈军工在调整过程中先后组建了导弹工程系、原子工程系、电子工程系等。

1959 年春节刚过，哈军工在空军工程系导弹科（一系七科）的基础上，组建成立新的导弹工程系即七系，公开名称叫电机系。黄瑞松也随之被调整到七系。他刚穿了 3 个学期的空军军服就换成了陆军军服。

黄瑞松在学习上更加刻苦用功。当然，他也遇到了一位好老师。他的自动控制专业课程由张良起、苏联留学回来的羌锣以及比他高两届的学长易生等老师授课。其中张良起是参与哈军工创建的元老之一，也是导弹自动控制系统方面的权威专家，导弹工程系的自动控制教学和科研刚开始只有一个教研室，张良起是主任，后来分成两个教研室，即负责有翼式导弹控制的 506 教研室和负责弹道式导弹控制的 505 教研室，张良起是 505 教研室的主任，506 教研室主任是羌锣，但实际上张良起也过问 506 教研室的工作。张良起后来担任过国防科学技术大学校长职务。黄瑞松在总体设计部工作期间，很早就和国防科技大学建立起了科研合作关系。

在闲暇时间，黄瑞松的大部分时间是在图书馆度过的。学校图书馆设在王字楼对面的文庙里。红墙，琉璃瓦屋顶，是典型的中国古代建筑风格，藏书多达数十万册，数量相当可观。但是，阅览专业课程的书籍和资料就受到保密方面的限制，黄瑞松只能阅读自动控制方面的资料，不能跨专业阅读。全面进入专业课程后，开始接触到大量的核心军事机密，保密方面的要求也更加严格了。系里曾有领导提出要求“信件公开，二人同行，外出请假，归队汇报”。其中最难做到的是“二人同行”，去逛街，上图书馆，到书店，去游玩，会见亲戚，等等，一律都要二人同行，相互照应，也相互监督。但事实上执行起来很困难，后来便特别加强了“归队汇报”，对“二人同行”不再那么强制要求。课程中涉及保密内容的，必须记在专门的保密本上，与教材一同存放到保密包中，交由保密室统一保管。教员、学员上下课提的都是保密包，上完课后，桌子上甚至不允许留下一张草稿纸。

当时哈军工的有翼导弹主要是从苏联引进的“542”岸舰导弹、“543”地空导弹和“544”舰舰导弹，这些导弹就是我国后来研制“海鹰”“红旗”和“上游”导弹的基础。这些珍贵的导弹引进中国的数量很少，一般也就是两三枚，其中至少有1枚要放在哈军工供教学使用。导弹和部件存放在系导弹库，这是戒备最为森严的地方，有高高的红砖围墙围着，墙的四角有碉堡，任何人进入导弹库都要经过四道门岗。能进入导弹库的有3种不同的通行证，分别是“河”“江”“海”的字头。“海”字证级别最高，可以看所有型号导弹，而一般教员和学员只能进入和自己专业有关的导弹库。据说，这些导弹是在神不知鬼不觉的情况下运进哈军工的。导弹通过神秘的专列运到哈尔滨之前，学院保卫部门提前一天晚上到铁路专线旁进行布控，卸下导弹后，先进行伪装，然后在夜深人静时悄悄地运进学院。所以，那么多导弹进入哈军工，连当时的省委、省政府领导都不知情。一直到哈军工解体之后的很长时间，哈尔滨人都不知道学院里有那么多的导弹。

上专业课的时候，黄瑞松他们经常在导弹库中上课。导弹或部件可以供拆卸研究，并把每个步骤都拍照保留。这样的教学与研究环境，在全国高校范围内都是少有的，也是得天独厚的，大大提升了学员们的实践能力。

为了提升整体教学质量，系里成立了互帮互学小组，提出的口号是“不让一个学员掉队”。互帮互学小组通常是 4 人一个学习小组，每天下午大家复习完上课内容后，学习小组就开始提问题，畅所欲言地进行讨论，还时不时地在黑板上画图，进行公式推导，以互相启发。大家的争论也很激烈，有时会争得面红耳赤，实在争论不下时，则由学习小组组长把教员请过来答疑解惑。有了互帮互学的学习小组，基础稍差的同学通过相互间的辩论，就能把不明白的概念弄明白，而成绩好的同学则在给战友的讲解中，进一步提高了认识，增长了才干，丰富了思想，提高了全面看问题的能力。每次互帮互学，黄瑞松都积极参与其中。

在很长的一段时间里，黄瑞松都没有见到过导弹的全貌，越是如此，他心中越是渴望能一睹导弹的庐山真面目。机会说来就来了。

5. 部队实习

1960 年，黄瑞松来到位于渤海湾的中国第一支岸舰导弹部队实习。

按照中苏《国防新技术协定》，苏联将为中国援建导弹训练基地。杨国宇少将成为筹备组负责人。在中国海防导弹发展史上，杨国宇是一位必须要提到的人。他是老红军，个子矮小，长期在第二野战军工作，当年第二野战军有两个“大人”，一位是邓小平“邓大人”，一位便是杨国宇“杨大人”——他这个绰号正是邓小平给起的。建国后，他奉调海军某基地任参谋长，后又升任基地副司令员、海军参谋长。“文革”期间，他被委派到七机部任军事管制委员会第一副主任，分管军工生产，重点抓导弹，在七机部保护了大批专家和工程技术人员，后任海军副司令员。杨国宇从单位被调派去建设导弹训练基地时，行动非常机密，没有人知道他去了哪里。就像杨国宇这样，海军相关部队的人一个接着一个地神秘失踪了，他们都到了渤海之滨。

1958 年 11 月，杨国宇和苏联的柯尔金等几名苏联专家乘着一架军用飞机，在中国东部海岸到处飞行，寻找适合建设导弹训练基地的地点。柯尔金对杨国宇说：“基地位置要求很高，地势要开阔，交通要方便，还要有码头、铁路、机场，同时人烟要少，保密条件要好。”随后，在初步选定的几个地点上，杨国宇又带领部下翻山越岭进行实地勘测，最终选定了一个满意的地方，中国第一个海军导弹试验基地建设从此拉开了序幕，最终发展成为集导弹部队训练、导弹飞行试验于一体的军事基地。郑国仲被任命为基地第一任司令员，杨国宇被任命为副司令员。1959 年年初，从苏联引进的“542”导弹被秘密运到基地，“542”导弹大队也宣告成立，成为中国海军第一支导弹部队。不久，一支由 50 多人组成的苏联教员队来到基地，对 542 导弹连官兵进行岸舰导弹操作培训，他们为导弹基地建设作出了重要贡献。

不久后，基地已不仅限于训练 542 导弹部队了，国防部第五研究院、海军炮兵学校、哈军工等也分批前来学习、实习。1960 年夏，哈军工组织师生来到了岸舰导弹部队，在这里进行了为期一个月的现场学习。

在哈军工上学的时候没见到导弹全貌，但在542部队，黄瑞松见到了完整的导弹，而且天天跟“542”导弹打交道。他利用这个实习机会，认真细致地观摩了“542”导弹的操作训练，学习了“542”导弹的相关资料及使用说明书。

黄瑞松从此与这个基地结下了不解之缘，在他此后的导弹研制生涯中，和这里打了长达半个世纪的交道，这里既见证了他的失败，也见证了他的辉煌，这里已经成为他传奇人生中不可分割的重要组成部分。

6. 投身国防

1963年3月，黄瑞松以优秀的成绩从哈军工毕业，被分配到位于北京南苑的国防部第五研究院（简称“国防部五院”）一分院四部工作，他从此投身国防，投向了一片崭新的事业。壮丽的人生画卷，即将在他的面前展开，那越来越坚定的从小就萌发出的宏愿，注定要在历史的深处与他相会。

他打点起行装，恋恋不舍地和老师、同学们告别。同学们难舍难分，他们互道珍重，互相祝福。他们最后一次合唱了已经合唱过多次的《中国人民解放军进行曲》，再次感受它大气磅礴的力量。他们将踏着这雄壮而激昂的歌声，意气风发地向新的战场出发。“向前！向前！向前！我们的队伍向太阳！脚踏着祖国的大地，背负着民族的希望……”

他们在哈军工的这七年，其实本身就像一部激昂的进行曲，在这片美丽的北国冰城，这些天之骄子们奏出了斑斓多彩的和声，飞扬着那激情燃烧的岁月。

但这，对于黄瑞松来说，只不过是他人生壮丽乐章的序曲，逐渐磨进的最强音很快就要奏响了。

黄瑞松

黄瑞松院士传记

Academician Huang Ruisong's Biography

第三章

仿制改型　腾起蛟龙

20世纪60年代，中国海防导弹事业拉开了恢宏的历史大幕，走出了一条波澜壮阔的发展道路。从哈军工毕业投身国防的黄瑞松，如鱼得水，很快就崭露头角。

1. 导弹摇篮

1955年的一天，在遭受了美国多年软禁并最终冲破重重阻挠后，钱学森义无反顾地登上了归国邮轮，并抵达香港。10月8日这天，钱学森从香港辗转前往中国大陆，当他跨过深圳罗湖界桥，双脚踏上祖国大陆土地的这一刹那，他的眼眶湿润了，回想起这些年漂泊异乡、寄人篱下、不堪回首的岁月，真有恍如隔世之感。一年后的1956年10月8日，国防部第五研究院成立，钱学森担任首任院长。从此，在他的领导和直接参与下，中国航天事业和导弹事业奏响了激昂的序曲，揭开了伟大的篇章。

人类的航天活动是从火箭技术的发明与运用起步的。中国其实是火箭诞生的故乡，早在宋朝时期中国就发明了火箭。在13世纪以前，中国的火箭技术在世界上遥遥领先，并传入阿拉伯地区和欧洲国家。但是，由于长期的闭关锁国，封建王朝并不重视科技和工业的发展，逐渐落伍了。一次次地，这个古老的东方帝国与工业革命失之交臂，那些曾经在人类历史长河中闪耀的科技之光，渐渐陈旧和黯淡，最终成为一抹余辉，不可避免地滑向衰落的深渊。

20世纪40年代，基于火箭技术发展起来的导弹，在二战后期开始投入实战。德国使用“V-1”和“V-2”导弹，从欧洲西岸隔海轰炸对面的英国，虽然打击精度并不高，但其作战潜力已经使一些深具战略眼光的国家认识到这将是现代战争中的明日之光。二战结束前夜，当盟军攻入德国后，一些国家忙于占领德国的各处重地抢占地盘时，美国和苏联却在悄悄地干一件事儿，就是寻找德国的导弹技术资料和科学家的下落。他们把找到的人和资料秘密地送回国内，利用德国的成果开始加速研制导弹武器。不久，英、法等国家也重启了导弹的研究工作。于是自 50 年代初起，导弹得到了快速发展，出现了一大批中远程液体弹道导弹及多种战术导弹，并相继装备了部队。

钱学森是航空科学界泰斗冯·卡门的优秀弟子，1936 年，冯·卡门的几位得意弟子出于对火箭的兴趣，自发成立了一个带有科学探索性质的兴趣小组——“火箭俱乐部”，钱学森是核心成员，直接参与了美国早期火箭和导弹的研制。钱学森还作为一个特别小组的成员，前往德国，实地考察德国的导弹设施，并审讯了德国的科学家，了解德国导弹技术。这次提审让钱学森获得了丰富的信息，一部分写入了报告，但绝大部分都深深地植入了他那聪慧的头脑中。

新中国成立后，美国政府网罗东亚和东南亚国家的反动政府，在我国东南部构筑了一个“新月形”的军事包围圈，凭借手中的核武器、导弹武器等对中国进行核讹诈和军事威胁。1950 年，美国政府以“联合国军”的名义干涉朝鲜内政，把战火烧到了鸭绿江边，企图把新中国扼杀在摇篮中。朝鲜战争使毛泽东等领导人进一步认识到，新中国要生存，要发展，就必须发展自己的国防尖端技术，应把发展国防科技、创建高等军事工程院校、研制导弹核武器作为国家的当务之急。在毛泽东的倡导下，在周恩来、陈毅、李富春、聂荣臻等党和国家领导人的直接领导下，成立了科学规划委员会。1956 年春，组织了当时中国各个领域的数百名科技精英，经过反复研究论证后，编制了《1956~1967 年科学技术发展远景规划纲要》，确定了以发展原子能、火箭和喷气技术等为代表的57项重点任务。

钱学森的回国，直接加快了中国导弹工业的发展进程。回国后，他就为中国的导弹事业积极出谋策划和多方奔走。在黄瑞松的母校——哈军工考察时，国防部长彭德怀委托院长陈赓大将问他，中国能不能搞导弹？钱学森斩钉截铁地回答说："外国人能干的，中国人为什么不能干，难道中国人比外国人矮一截？"

1956年1月，钱学森在总政文工团排演场礼堂给我军高级将领作了3次关于火箭和导弹的演讲。他的演讲通俗易懂，许多文化水平并不高的老将军都听得津津有味，大家对导弹这种新武器产生了浓厚的兴趣和强烈的企盼。2月1日，毛泽东在中南海怀仁堂举行盛大宴会，招待参加政协第二届全国委员会第二次会议的部分委员，钱学森应邀参加了宴会，毛泽东特地把他从别的桌调整到自己这一桌并让他坐在右手边，这个细节表明了领袖对这位科学家的一种殊遇、一种重视。

1956年2月27日，在周恩来总理和叶剑英元帅的推动下，钱学森迅速提交了《建立我国国防航空工业意见书》，这可以称得上是中国导弹事业的第一份纲领性文件，出于保密的考虑，文件中用"国防航空工业"这个词来代表火箭、导弹。这份文件对于如何发展我国的导弹、航天技术，从组织、科研、设计、试验到生产等多个方面，提出了总体思路和实施方案。

1956 年 4 月，中国成立了航空工业委员会（简称航委），聂荣臻任主任。5 月，周恩来主持中央军委会议，讨论了聂荣臻代表航委提出的《关于建立我国导弹研究工作的初步意见》，并确定由航委负责组建国防部导弹管理局（国防部第五局）和导弹研究院（国防部五院）。这次会议做出了发展中国导弹事业的重大决策。周恩来在会上说："中国发展导弹不能等一切条件都具备了才开始进行研究工作，应当采取集中力量、突破一点的方针。"

1956 年 10 月 8 日，国防部五院正式成立，钱学森任院长，开始正式领导中国的导弹研究和试验工作。当然，他在国防部门的活动完全处于保密状态。比如，1955 年 12 月 31 日的《人民日报》刊文——《今年归国的留美学生大步走上工作岗位》，称"空气动力学家钱学森现在在中国科学院主持力学研究所的筹建工作"。1956 年 6 月 11 日，《人民日报》又发表署名"中国科学院力学研究所所长钱学森"的介绍力学的文章——《一门古老而又年轻的学科》。所以，在这个时期，钱学森公开的身份是中国科学院力学研究所，实际上他的主要精力放在了国防部五院的导弹研究工作上。每周六天之中（当时每周只休息一天），周一至周五钱学森在国防部五院上班，只有周六才去中国科学院力学所上班。不过，在种种对外的报道中，钱学森总是以中科院力学所所长的身份出现。

从此，以国防部五院为发端，中国走出了一条独具特色的航天道路，国防部五院也成为了名副其实的中国航天事业和导弹事业的摇篮。"两弹一星"中的导弹、卫星，都是这个领域的辉煌成果，但其成果却绝不仅限于此。当历史进入 21 世纪的今天，中国航天已跻身于世界航天前列。正所谓"作始也简，将毕也钜"。此时向 60 年前国防部五院成立的那个日子凝望，我们的眼中，充满了一种深深的敬意。

2. 仿制起步

中央为国防部五院确定了“自力更生为主，力争外援和利用资本主义国家已有的科学成果”的建院方针。国防部五院决定从地地导弹、地空导弹和飞航式导弹三个方面入手开展研制工作。

最快的办法是仿制，仿制必须要有样品。当时国内没有任何导弹样品，五院绝大多数人连导弹的影子都没见过。此时正是中苏蜜月时期，苏联已经对中国进行了大量常规武器装备的援助，中国决定进一步争取“老大哥”在导弹方面的支持。1957 年 9 月，中国派出以聂荣臻为团长，陈赓、宋任穷为副团长，包括钱学森等专家在内的政府代表团赴苏联谈判，请苏联对中国的导弹等国防尖端事业提供援助。经过三十多天的谈判，10 月 15 日，中苏双方签署了著名的《国防新技术协定》。根据这一协定，在 1961 年前苏联对中国提供 4 种导弹实物及技术资料（P-2、C-75、C-2、K-5M）。同一天，中国另一支代表团也启程前往苏联，由海军政委苏振华上将率领，请求苏联提供飞航式导弹方面的援助。1958 年 2 月 4 日，中苏双方签订了协议，苏联向中国提供“542”岸舰导弹、“544”舰舰导弹以及“1060”潜地导弹，和“629”潜艇、“205”导弹艇和“183P”鱼雷艇，这就是著名的“三弹三艇”协定。

1957 年年底，苏联援助中国的“P-2”地地导弹秘密运抵中国，苏联还派了导弹专家来华开展导弹培训教学。终于见到导弹，大家惊讶地说："导弹就是这个样子啊！""就这么个铁疙瘩，能飞几百公里吗？""这家伙像根大竹笋似的！"任新民、梁守槃等对着实物给大家进行了讲解，大家问了些问题，但有些问题他们也说不清楚，只能说个大概。后来教学培训的苏联专家来了，开展了比较正规的培训，大家才开始系统性地学习导弹知识。来华执行教学的苏联专家都是经过精挑细选、严格政审的。上级专门告诫他们："不允许把比'P-2'导弹更先进的技术告诉中国人，不要显露自己关于其他方面的知识，若在理解或执行上有问题，必须通过高频通讯线路向莫斯科请示，在特殊情况下甚至可以直接与炮兵元帅涅杰林联系。"

1958 年年初，国防部五院一分院在苏联专家的帮助下开展了对"P-2"地地导弹的仿制工作，仿制的导弹命名为"1059"导弹。"1059"导弹于 1960 年 11~12 月在酒泉导弹试验基地进行了 3 次发射，都取得了成功，这型导弹于 1964 年正式更名为"东风一号"。

"三弹三艇"协定签订后不久，"542"导弹、"544"导弹也先后运抵中国。"542"导弹外形与"米格 -15"飞机相似，类似驾驶舱位置安装控制设备，使用航空涡喷发动机，腹部下方安装助推器，在头部进气道上方安装雷达和天线罩，北约代号"小火山"。"544"是新研制的舰舰导弹——也就是后来震惊世界的"冥河"导弹，在 1967 年第三次中东战争中，埃及军队用 2 枚"冥河"导弹击沉了以色列的"埃拉特"号驱逐舰，引发震动，这是反舰导弹在世界上首次用于实战。这两型导弹运抵中国后，中央决定对两型导弹同时开展仿制工作，并于 1960 年 4 月在五院一分院成立了海防导弹总体设计部（四部），负责海防导弹总体设计工作。

1960 年，由于中苏关系恶化，苏联突然撤回了全部在华专家。而实际在此前不久，苏联专家组的工作就已经出现停滞，所有的工作都因此陷入了停顿之

“544”导弹

中。同时，这时中国出现了建国以来的困难时期。1961年北戴河国防工业会议确定了“缩短战线，任务排队，确保重点”的方针，中央决定停止“542”的仿制，保留“544”仿制，但要进行任务收缩。由于“544”是飞航式导弹，与飞机制造在技术和工艺上有一定的相似之处，航空系统的320厂有仿制苏联飞机的经验，上级便确定该厂为仿制单位，由国防部五院一分院负责技术抓总。一分院的任务是配合工业部门进行仿制和反设计，掌握反舰导弹的设计思想和方法。“544”导弹仿制的技术抓总由新成立的四部负责。1960年8月，五院任命四部李同力为“544”导弹总设计师，由于工作调整，1963年10月又改任吕琳为总设计师。

1963年年初，随着国家严重困难时期逐步过去，国民经济开始好转，“544”导弹的仿制工作也开始加快进度。这样一来，人员不足的问题就显露出来了。在当时的一分院，研制海防导弹的四部的地位远不如研制“东风”地地导弹、“红旗”地空导弹的单位重要。四部人很少，专业也不配套，科研力量十分薄弱。除少数技术骨干外，大多数都是刚毕业的大学生，且很多人专业不对口，不少人还是提前毕业的。在当时，有很多正在上学的大学生突然就被宣布毕业参加工作，他们怀着忐忑的心情来到单位，才被告知参加导弹研制。这就是所谓的“拔青苗”行动。

“544”导弹仿制提速后，四部作为技术总体单位，需要派出一大批人赴320厂等单位参加仿制。1963年4月，四部陆续向320厂派驻30人，向其他单位派出27人。在这种情况下，四部加快了人才的引进。黄瑞松正是在这样的背景下被分配到了四部工作，他们班上一共有18名同学，其中7人被分到了四部。

3. 初到五院

1963年3月，还是早春时节，黄瑞松来到了地处南苑的一分院报到。

春寒料峭的天气和艰苦的环境丝毫没有影响到黄瑞松火热的心情。越是艰苦的环境，越能激发人的斗志。四部提出了“钻深吃透‘544’”的指导思想，决心干出一番名堂。黄瑞松回忆说：“尽管那时条件简陋，物资匮乏，没有任何经验可借鉴，一切都要从零开始。但一腔热血报效祖国，献身国防，‘国家利益高于一切’在那时就已成为祖国和人民对飞航人的要求。正是在这种信念的激励下，大家奋发图强，刻苦钻研，克服各种困难，开始了飞航导弹的创业历程。”

技术人员以忘我的精神，不分白天黑夜地工作，认真学习、深入钻研“544”导弹的图纸、资料、工艺装备。那一时期，各个科研办公室每晚都是灯火通明，绝大多数同志自动加班或学习到深夜，那时候是没有加班费和夜餐的。当时政工干部的一项任务，就是深夜的时候来办公室动员大家早点回去休息，但常常

初入国防部五院时的黄瑞松

赶也赶不回去。苏联的图纸资料都是俄文，四部组织进行翻译、描图。图纸资料多，译描任务量极大，专职描图员很少，所有技术人员都参与其中。按要求先易后难、图文并茂，译描完了认真审校，提高质量，又开展抓典型、展览、讲评等活动，来激发大家的积极性。最终，圆满完成了19000余张图纸的译描任务。

有个别刚刚参加工作的年轻人，对这种十分紧张的工作环境感到极不适应，悄然离开了四部驻地，不辞而别。领导发现后，及时派人追到北京站，将其劝说回部，并对他的工作进行调整，又积极做思想工作，缓解其工作压力。

译描之后，按专业性质、任务分工，集中三个月深入学习资料，彻底吃透“544”导弹，然后派驻到生产厂以设计师代表的身份参与仿制工作，对生产进行指导，同时从生产一线积累生产导弹的经验。黄瑞松回忆说：“四部在南昌320厂特别成立了一个驻厂总设计师工作组。这是一支年轻的队伍，由于实际工作经验不足，因此在处理设计问题时非常慎重，每次都要先将工作组相关的系统和专业人员召集在一起讨论研究，把问题找准吃透，再三考虑后，才做出书面回答。工作过程中，大家虚心向工厂同志学习，坚持开展内部技术交流。通过一段时间的工作，既培养了技术人员严谨的工作作风，也提高了业务水平，工作组在几年中处理了各种技术问题，几乎没有出现过差错。”据航天三院总体设计部部史记载，仅在1964年一年，设计师工作组就处理了大小技术问题2200余项，其中较大设计技术问题20余项。

黄瑞松到单位后的主要任务，是和大家一起消化吸收“544”导弹资料，钻研反舰导弹技术，包括：一是对图纸资料进行翻译、整理、分析；二是进行扩展学习深化，向书本知识学，到工厂的生产一线学，到学校、中国科学院去请教专家教授；三是组织小组讨论，大家互相讲课，等等。按照钱学森的要求，每个办公室里都挂一块小黑板，方便讨论。而对于图纸资料缺失的就开展“反设计”。苏联送来的图纸资料并不全，总共缺少1000多项。“反设计”就是通过实物测绘、计算、分析，搞清楚产品机理，并画出设计图。用的工具很简陋，一般就是一把计算尺和一副三角板，保密本是未经漂白的再生纸，纸面粗糙，颜色灰黑，用不同的印刷品做成纸浆再造成纸，因此，在尚未用过的纸页上会时不时地出现几个未曾打烂的字。

黄瑞松回忆说：“当时，四部的技术人员以忘我的精神，不分白天黑夜地工作，认真学习钻研‘544’导弹的图纸、资料、工艺装备，按系统分工负责制方式，分别钻透导弹某部分机理，然后轮流当老师，互教互学，群策群力，消化已有资料，领会设计意图，在深和透上下功夫，经过一年的消化吸收及仿制实践，科研人员基本上掌握了这种导弹的原理及运行流程。”

4. 农场劳动

除了“钻深吃透‘544’”外，黄瑞松他们什么活儿都干，一些辛苦的体力活儿，他们也是主力干将，比如打蜂窝煤、挖菜窖、收种庄稼等。黄瑞松来的当年秋天，就被派去农场参加秋收。本来这次应该是一个老同志去，但那位老同志临时有困难去不了，领导就叫黄瑞松顶上去了。

一分院在宝坻有一块很大的农场，需要派人下地劳动。黄瑞松一到农场，才发现这里的条件比单位更艰苦，他们挤在仅有的几排平房里，吃的是粗粮，喝的是碱很重的水，睡觉打的是地铺。熟悉农业生产的人都知道，秋收期间时间紧、任务重，那时不像现在有联合收割机，收高粱完全靠人海战术。每天凌晨，随着一声嘹亮的号子，黄瑞松他们早早就起床，天刚蒙蒙亮，收割队伍就在地里一字排开，开始挥镰收割。割下沉甸甸的高粱穗，一捆一捆地放在地上，再运回驻地。虽然黄瑞松从小就干农活儿，人高马大，是一个好劳力，但也常常是干得汗流浃背，走路都直不起腰。

短短半个月时间，黄瑞松的体重就下降了好几斤，脸也被晒得黝黑黝黑的。时节已经进入夏末秋初，野地里的花蚊子非常猖獗，只要在地里站一分钟不动，就会被叮得周身是包，又痒又疼。到了晚上花蚊子更是群魔乱舞，又没有蚊香，于是深夜时，平房里就会此起彼伏地响起拍打蚊子的清脆的“啪啪”声，经常会被吵醒，但由于太累，转眼又睡过去了。有些蚊子带病毒，人被叮咬后容易得病。而且周围苍蝇也特别多，吃饭时几乎上百只苍蝇围着飞，卫生条件很差。黄瑞松因此染上了恶性痢疾，上吐下泻，还发高烧，最后拉出了伴有脓血的大便，病得很重。他只好结束了劳动，被紧急送往一分院的 711 医院住院治疗——这还是黄瑞松第一次住院。

5. 崭露头角

黄瑞松出院后，农场的高粱也基本收割完了，他也不必去了，于是回到单位投入到了紧张的型号仿制中。

黄瑞松很快就崭露头角。他所在的制导与控制小组里一共有 22 人，但科班出身的只有他一个，其他都是学飞机、兵器、机械等专业的。导弹的制导与控制系统包括制导系统和导弹姿态控制系统。制导系统由测量装置和制导计算装置组成，其功用是测量导弹相对目标的位置或速度，按预定规律加以计算处理，形成制导指令，通过导弹姿态控制系统控制导弹，使它沿着正确的弹道飞行，直到命中目标。导弹姿态控制系统又称自动驾驶仪，由敏感装置、计算装置和执行机构组成，其功用是保证导弹能稳定地飞行，控制导弹姿态，调整飞行弹道，保证命中目标。制导系统、姿态控制系统、导弹弹体和运动学环节一起形成了一个闭环的制导控制回路。

在大学期间，黄瑞松的学习成绩非常优秀，一共 25 门专业课，成绩为“优秀”的有 17 门，为“良好”的 8 门，总评 4.68 分。其中高等数学、画法几何、物理、理论电工、理论力学、无线电、脉冲雷达、飞行原理、陀螺原理及设计、无线电控制原理、自动控制系统分析设计等全是5分（满分）。对于“反设计”，当时组里很多人都是第一次听说，但对于黄瑞松来说并不新鲜，因为他在大学时期就学习并实践过“反设计”了。黄瑞松在学校就能够见到所学专业的导弹实物。学校非常注重学生的动手实践能力培养，要求每个专业的学员都要完成一遍“反设计”。做毕业设计时，指定黄瑞松的题目是“有翼式导弹自动控制系统”，他把苏联两型导弹的控制原理和方法都进行了一次“反设计”，通过“反设计”，苏联的设计原理和方法都被他找到了，参数是怎么选出来的，他也弄明白了。学校对他的毕业论文鉴定意见为“完成并超出任务书中规定的内容，基础知识牢固，学业扎实，计算能力较强，对参数选择有一定独立见解，独立工作能力较强，论文思路清楚，评价为优秀。”

较强的专业基础、丰富的导弹部队实习经验，以及好学深思的个性，使黄瑞松在“544”导弹的仿制中，很快就成为制导与控制系统方面挑大梁的年轻人。

其实，黄瑞松在大学的专业知识面还是比较窄的，再加上各个专业之间保密、很封闭，所以跨专业的知识他也比较欠缺。参加工作后，他继续保持着上高中以来就好奇、爱学、勤问、深思的性格。在别人的眼中，黄瑞松是一个特别酷爱读书的人，只要一有闲暇，他就在看书，而且在书上写写画画，重要的内容还要做笔记。在最初，五院的几个分院是按专业来分的，一分院负责总体和发动机，二分院负责制导与控制，三分院负责空气动力与发动机试验……因此，黄瑞松所需的专业资料一分院里没有，只有二分院有。为了去二分院查阅资料，黄瑞松经常来回奔波。南苑到二分院所在的永定路地区要倒班车，先坐一分院的班车到马神庙的五院总部，再从总部换乘去二院的班车，通常要两个小时才能到。他到二分院后也只能看本专业的资料。他们每个人都发了一个借书证，上面写着能看的资料范围，在借资料的时候，要一一检查核对证件上的范围，严格按此执行，就这样，他们的阅读范围被精确地“制导与控制”着，不能越雷池半步。

6. 下连当兵

四部是海防导弹总体设计部，领导认为，设计人员必须要了解大海，了解舰艇，体验舰艇的湿热环境、舰艇在风浪中航行的摇摆和颠簸以及舰炮齐射的振动，甚至要培养对大海的感情。为了设计时有的放矢，应该让设计人员走向大海，让他们去海军基地当兵锻炼！这在当时来说，是一个很了不起的想法。于是从 1960 年起，经过海军司令部批准，每年都要送一批技术人员到海军基地下连当兵。

其实，下连当兵的政策早在两年前就已经开始施行了，但当时的主要目的是要干部到连队接受锻炼。而四部提出的让设计人员下连队当兵，既要锻炼，又要培养对大海环境的认知，既有物质层面，也有精神层面，应该说是一种创造。干部下连当兵是一件新鲜事儿，因为它既不是解放军自身的历史传统，也不是仿效其他军队的治军经验，而是在我们党内和军内出现了一些新情况的背景下，产生的一项新制度。1958 年北戴河中央政治局扩大会议上，毛泽东发出“军队干部下连当兵”的号召，同年 9 月，解放军总政治部明确了关于军队各级干部每年下连当兵一个月的制度，号召“官兵一致、上下一致、军民一致、同甘苦共患难……除了年老、体弱、有病的以外，每人每年至少要用一个月的时间下连队当兵，没有当过兵或者没有做过基层工作的青年干部，第一次当兵的时间应为半年或一年……下连当兵是军队干部必须走的一条又红又专道路，分配干部下连当兵应该尽量与干部所担负的工作及其发展需要相结合……下连当兵的干部，应编排入班、排，归班、排长指挥，在连队过党团生活，应与战士同吃、同住、同劳动、同操作、同娱乐”。解放军总政治部下发规定后，全军各级干部在高级将领带头下，纷纷走出机关，下到边防、海岛、前沿、哨所等基层连队，扑下身子，当普通一兵。至黄瑞松下连当兵的 1964 年时，全军已有 77 万余人次干部下连队当兵，其中将军 250 余名。

1964 年 2 月，黄瑞松一行来到了 542 岸舰导弹部队四中队下连当兵——这是他第二次走进岸舰导弹部队。这支部队最早装备的导弹就是苏联的“542”导弹，因此，约定俗成就叫 542 部队。时隔 4 年，岸舰导弹部队有了较大变化，设施逐步完善，装备多了，官兵也多了许多。

黄瑞松等被要求忘掉干部身份，从心理上首先成为普通一兵。他们穿上了海军战士军服，成为了一名普通的“海军战士”。至此，黄瑞松已经穿遍了陆、海、空三军军服。在哈军工上学的时候，三军专业都有，在哪个系就穿哪个军种的服装。刚上学时在预科穿陆军军服，本科刚开始在空军工程系的导弹科，就穿空军军服，后来导弹工程系成立时，又改穿陆军军服，到 542 岸舰导弹部队当兵时又穿起了海军军服。像他这样既当过空军又当过陆军还当过海军的人还真不多。

黄瑞松与 542 岸舰导弹部队的战士们实行“五同”—— 同吃、同住、同劳动、同操作、同娱乐。他被分在驾驶仪班，任务主要是站岗、放哨、巡逻、训练以及公差劳动，有时干点儿导弹部件维护保养的工作；劳动主要就是放猪、种树、种地、修基地的道路。在此期间，时任总参谋长兼国防工办主任的罗端卿大将多次来基地视察，黄瑞松几次听到他的讲话，他那高大魁梧的形象，对战士们的关怀和给同志们的鼓励，都令黄瑞松印象深刻。

在导弹发射训练的时候，是由战士们来操作，黄瑞松等人主要是观看，有时跟他们一起操作，但不能单独操作。他们从洞库里把导弹拉出来，以极其小心翼翼又非常准确的操作步骤，一步步地开展导弹作战训练。“542”导弹的主发动机使用的是航空涡喷发动机，维护复杂、发射前需要提前起动，制约条件多；在制导控制方面，采用的中制导是方位波束制导加自动驾驶仪控制，末制导是主动雷达制导方式。发射时，先由警戒雷达发现目标的大致方位，再用搜索雷达跟踪目标，最后由制导雷达精确跟踪目标，基于波段保密，它的开机时间很短。导弹发射后，必须要飞到跟踪雷达的波束中，以实现波束制导，导弹沿雷达等强信号线飞行，当偏离等强信号线时，形成控制指令由自动驾驶仪方向舵调整导弹姿态，纠正飞行弹道。导弹距离目标一定距离时，弹上末制导雷达开机，搜索并锁定目标后，按制导规律控制导弹飞行，实施攻击。这种中制导方式精度较差，且导弹在命中目标之前雷达必须一直处于开机状态，这样容易被敌方发现。尽管如此，官兵们对“542”导弹仍奉为至宝，导弹、设备处处都擦得一尘不染，精心维护保养。黄瑞松暗下决心，要研制出更多、更先进的导弹。“542”导弹落后的制导控制技术也促使黄瑞松从这时就开始思考对它的改进，后来在三院自行设计的“海鹰二号”上得到了应用。

在连队当兵确实辛苦，但黄瑞松从小就吃惯了苦，打小就干农活儿，而且在军校学习、训练过，随遇而安的他似乎没有什么不适应——除了一点，就是部队里不让看书，这让他很不习惯。黄瑞松从北京出发的时候就带着几本书，一有时间就看，其他科研人员也普遍喜欢看书。但他们只要一拿起书来看，就会挨班长批评，说他们不好好干活儿！黄瑞松问为什么，班长说不为什么，这就是规定！黄瑞松觉得这规定没道理，任务干完了为什么不可以看书？看书总比无所事事地闲呆着浪费时间好得多呀。况且，他们当完兵还要回去研制导弹，专业不能丢呀，不学习怎么能干好专业呢？尤其是，不能想当然地认为看书就会影响工作，不应该人为地把工作和读书对立起来。黄瑞松这些科研人员都觉得这条规定十分不合理，于是找了个机会跟上级提建议，建议逐级反映到了总政治部。总政治部进行了认真研究，觉得他们提的有道理，让部队每周拿出半天时间供他们这些科研人员读书，于是，在这段时间里，他们终于可以心安理得地看书学习了。

黄瑞松这次到部队当兵的时间是10个月。1964年4月，他在部队接到了国防部授予中尉军衔的命令。

在当兵期间，黄瑞松等科研人员和部队战士们同甘共苦，结下了深厚情谊。导弹部队的战士们太辛苦了，除了高强度的军事训练、研究战法外，还要大量学习文化课程。动辄机动数百公里跨越多个省市，静则坐在教室里学习到深夜。因为导弹是高精尖装备，其作战、维护保养、问题分析等，对操作和使用的人都有较高的要求，而战士们文化水平总体偏低，又参差不齐，一直是个老大难问题。苏联专家撤走后，导弹的作战训练、导弹专业知识培训、操作规程和规章制度的建立，都得靠部队人员自己摸索。他们提出的理念是“一切都是为战斗而生，一切工作都要从实战出发，一切实战知识技能都要掌握。”于是，他们的训练和学习甚至可以用“残酷”来形容，但官兵们没有怨言，个个血气方刚，不甘落后。他们不断自我加压，摸爬滚打，硬要在遍地荆棘的蛮荒之地闯出一条共和国岸舰导弹部队的光辉道路。他们经常和黄瑞松这些科研人员一起学习和讨论，共同搞清了许多问题。有时他们向黄瑞松等提的问题很小儿科甚至可笑，但黄瑞松并没有丝毫怠慢，而是认真耐心地解释作答。黄瑞松俄文不错，还时常给战士们解释一些俄文专业用语。战士们不畏艰辛、拼搏奋斗的精神深深感染了他，也让他更加清醒地认识到自己肩上沉甸甸的责任。

闲暇之时，黄瑞松有时会到海边漫步，或者到海边找个地方安静地读书。以沧海当背景，与涛声为伴侣。每当来到大海边儿上，他都会心旷神怡，陶醉地向壮阔的海面凝视良久。广袤无垠而又包罗万象的大海常常能引起黄瑞松无尽的遐思，他的思绪时而像轻柔的涟漪荡漾，时而又像澎湃的巨浪翻腾。老家宜兴其实离大海不算远，但黄瑞松第一次见到大海，却是在这里。

博览群书的黄瑞松对海洋已经有了比较深入的了解。海洋不仅是生命的摇篮，也是近代历史上孕育大国的摇篮。最先，人类生活在相互隔绝的几块陆地上，生活了极其漫长的一段时间，没有人知道地球有多大，地球究竟是方的还是圆的，古代中国人观察到“天似穹庐，笼盖四野”，遂提出“天圆地方”之说。欧洲人见居住的陆地被大海包围，就认为“地如盘状，浮于无垠海洋之上”。出于好奇、争夺资源而诱发的探险活动使人类活动脱离了陆地，在浩瀚的海洋上拉起风帆，麦哲伦率领船队从西班牙出发，一直向西航行，经过大西洋、太平洋和印度洋，最后又回到了西班牙，证明了地球是一个球体。航海打通了各个相互隔绝的大陆，地球的全貌逐渐浮出水面，进而，有了第一张世界地图，这是人类认识世界的一个里程碑式的杰作。然而，从此以后，许多国家的人民就陆续被置于水深火热的殖民统治时代。大西洋边上几个地域狭小的国家如葡萄牙、西班牙、荷兰、英国等都依靠先进的航海技术先后成为世界强国，他们在海上纵横驰骋，所向披靡，你方唱罢我登场，他们征服了海洋，也因此试图征服世界。在古老的东方，也留下了他们罪恶的足迹。在古代，由于航海技术不发达，中国东部的茫茫大海反成了保护中国安全的天然屏障。然而，纵观近代史，就会发现，入侵者大多来自海上，帝国主义利用其先进的舰船，企图从海上打开中国的大门，渤海湾这一带就成了帝国主义侵略中国的桥头堡，他们多次利用坚船利炮从这里打开缺口，从这里侵略中国，烧杀抢掠，犯下滔天罪行。

渤海是我国唯一的内海，是京津的门户。“地理位置非常重要，假设以旅顺为中心，以 500 千米为半径，在其周围画一个圆，你就会发现，这个圆不仅包括了黄海和渤海的大部分，而且百万人口以上的城市就有近十座，其中有中国首都北京、北京的门户天津、东北重镇沈阳和锦州、山东的济南和青岛等……”黄瑞松说。的确，从古至今，渤海湾都是兵家必争之地，尤其濒临渤海、黄海，易守难攻。1880 年的时候，清政府就开始在此筑炮台、建军港、修船坞，并在此组建了我国第一支近代海军——北洋舰队。然而，腐败无能的清政府在强大的坚船利炮的攻击下，不堪一击，丧权辱国。帝国主义国家从这里打开了中国的大门。第一次鸦片战争期间，英军过山东半岛的成山角，越过大小竹山岛、高山岛和猴矶岛，侵入渤海湾。第二次鸦片战争期间，英法联军侵占大连和烟台，封锁渤海湾，完成了进攻北京的部署。甲午中日战争期间，日寇攻陷渤海湾的“咽喉”之处，渤海湾门户洞开，战局急转直下。1904 年，日本和俄国为了争夺在中国的地盘，竟然在中国的土地上开战，日寇占领高地后炮轰港内俄国军舰，击沉击伤多艘，俄海军几乎全军覆灭，日寇大肆屠杀无辜的中国居民。日俄战争中日本胜利了，霸占此地一带长达数十年之久。二战后，苏联从日本人手里接管了此地，直到 1955 年，苏联的陆海空三军十多万人才从这儿撤离，因为他们说帝国主义再从这里进攻时中国一定抵挡不住，他们是来帮中国守卫的。

在宿舍，黄瑞松和战士们也经常讨论起中国的海防问题。对于我国 18000 多公里长的海岸线，海防问题至关重要。“542”岸舰导弹部队机动能力再强，在这么漫长的海岸线上也只能顾此失彼、鞭长莫及。一说起这样的话题，无论是 542 部队的官兵，还是黄瑞松他们这些导弹科研人员，心情都会变得非常沉重而又急切。对于反舰导弹的作用，大家的认识是清醒的：其一，守卫渤海湾，保卫京津地区，封锁一定区域的主航道，保护重要地段的沿海交通线；其二，在重要地段上参与抗登陆作战，以反舰导弹为第一波次打击力量，有效杀伤敌人的有生力量，减弱敌人的登陆能力；其三，掩护水面舰艇的沿海活动和近海作战；其四，装备水面舰艇，潜艇或飞机，进行海上破袭游击战，破坏敌人的海上交通线。尽管，在大约长达一个世纪的时间里，舰炮声一直是海战的主旋律，世界海军列强凭仗的主要是“大舰巨炮”，依靠舰载航空兵的突击火力和潜艇发射的鱼雷，并不重视反舰导弹。但从 20 世纪 50 年代以来，反舰导弹登上了历史舞台，并不断显示出威力。要想海防强大，就必须发展我们国家的反舰导弹。这是国家层面的需求，而五院、542 部队，都是这一国家意志的具体执行者，因而他们能够心意相通、同甘共苦。

回想着这片海疆备受摧残的沧桑过往，历史的硝烟仿佛还未散去，黄瑞松在海岸上长身伫立，似乎那一队队的厮杀声从身边咆哮而过，他分明看见了他们脸上亢奋而又狰狞的笑容，从那历史深处传来的硝烟中，他闻见了一种屈辱的味道。他挺拔的身躯微微有些颤抖，他感觉到周身热血似要喷涌而出，忍不住又回忆起老家小学操场上蹲踞着的那些日本碉堡，以及虎视眈眈端着枪的日本兵……望着这片壮阔而又脆弱的海，感受着它深沉的呼吸，想起它多舛的命运，黄瑞松不由得下定决心，此生此世将与它同在，和它心相印、命相连，他将不惜用一生的奋斗，来捍卫和守护它，就像赤子愿意为母亲流尽最后一滴血。

7. 机构变迁

320 厂用苏联留下的零件和一部分国产部件，组装出了第一枚“544”导弹模型弹。1964 年 8 月顺利通过了全弹静力试验。1964 年 11 ~ 12 月，在西北戈壁滩进行了发射试验。舰舰导弹为什么要到戈壁滩发射呢？因为这是第一次发射我们国家仿制的舰舰导弹，考虑到对战舰、发射操作人员具有潜在的危险性，决定先在陆上发射，确定发射安全后才到舰上发射。陆上发射试验取得了成功，发射阵地上的羊、狗、老鼠等动物都没有受到伤害，表明发射安全可靠。在“544”仿制过程中，对原型号的一些技术做了改进。比如，有效射程由原来的35公里增至40公里。

1965年在海军导弹试验基地又发射了5发模型弹，这一次在海上发射，发射母船为苏制导弹快艇，主要考核导弹对发射装置及母船和船上人员的影响，试验中暴露了一些问题，经过现场整改后再次发射时多数问题没有重复出现。1966年4月，在海军导弹试验基地发射了3枚遥测弹，考核系统性能和精度，试验全部成功。

1966年5～7月，“544”导弹进行了陆上和海上飞行试验。这些试验弹的控制设备采用苏联产品，其他部分则为国产产品，所以称为“混合弹”，有人调侃它叫“混弹”。1966年11月，进行了海上定型试验，此次试验共投入各型舰艇12艘，飞机12架，试验结果9发8中。

1967年8月，国务院特种武器定型委员会批准仿制的“544”舰舰导弹设计定型，并改名为“上游一号”。名称取自毛泽东提出的“多快好省，力争上游”之意。“上游一号”的仿制成功，结束了我国海军“有舰无弹”的历史。这一型号随即转入批量生产并装备部队。这型导弹在后来改装后出口，出口型号为“飞

“上游一号”导弹

龙一号”。

当湖蓝色的“上游一号”从战舰上腾空而起时，如同一条“飞龙”英姿勃勃地遨游于海天之间。“上游一号”虽然不是我国自行设计的，但它的成功，却极大地鼓舞了大家的斗志，也达到了仿制练兵的目的。

随着仿制工作的深入开展，飞航导弹的管理体制也发生了较大变化。其实在1964年的时候，中央就已经在深入思考中国的火箭和导弹工业如何更快、更科学地发展的问题了。在1964年这一年，中国的“两弹一星”各条战线都取得了重大突破。

在原子弹方面，1964年10月，中国第一颗原子弹成功爆炸。

在导弹方面，1964年6月，中国自行设计的第一代中近程液体地地弹道导弹“东风二号”飞行试验成功，并在此基础上制定了用于指导弹道导弹发展的著名的“八年四弹”规划；1964年11月，仿制的“544”导弹首次陆上飞行试验成功，四部制定了《1963至1970年海防导弹研制规划》；1964年1月，二部在仿制成功“543”地空导弹的基础上提出了自行设计“红旗二号”的计划。

在人造卫星方面，1964年全国人大会议召开期间，科学家赵九章给周恩来总理写信，认为重新恢复并加快研制中国人造卫星的时机已经到来，建议尽快开展。此建议得到了周恩来、聂荣臻、张爱萍、钱学森等人的大力支持，上上下下正在酝酿加快推进的重大措施。

而且，接下来的导弹、原子弹“两弹结合”需要动力更强、射程更远的导弹，把人造卫星送上太空也需要更大运载能力的运载火箭。因此，火箭、导弹、卫星等都面临要大发展的问题。而过去的组织管理模式不适应这种大发展的要求。要大发展，就必须大量进人，国防部五院是非战斗机构，在军队不可能让非战斗人员大规模增加。同时，五院的几个分院最初是按专业来设立的，一分院是导弹总体和发动机专业，二分院是制导与控制专业，三分院是气动与发动机试验专业而且试制工厂很少。面临许多弊端，同一个型号上的事由于专业都分散在各个分院，协调起来难度很大，有时办一件事要通过四五个关口。在研制一线的同志对此感受更深，大家一致认为过去这种组织模式存在很多弊端，不利于型号发展，于是，1964 年 9 月 12 日，四部主动上报了关于建立飞航型号分院及试制基地的建议，建议在一分院四部和三分院现有基础上，将三分院改建为飞航型号研究分院，利用 521 厂作弹体、冲压发动机试制工厂，并在三院的北京基地挖潜，开展工作，然后再建立三线试验基地。这些建议得到了中央领导的高度重视，在一次讨论会上，贺龙元帅旗帜鲜明地说：“我主张以五院为基础成立中华人民共和国第七机械工业部，把科研和生产扭在一起，就是想把中国的导弹事业加快。”最终，中央果断决策对国防部五院进行调整。

1964 年 11 月 23 日，中央通知，以五院为基础成立第七机械工业部（简称“七机部”）。原空军副司令员兼国防部五院副院长王秉璋中将被任命为首任部长，钱学森被任命为副部长。经过本次大调整，新的七机部下的各个研究院都成为了以型号工程类型为主的“型号研究院”，一院主要负责地地导弹，二院负责地空导弹，三院负责海防导弹，以型号为纲，把总体设计、动力装置、制导控制系统、元器件材料机构串在了一起。这样一来，领导关系协调统一，指挥调度机动灵活，技术渠道也变得通畅起来。同时，在一个研究院内将党委、行政、技术、经济结成了一个有机整体，从而调动了各方面的积极性。地地、地空、海防导弹的各类型号都按照“预先研究、型号研制、批量生产”的程序有条不紊地进行。

1965 年 1 月 22 日，新组建的七机部公布了所属单位名称代号，四部名称变更为第七机械工业部第三研究院总体设计部。

1964 年年底，下连当兵后回到单位的黄瑞松，很快就打点行装，从南苑搬往云岗，在一个新的环境下开始了新的征程。

8. 白手起家

近代中国因海而“伤”，留下了一部有海无防的苦难历史。据不完全统计，从 1840 年鸦片战争到 1949 年新中国成立的 100 多年间，帝国主义入侵中国沿海地区 470 余次，其中规模较大的有 80 多次，我国沿海几乎所有的重要港口、港湾和岛屿都屡遭列强蹂躏。新中国成立后，很注重海防建设，但由于新中国百废待兴、基础薄弱，海防能力并没有本质性的提升。在 18000 多公里的海岸线上，只在一些要塞地域才部署有当时中国最先进的 130 毫米海岸加农炮，射程只有 10 多公里，火力范围尚不能覆盖我国 12 海里的领海边界，炮弹重量也才几十公斤，威力有限。而当时西方海军舰艇的火力范围已能达到 30 公里以上，口径有 200 余毫米乃至 400 多毫米的舰炮，面对这样的对手，中国的海防武器显得太过单薄了。早在 1944 年，对诺曼底海岸火力准备时，美国和英国海军是用战列舰、重巡洋舰在 20 公里左右的距离上开火。海岸炮火对于强大和机动的舰队，是处于被动地位的。当年德军大量部署在大西洋边上的 150 毫米、88 毫米海岸炮几乎没有还手余力。要保卫我们的领海，对海上入侵之敌进行有效应对和威慑，必须要有更加强大、更加先进的武器。

在中国的版图上，数百万平方公里的海域，有几千个美丽的岛屿。它们构成了祖国流动的“疆土”。这片流动的疆土，浸透了近代中国饱受坚船利炮欺侮的泪水，积淀了中华民族强国安邦的企盼。

在当时海军武器发展中，岸舰导弹始终摆在头等重要位置，中央于 1963 年研究确定了“集中力量，提高研制起点，把‘544’搬到岸上”的岸舰导弹发展新思路。“544”导弹技术基本上已经被“钻深吃透”，尤其是 1964 年年底仿制的“544”导弹首次在陆上飞行试验成功，使基于“544”舰舰导弹改型为岸舰导弹的条件已初步具备。

1965 年 4 月，七机部副部长钱学森主持召开会议，讨论国产海防导弹的改型，三院和 320 厂都提出了改型设计方案，由于将导弹从舰上搬到岸上，就必须在原型导弹基础上增大两至三倍射程。对此，320 厂的方案是选用“544”导弹的悬挂式燃料箱体（简称油箱），加大油箱容积，将射程提高到 70 公里；三院认为加大油箱容积会出现新问题，他们的方案是研制全新的承力式油箱（即油箱成为弹身的一部分），射程可以提高到 100 公里。但对于承力式油箱这个全新的方案，质疑的人不少，争议很大。比如 320 厂某专家针对承力油箱“用直通的、穿过油箱中部的管梁传递弹翼的受力”这一设想，不以为然地说：“一个密封的油箱上开 28 个孔，大家想想，这个油箱会是什么样子？”然后哈哈一笑。

最终，经过激烈讨论，少数服从多数，会议确定了320厂的方案。这次会议还是决定继续参照“上游一号”的组织架构模式，由三院技术抓总，由320厂研制和总装，发动机、驾驶仪、末制导雷达、引信、战斗部等分别选定了研制生产单位。改型后的岸舰导弹正式命名为“海鹰一号”。

“海鹰一号”方案之争虽然尘埃落定，但作为海防导弹型号研究院，只被赋予“抓总”的名义，而“主战场”另定他人，三院上上下下都不甘心，决定继续坚持自己的设计方案，独立自主地搞一个岸舰导弹型号，连型号的名称都起得带有一股子“狠劲儿”：3QD-51——三院起家的第一型导弹，大家疼爱地叫它“争气弹”。三院紧锣密鼓地实际行动起来，一方面跑到上面各级首长和领导那里去，不厌其烦地游说甚至是恳求，另一方面则咬紧牙关开展了难度最大的项目——承力油箱的技术攻关。功夫不负有心人，1965年8月，承力箱体试验取得初步成功。上级见到三院如此昂扬的状态，既惊奇又感动，终于决定同意三院的项目也上马。恰好这段时间全国流行“打鸡血”，一位首长开玩笑说：“你们三院人是不是都打了鸡血？”又补充说，你们的“小名儿”——“3QD-51”在内部叫叫没关系，“大名儿”不能叫这个，叫“海鹰二号”吧！1965年8月，周恩来主持中央专委第十三次会议，决定开展“海鹰二号”的研制工作，争取1967年年底试飞。

得到国家正式立项后，全院都动员起来了，“海鹰二号”由梁守槃（曾任三院副院长，中国科学院院士）、曹柏桢先后任总设计师。三院干部群众拧成一股绳，自力更生，艰苦创业。全院开辟了两个主战场，一是总体设计部，着重解决加大射程带来的技术问题，如制导控制系统改进、结构改进与全弹强度试验，综合试验，等等；二是改建了导弹总装一厂，重点是建立导弹模线样板和工装，筹建总装、测试车间。没有样品，自己试制；没有资料，自己探索；没有洋的，就用土的。如液体发动机1963年的14个研究课题中，就有7个课题的部分项目是用土办法上马的。

为了研究出高能推进剂，动力技术研究所一室勇敢地向苏联称之为“小老虎”的偏二甲肼展开了斗争。缺乏经验，登门取经；不懂技术，虚心学习；设备不全，以土代洋。通过不懈努力，终于获得了研究成果，研制出了油肼-40代替了原来使用的液体燃料，不仅可以为国家节省大量粮食，而且提高了发动机的性能。

“海鹰二号”虽然是在“544”基础上改型设计的，但既要搬到岸上，又要加大射程，岸舰导弹的发射点离海岸有一定距离，还要翻越岸上的山障。射程加大、发射和飞行环境变复杂后，必须对制导控制系统进行改进与优化，并重新设计飞行弹道，才能保证射击精度。

“四清”运动开始后，总体设计部三室控制组里的老同志几乎都去搞“四清”了，包括组长和副组长。那时的各种运动很多，科技人员也不能置之度外，因而研制工作经常受到干扰。科技人员用于专业研究工作的时间，还不到一半。更令人匪夷所思的是，五院竟然有时还有迎送外宾的任务，就是把人集合起来，带上锣鼓拉出去欢迎外国来访的贵宾。聂荣臻对这种事很反感，他曾经说：“敲锣打鼓也把科技人员拉出去，敲锣鼓能上天吗？能上天就每人发一副锣鼓去敲，

三院大门老照片

总体设计部办公楼老照片

不用搞科研了。中央要你们早日把‘两弹一星’搞上去，不是要你们来敲锣鼓的……”时任国务院副总理并分管科技工作的聂荣臻很爱护知识分子、理解知识分子，见“左”的影响还在妨碍着知识分子政策的贯彻，政治冲击业务更是司空见惯，他不免忧心忡忡，在深入思考和广泛调查后，1961 年，向中央提出了解决科技战线一系列问题的重要意见，这就是著名的《科学工作十四条》，被誉为“科学工作的宪法”。

“海鹰二号”研制启动后，领导对黄瑞松说：“现在控制组的正、副组长都不在家去搞‘四清’了，控制系统就由你牵头干吧。”于是，从 1965 年至 1966 年 4 月，时任党小组组长的黄瑞松主持了控制组的工作，领头开展“海鹰二号”导弹制导控制系统的设计、试验和下厂生产。自参加工作以来，黄瑞松对组里“544”的反设计资料进行了认真的整理分析和消化吸收，同时研究自动控制系统的设计方法，因此这个时候在组里已经算是有点儿“资历”了，他肯干，懂的又多，又去岸舰导弹部队当过兵，很快便赢得了领导的信任和大家的支持，从 1965 年起，连续担任了 12 年的工程组组长，其中主管了“海鹰二号”制导控制系统的设计工作。由于黄瑞松身材魁梧，组里的同志都亲切地叫他“黄大组长”。黄瑞松曾经的组员徐海宝回忆说：“当时我们那个组包含多个专业，飞行力学、控制、制导、仿真、精度分析，等等，是一个 40 多人的大组，我们都称黄瑞松为‘黄大组长’。因为他个头儿高，走路步子大，说话嗓门儿较大，带有明显的江苏宜兴口音。他性子急，说话很活跃，欢快，还有鼓动性，具有实干精神，还能包容、团结人，关心人。他当组长的时候，效率特别高，基础特别好。再难的任务，上面一压，他马上就能出活儿。”

在黄瑞松的带领下，科技人员对制导控制系统进行了改进和优化，完成了自动稳定回路和自动导引控制系统设计，提高了制导控制回路的性能；提出了末制导雷达的主要技术要求，并按此要求下到生产厂，进行技术协调，研制出新的雷达导引头，其中增大了末制导雷达的搜索扇面角和作用距离；研制了新的射击指挥仪以替代精度不高的 544 机电式射击指挥仪；研制了新的岸基雷达——将雷达架设在附近的山包上，就能指示远处的目标位置；确定了自动驾驶仪的技术状态和主要技术要求，增强了控制系统反应的快速性，重新进行弹道设计，完成了空间弹道计算分析，调整驾驶仪和末制导雷达的参数，以保证命中精度。总之，这一系列的优化设计可以用两个字来总结：准、快。黄瑞松说：“因为射程远，而且目标是移动的，又是机动的，自主飞行段向末制导段交班时，岸上雷达指示的目标位置与实际的目标位置偏差会越来越大，在末制导雷达开机的时候就有可能看不见目标，所以要提高导弹自主飞行段的精度，才能保证末制导雷达搜索到目标。但光有这个还不够，制导控制系统的反应速度也必须快，才能保证追踪上运动的目标，从而保证打击的精确度。”黄瑞松代表三院多次来到有关研制生产单位，进行协商协调，签订研制任务书，并在生产单位蹲点试制。

飞行弹道计算是一大难点，研制工作刚开始没有电子计算机，设计人员只能用计算尺、飞鱼牌手摇计算机、德国进口的电动计算机来计算弹道，计算工作极其烦琐、耗时，经常是一条质点弹道要算一个星期，简单的计算模型也常常要花费很长时间才能完成。不久，开始使用空气动力研究所（701 所）从苏联进口的乌拉尔计算机来算，这是一种电子管的计算机，体积跟一间办公室一样大，计算速度不快，每秒只能运算几千次，将计算结果打印在窄纸卷上，再由人工抄写整理，绘出弹道和参数曲线，进行分析，十分费时费力。在“海鹰二号”弹道设计中总共计算了近千条弹道。黄瑞松亲自上阵，白天在701所八室搞数学仿真选参数，晚上到九室算弹道。通过弹道计算分析，验证选出的参数是否满足要求，能不能命中目标。

从五院转业到地方后，科技人员的收入普遍降低了。从平原的南苑搬到丘陵的云岗后，条件也更差了。这里是一片偏远闭塞的荒山秃岭，几无人烟，小土路上行走的都是牛车、马车，也没有直达市区的公共汽车。云岗地区只有两条狭窄坑洼的黄土路能通向外面的世界，一条通向马路，一条通向云岗的铁路线，云岗被戏称为北京的“小三线”。很多职工的住房简陋，很多人挤在一起住。宿舍内，老鼠、蟑螂到处跑，还有臭虫和跳蚤，夏天又有蚊虫叮咬。吃的是工厂大食堂，一周内不一定能吃上一顿大米饭，每天中餐、晚餐后还要轮流义务帮厨，洗碗盆、打扫食堂卫生。很多人的宿舍离厂房和食堂有几里路，早上班、晚下班都是步行，在灰土路上，晴天一身土，雨天两脚泥，雪天又滑又陷更难行，夏天走一趟汗水湿透衣服，冬天走一趟寒风刺骨透心凉。中午在单位也没有休息处，桌椅板凳当床用，坐着趴一趴，继续干。黄瑞松连专门的宿舍也没有，他们的办公楼既办公又住宿，大房间，要住十多人。就这样从头开始，百废待兴。没有人叫苦，没有人埋怨，他们全身心地扑在“海鹰二号”上，决心尽早研制出“争气弹”“起家弹”。

科研条件也十分简陋，缺设备少实验室，更缺少完整配套的试制能力。比如，承力油箱封头的爆炸成形是由新组建成立的导弹总装一厂负责生产，条件简陋，便在露天找一块偏僻的场地，加上一个手拉葫芦。试验正好赶上滴水成冰的隆冬季节。操作者手触冰水和金属，冻得发麻，有时还被粘掉一层皮，为了能尽快提供油箱的配套零件，他们一声不吭，咬紧牙关干，这套方法直到导弹转入小批量生产后仍在使用。以至于若干年后，一个外国代表团来三院参观，见到简陋的厂房和设备，他们十分震惊，不敢相信享誉中外的“蚕式导弹”是在这样的条件下研制出来的。

9. 特殊年代

1966年，“文化大革命”的浪潮开始席卷中国大陆。七机部是“文革”的重灾区，“文革”开始后，七机部分成两大派，每派都认为自己走的是毛主席的革命路线。前面提到过的杨国宇在《军管日记》中记述了和两派群众首次见面时的场景：“1967年5月19日，军管会主持召开了军管后的首次见面会，干部和两派群众共一万多人参加。在一个广场中间用石灰划出一米宽的界沟，东边一派，西边另一派……”1968年6月，著名的材料专家、七机部703所所长姚桐斌居然被几个穷凶极恶的人用钢棍殴打致死，正在人民大会堂主持会议的周恩来总理闻此噩耗，惊得手里的茶杯都掉在地上摔碎了。“1966年11月15日，我部一部分不明真相的群众，参加了抢劫机密档案的11·15事件……”总体设计部大事记中记载的这样的事，当时比比皆是。坚持抓生产、搞科研，被诬为“唯生产力论”。无政府主义泛滥，出现了“大干不如小干，小干不如不干，不干不如捣乱”的怪现象。总之，七机部组织机构瘫痪，科研生产秩序被打乱，上上下下一片混乱。

尽管如此，仍有一小部分人坚守在科研生产第一线。余永恕回忆在导弹试验基地的情景时说：“试验工作在凛冽寒风的东北严冬季节展开，可参试人员非常有激情，以参加我国第一套岸舰导弹武器系统联合试验为荣，虽然分属六个工业部，可与部队亲如一家，相互体谅，在试验场呈现出了一幅少有的生机勃勃的景象。参试的全体同志都坚守在试验场，认真对待试验中的各种问题，每天乘卡车来往于招待所与试验场，导航控制技术研究所一位怀孕女同志每天工作在发射架旁，一次回招待所，从卡车上跳下后腹疼不止，两天后不幸流产。他们就是这样忘我地工作，试验场成了净化人们心灵的熔炉……”高庆芬回忆说：“1966 年开始搞‘风雷一号’，那时黄瑞松是组长，我们组经常去 172 厂（负责‘轰六’飞机的研制生产单位）协调发射条件，虽然全国都很乱，但也必须得去呀。领导安排了七八个人去，我也在名单里，但只有我一个女同志。黄瑞松不主张我去，说路上太乱了，一个女同志去不方便。但还是这样安排了，当时也没有别的合适的人了，我就去了。我们到了 172 厂，宾馆住不进去，宾馆里住的全是红卫兵，我们只能住锅炉房和澡堂子，而且每天晚上要 10 点以后才让进去住。就这样干了一段时间，克服了各种意想不到的困难。那时，全国的红卫兵大串联都往北京跑，回来的时候根本买不上票，有票也很难挤上车，几个男同志身板儿硬朗挤上火车先走了，我挤不上去，就困在了西安，过了一阵子才回来，长了一身的虱子……”当时很多人根本不干工作，一上班就架上桌子打扑克，但黄瑞松却严肃地告诉组里的同志说：“工间操的时候你们可以玩扑克，这我不管，但工间操后见你们还玩扑克，我就给你们扔出去！”在如此混乱的情景下，黄瑞松并没有随波逐流，而是团结带领组里成员，排除一切干扰和困难完成研制任务。

当造反派和保守派都沉浸于“文革”的狂热之中，燃耗着青春的激情时，“逍遥派”们却乱中取静，显示出了一种过人的智慧。黄瑞松就是个“逍遥派”。在最初，黄瑞松也参加了一派，因对该派组织的过火行为提了意见，该派组织就不让他参加活动了，逐渐他就成了“逍遥派”，他对两派组织都不“感冒”，两派对他也不“感冒”。百度百科对“文革”中的“逍遥派”是这样定义的：指在“文革”期间由于种种主客观原因而未参加或很早就退出群众组织，置身于运动之外的人，并在“文革”后迅速崛起。最后这一句话很有意思，所以百科词条里又进一步引申：由于“逍遥派”有相对冷静的分析力，因此，尽管“文革”进入狂热期时，他们的政治资源、精力和能量也没有被耗尽，而且还保留了某种程度的理想主义，反而因长期“冬眠”而积蓄了某种隐忍待发的精神能量，而且获得了较多的思想、文化和政治活动空间。“文革”后，这批人迅速崛起，据统计，活跃在20世纪80年代的大陆知识界的人物中，原“逍遥派”占了相当的比例。

当上“逍遥派”后，黄瑞松做了两件事。这两件事在当时来说并不起眼，或许在一些对“革命”激情澎湃的人看来，黄瑞松是“奇怪”甚至是“格格不入”的，但这两件事却都深远地影响了黄瑞松，甚至可以毫不夸张地说，对他的人生命运也产生了积极影响。

第一件事，黄瑞松开始加强身体锻炼，早晚各锻炼一个小时，主要是走路，他走得很快，大步流

云岗森林公园

星。快步走的地点主要在三院后山的一座小荒山上（1979 年，这里开始荒山造林，三院人每年都要栽植一大片树木，至 1983 年时已初具规模，树木繁茂，兼具亭台水榭，环境清幽，空气清新，1988 年被命名为“云岗森林公园”，是一个散步和休闲的好去处）。黄瑞松长期坚持不懈地走路锻炼，不管是在家，还是在试验基地，早晚都要去走个把小时。妻子有时也和他一起走，但她说：“他脾气急，走路也快。他个儿高，我个儿矮，我俩一块散步，我得小步跑着才能跟上，别人都说我们是在进行竞走比赛。”久而久之，她只好放弃了与他一起散步。有一次爬长城，已经五十多岁的黄瑞松把同去的二十几个年轻人全甩在了身后，第一个爬上了最高点。长期的锻炼使他保持了一个良好的身体素质，有了干导弹事业的大“本钱”。黄瑞松深知，这不是一个“短跑”的时代，而是一个“长跑”的时代。

第二件事，他开始大量阅读，加强学习。之前一直不允许看跨型号、跨专业的资料和书籍，但“文革”开始后，这方面放宽了许多，其实许多方面都开始松懈了。黄瑞松又是总体室的，管资料的同志不怎么限制他。黄瑞松抓住这个难得的机遇，一头扎进了书堆，从总体设计部资料室借出能借到的所有书籍和资料，如饥似渴地学习和钻研。各个型号、各个专业、各种不同的书籍，他都看了个遍。他一边看，一边做笔记，在此期间，记下了数十万字的笔记。俗话说隔行如隔山，但隔行不隔理。经过纵向横向的拓展，黄瑞松知识体系的那条狭窄闭塞的河流，已经逐步向一个更加浩瀚和开放的汪洋大海汇流，使它的底蕴无形中加深一层。已经退休、曾长期给他开车的蔡玉强师傅回忆说："他很有恒心，今天学习的新东西，他今天一定要全记下来。看到重要的内容，他都要自己写一遍，以加深记忆。过后再回过头看两三遍，就记得牢牢的了……"蔡师傅随意地指着家里客厅角上的一棵发财树，接着说："他经常说，要了解东西就必须要全面了解，不懂就向别人虚心请教，不满足于一知半解。好比这棵发财树，一般人只能说是发财树，但他会说出它的生长习性、生长周期、主要长在哪儿、有什么特点、有什么用，等等。"真是求知若饥、虚心若愚。就如同锻炼身体一样，他在求知的道路中也是大步流星，目不斜视，不受干扰，一往无前，永无止境。一旦他停下脚步，那绝不是因为他见过的，而一定是他还未见过的、或者是那些他还一时看不清的东西。他驻足在它们面前，直到完全理解了，才欣然把它们收入他那越来越充盈的知识行囊，继续前行。

心态决定状态，心胸决定格局，眼界决定境界。

在“文革”那样的大环境中能当、敢当“逍遥派”，这似乎从某种程度上揭示了黄瑞松天性中有一种隐隐的“明月清风”般的特质。佛经中常用明月来比喻智慧，用清风来象征不受任何束缚的自在。或许正是他内心的这种“超然”，才能在那混乱喧嚣的时代里默默地、深深地潜下去。就像海豚，潜下去越深，就会跳得越高。不管时代的潮流和社会的风尚怎样变化，总有人可以凭着自己高贵的品质，超脱时代和社会，走自己正确的道路。黄瑞松后来成了一个“大人物”，但纵观他的人生经历，我们可以得出这样的结论：其实，所谓“大人物”，就是一直不断努力的“小人物”。

1969 年，中国的知识分子又迎来了新的历史命运。为了响应毛主席在 1968 年 12 月 22 日发出的“知识青年到农村去，接受贫下中农再教育……”的号召，一大批知识分子被下放到农场参加生产劳动。

1969 年 9 月，黄瑞松和一大批科技人员，被下放至河北石家庄滹沱河军垦农场劳动锻炼。他打起行李背包，乘坐军用卡车，前往农场。滹沱河是一条古老的河，春秋战国时期的史籍中就有记载，《史记》中最早出现了“滹沱”之名。滹沱河发源于山西省，东流至河北省，与另一支河流相汇入海，全长 587 公里，其中一段流经石家庄。此时，黄瑞松的户口也从三院迁到了军垦农场。其实，他心里跟明镜一般，说是去进一步接受改造，实际上无异于“流放”。卡车隆隆地前行，迎面扑来的是令人心悸的近乎原始的荒原，以及未来不可预知的命运。说实在的，他心里有点儿憋得慌，但很快他就调整好了心态。

到了军垦农场，黄瑞松白天下地劳动，晚上参加改造学习或班务会。生活很单调，也很艰辛，刚开始住在老乡家，后来住进部队新建的营房里。这些黄瑞松都能承受，但真正令人难以忍受的，还是精神文化生活的彻底“沙漠化”，不能看书学习，文化娱乐活动就是收听广播，偶尔能看场电影。这一段时间，黄瑞松特别想念远方的亲人们。他们一家四口人，却分散在三处地方，妻子和儿子在西安，女儿在宜兴，无法团圆。1969年9月26日，中秋节这天，当一轮圆月升上夜空，他披衣独自走出屋外，初秋的夜风寂寞地吹打着枝叶发出沙沙的轻响，远近各处的虫子发出悦耳的鸣叫，他出神地仰望着高挂的明月，仿佛那正是亲人们明媚的笑脸，不由得泪水模糊了双眼。

但最让黄瑞松念念不忘的，是他钟爱的导弹事业。从北京出发的时候，参与研制的"海鹰二号"定型飞行试验的人员已经进场，他们进展得顺利吗？在研制中付出巨大心血的他，却未能参与定型飞行试验，他心中充满了遗憾。望着满天的星辰，想起那片他曾经朝夕相处的大海，不禁怔怔出神。

10. 蛟龙入海

在解决了一系列技术难题后，"海鹰二号"于1967年9月到海军导弹试验基地进行首次研制性飞行试验。这时，"海鹰一号"也在此试验，在试验过程中接连出现了近弹，即导弹飞行过程中提前入水而失败。七机部责成三院履行"抓总"之责，要求发扬大力协同精神，送资料，提建议，出谋划策。三院主持了4次故障分析会，行抓总之责、尽帮促之力，直至1970年下半年"海鹰一号"取得飞行试验成功。三院技术副院长梁守槃在试验现场进行分析计算后，认为引起"海鹰一号"提前入水的原因是发射架过长，导弹飞行脱轨时尾部与发射架发生了碰撞，产生了弹体振动，振坏了弹上设备。在他的提议下，将发射架导轨截短了 1.2 米，并将导轨末段底板向下弯曲 20 度避免碰撞，加大了天线回调角，增加了减振措施，最终，试验取得圆满成功。

“海鹰二号”和“海鹰一号”共用发射架，汲取了“海鹰一号”的教训，“海鹰二号”没有出现类似问题。“海鹰二号”导弹武器系统由地面雷达站天线车、雷达站显示车、移动电站、指挥仪车、射前检查车、发射架和发射架牵引车等组成。作战过程为：由地面雷达站搜索目标并计算目标方位和距离以及运动的航向，将这些射击诸元传送给射击指挥车上的指挥仪，发射架随动于射击指挥仪输出的射向；当目标进入射击扇面并满足射击条件时，指挥仪经过计算向弹上发送射击前置角和末制导雷达主动开机搜索的时间。在导弹发射瞬间，接通继电器助推器点火，导弹升空；导弹起飞后在助推器强大的推动下自动爬高，大约 2 秒后助推器脱落；导弹爬高到 300 米后改为平飞，飞行马赫数 0.9 左右；导弹接近目标时，弹上末制导雷达开机，搜索海面，发现目标后，导弹按制导控制规律由自动驾驶仪控制导弹攻击目标。

1967 年 9 月，“海鹰二号”进行首次研制性飞行试验。由于黄瑞松等人研制的制导控制系统做了较大的改动和优化，试验人员很担心导弹偏航，或者由于可靠性问题而出现类似“海鹰一号”的故障，故在首飞的时候，特意安排了飞机跟飞——即导弹发射后，飞机跟在后面飞。飞机上架了重机枪，一旦发现导弹偏航，便将其击落，以免误伤渔民。结果，由于发射时间和飞机协调的误差，导弹发射后飞机滞后较大，飞行员为了加速追赶，抛下了飞机的副油箱，副油箱落到了距参试人员很近的地方，差一点儿就出现人身伤亡事故！还好，导弹飞行正常，最终从目标上空飞越而过，飞行试验基本成功，制导控制系统经受住了考验。

1967年10月27日，“海鹰二号”进行第二次飞行试验，国务院副总理聂荣臻也来到现场观看。结果这一发特别争气，精彩地直接命中了目标！

1968年10~12月，大射程的两发导弹试验也相继获得成功，研制性试验仅用了4发弹便命中3发。从1969年8月开始定型飞行试验，“海鹰二号”整个研制阶段共打了11发，命中9发。1970年10月，“海鹰一号”在总共试射了25发弹后定型飞行试验取得成功。“海鹰二号”早于“海鹰一号”7个月通过了设计定型飞行试验。其实，“海鹰二号”的研制时间本可以再短些。但由于受到“文革”的破坏和干扰，进度受到了影响。为了生产出定型飞行试验用的7发弹，连人都找不齐——因为大批干部都被下放劳动去了。最后，是留守的几个人员用剩下的零部件，拼尽全力“凑”出了5发弹，1969年9月试验后，又经过小半年，又“凑”出了2发弹，直到第二年3月才完成定型飞行试验。

“海鹰二号”在定型飞行试验时，还发生了惊险一幕。海上试验布靶很困难，海上风平浪静的时刻很短暂，大多数情况下，不是浪大就是涌大，尤其是遇到涌大的情况，海况复杂，靶船上下颠簸，左右摇摆。不少科技人员不适应海上生活，吐食物、吐酸水、吐黄水，甚至五脏六腑都要翻出来。这一次遇上了11级大风，靶艇几乎被浪尖所淹没。靶艇吨位小，布好后，很长时间人员撤不下来，而发射窗口已经越来越临近，指战员心急如焚，用对讲机连连催促他们撤下靶艇。几次努力，无奈，摇晃得实在太厉害，根本没办法撤到接应船上。最后，靶艇上的试验人员毫无惧色地喊道："不要管我们了，发射吧！"如此视死如归，大家震惊不已，有的人甚至急哭了。那时的科技人员为了给国家尽快拿出导弹，拿出国防利器，真是连付出生命都在所不惜，这就是航天精神的真实写照。最终，他们还是撤了下来，导弹正常发射，准确地命中靶标！

历时5年，三院改型设计的第一型海防岸舰导弹至此圆满收官！初出茅庐的飞航人，向国家交上了一份完美的答卷，"海鹰二号"的成功也极大地鼓舞了三院人的自信心，长了志气，鼓了士气。

在此，抄录唐代诗人张聿的一首古诗为赞：

剑化为龙

古剑诚难屈，精明有所从。
沉埋方出狱，合会却成龙。
牛斗光初歇，蜿蜒气渐浓。
云涛透百丈，水府跃千重。
拖尾迷莲锷，张鳞露锦容。
至今沙岸下，谁得睹玄踪。

航天人把导弹研制比作"铸剑"，他们自称"铸剑者"。剑在古代被尊为"兵器之神"，不仅因为铸剑是一门繁复精深的工艺，更因为剑延续着尚武的精神。铸剑在春秋时期已经发展为一项专门的技术。在战国后期，铸剑工艺进一步发展到"三十炼""五十炼""百炼"等，即所谓"千锤百炼"。秦国之所以能在短时间内扫灭六国，原因之一就是其兵器处于明显的领先地位，为彰显"灭六国，

“海鹰二号”导弹发射

驱蛮夷”之盖世之功，秦始皇召天下铸剑名匠历时三载铸成“定秦宝剑”一双，作为镇国之宝，从此宝剑成为地位、正义、力量的象征。为了铸出锋利的宝剑，铸剑师必须全力投入甚至呕心沥血，因而有莫邪纵身跳入炼炉中舍身铸剑的传说。中国航天人为了铸出一柄柄捍卫国家主权和领土完整的“利剑”，真是做到了呕心沥血、无私奉献。一枚枚“海鹰二号”在渤海之滨腾空而起飞向大海，恰如一条条蛟龙飞航在祖国辽阔的海空。

黄瑞松在军垦农场并没有待多长时间，1970年夏，下放劳动10个月的他就到通知，要求他立即返回单位。原来，此时中国第一代超声速反舰导弹“鹰击一号”获得国家立项，单位要求他立即回来参加型号研制工作。黄瑞松风尘仆仆地回到北京后，就参加到“鹰击一号”的研制中。所以在“海鹰二号”的研制后期及其型号系列化发展中，黄瑞松就参与不多了。后来，他以总体设计部科技委副主任和总体设计部主任身份又参与到“海鹰二号”系列化发展的一些研制工作中。“海鹰二号”走了一条基本型、系列化的发展道路，前后一共发展了六型导弹，开创了飞航导弹走基本型系列化发展的先河。

建国后的20年时间里，我国政府虽然宣布了12海里的领海线，但帝国主义国家却欺负我国没有反舰导弹，经常在我国12海里的领海线附近故意做曲线运动，意在挑衅。当“海鹰二号”试验成功后，外国的军舰就再也不敢靠近我国12海里的领海线了。三院的同志们听到这个消息，都备感振奋和骄傲。帝国主义在中国海岸边架上两门大炮就能奴役一个民族的时代一去不复返了！

以“海鹰二号”为基本型，衍生出来了众多系列型号，形成了庞大的海防导弹家族，并得到了极其丰富的拓展应用。

在系列型号方面。1966年开始，将“海鹰二号”的雷达导引头换装成红外导引头，黄瑞松提出了红外导引头的主要战术技术指标要求，并到承制单位进行技术协调，参与“海鹰二号甲”的研制，1982年完成设计定型并批量装备部队；1975年开始，换装了单脉冲雷达和无线电高度表，将“海鹰二号”海面飞行高度进一步降低，以提高突防能力，研制了“海鹰二号乙”，1982年完成了定型飞行试验并批量装备部队；1981年开始，将膜盒高度表改为无线电高度表，以解决高度位置信息误差大的问题，研制了“海鹰二号改”，同年完成鉴定飞行试验并批量装备部队。

在军贸出口方面：20世纪80年代初开始出口，在中东战争中，相关国家将其出口型“C-201”投入战斗，作战效果显赫，取得了百发百中的优异战绩。某国部队甚至打一发喊一声“中国万岁”！“蚕”式导弹饮誉海外，蜚声国际，并在国际军贸市场上占有了一席之地，产生了始料未及的国际影响。

在拓展应用方面：作为试飞器使用，验证新研制的某自动驾驶仪和挠性陀螺平台系统；改制成中低空靶弹，为其它导弹试验提供条件；从 1966 年开始，以“海鹰二号”为基础的空面导弹“风雷一号”开始研制；从 1975 年开始，以“海鹰二号”为基础的空舰导弹“鹰击六号”开始研制，并于 1984 年研制成功，结束了我国三十多年没有空舰导弹的历史。

“海鹰二号”是三院人才、技术的“孵化器”，成功践行了“基本型、系列化”的发展道路，充分体现了“自力更生为主，力争外援和利用资本主义国家已有的科学成果”的方针，开创了我国飞航导弹技术发展的良好开端。回顾其研制发展历程，我们从中可以汲取丰富的精神营养和技术启迪，也获得了广阔的思维空间。

1978 年，“海鹰二号”获全国科学大会奖。

1984 年，“海鹰二号”参加了建国 35 周年阅兵，接受了全国人民的检阅。

中国的海防导弹，从此走出了一条仿制、改型、自行设计的道路。在这条虽然辉煌但却并不平坦的道路上，涌现了一代又一代的飞航人——当然也包括我们的传主黄瑞松。他们前赴后继，义无反顾，勇往直前。中国的航天就是这样炼成的。伟大的事业孕育伟大的精神，这项事业孕育出来的精神被概括为“航天精神”——“自力更生、艰苦奋斗、大力协同、无私奉献、严谨务实、勇于攀登。”当一个古老的东方大国重新崛起，当一个光荣的民族重新迎来伟大复兴，他们便可以像《钢铁是怎样炼成的》中的保尔·柯察金一样，自豪地宣称：我整个的生命和全部的精力，都已献给了祖国最壮丽的事业——为国防的强大而努力奋斗。

黄瑞松

黄瑞松院士传记

Academician Huang Ruisong's Biography

第四章

超声峻途　勇攀高峰

在20世纪70年代研制超声速反舰导弹，现在想起来都令人望而生畏，在长达四分之一个世纪的漫漫征程中，迎接黄瑞松的，将会是一条什么样的道路呢？

1. 志存高远

1991 年，在巴黎航展上，一种橘黄色的超声速导弹英姿飒爽地亮相，立即吸引了全世界的眼球。西方媒体竞相报道，盛赞这种导弹为“领导群伦”，在航展上引起轰动。这正是中国自主研制的“C101”导弹。

“C101”导弹的飞行速度已经不能用“迅雷不及掩耳”来形容了。迅雷不及掩耳意思是雷声来得非常快，连捂耳朵都来不及，比喻来得非常迅猛而不及防备。这个词充分地体现出了“声速”是很快的。而“C101”导弹的速度比“迅雷”还要快一倍，达到了 2 倍声速，可想而知，其速度有多快了！“C101”导弹的超声速再加上超低空掠海飞行，突防能力迅猛绝伦，让对方防无可防、躲无处躲。如果末制导雷达距目标 7 公里开机，对方的反应时间只有 10 秒，而当时比较先进的电子对抗系统最快反应时间要 11 秒以上，只能眼睁睁挨打。

这盛誉的背后，是二十多年的艰难历程，是一条崎岖险峻的奋斗之路。

世界军事武器的发展和进步，从来就是在对抗和反对抗的此消彼长中取得的。

当导弹武器日益显露出它的巨大威力，并在军事舞台中唱起了主角时，对

“C 101”导弹发射

抗导弹的武器也就应运而生。就好比有了矛，盾就应运而生一样。然而，当有了盾后，就会有人造出更锋利的矛，然后有人又会研制出更坚固的盾。导弹与反导弹技术就如同“矛”“盾”之争一样，在“矛”与“盾”的对抗中不断发展，不断上升。

导弹技术快速发展的同时，反导技术也如影随形。比如导弹干扰技术，对来袭导弹施以干扰，让导弹打不着；导弹欺骗技术，给来袭导弹制造假目标，让导弹打不对；导弹拦截技术，拦截或摧毁来袭导弹，使导弹丧失战斗力；等等。通过上一章我们知道，在 1967 年第三次中东战争中，埃及军队用 2 枚“冥河”导弹击沉了以色列的“埃拉特”号驱逐舰，这是世界上反舰导弹首次用于实战。而时隔 6 年，在 1973 年的第四次中东战争中，埃及、叙利亚等阿拉伯国家向以色列发射 52 枚“冥河”导弹却无一命中，反被对方发射的“迦伯列”反舰导弹击沉 9 艘导弹艇。从首次运用反舰导弹的大胜到再次运用反舰导弹的大败，其主要原因就是以色列在第三次中东战争中吃了亏后，积极研究改进战法和武器，在驱逐舰上安装了“迦伯列”用以对抗“冥河”，对对方实施电子干扰，并加强己方导弹艇自身的高速机动，通过这一系列“组合拳”，形成了有效对付

“冥河”的对抗措施。而相反，阿拉伯国家的军队在战术技术和武器上并没有明显进步。第四次中东战争是导弹与电子干扰首次在实战中的正面较量。这次导弹战的结果深刻地表明，逆水行舟，不进则退。

在20世纪六七十年代时，一些国家就开始大力加强反导技术的研究与应用。在这种情况下，这些国家同时又在研究如何加强己方导弹的突防能力和生存能力，以突破敌方的反导技术，让自己的导弹在战斗中发挥作用，从而达到保存自己、消灭敌人的目的。要想提高导弹的突防能力和生存能力，当时主要有两种途径：一是发展高亚声速超低空掠海飞行导弹，给对方发现和拦截造成困难，如法国“飞鱼”、美国“捕鲸叉”等；二是发展超声速反舰导弹，如苏联的“沙道克”、英国的“兰剑”、美国的“猎犬”等。

早在20世纪五六十年代，钱学森就敏锐地预测到了这个发展趋势，产生了发展超声速反舰导弹的念头。同时，他认为冲压发动机是超声速导弹最理想的动力装置。1957年，钱学森指示梁守槃、刘兴洲等人开展冲压发动机的论证和研制。1962年，钱学森进一步提出了反舰导弹应用冲压发动机的思想，并经国防部五院指定三分院承担这项工作。这不能不说是钱学森的一种高瞻远瞩。事实上，欧美等国家到了20世纪80年代才提出利用冲压发动机装配低空超声速导弹的计划。

1969 年 5 月，为贯彻“两个大搞”（大搞直升机、运输机）的指示，国防工办主持召开“816”会议，海军装备水上轰炸机的研制工作也列入了“两个大搞”计划。研制的水上轰炸机“水轰五”需要配备一种空舰导弹。由于三院的冲压发动机技术已经有了一定突破，这型冲压发动机反舰导弹就顺理成章地落到了三院的头上。周恩来总理亲自为这型开天辟地的海防导弹起了名字，叫“鹰击一号”，出自毛泽东《沁园春·长沙》中的“鹰击长空，鱼翔浅底，万类霜天竞自由”一句，寄寓未来海防导弹能像雄鹰一样展翅翱翔在祖国美丽的海天。这个初生的型号，一开始就被寄予厚望，也立下了高远志向。从此，“鹰击”几乎成了海防导弹的代名词。三院不负众望，在此后的几十年间，使“鹰击”发展成为一个极其庞大的导弹家族，创造了中国海防导弹的多个第一。

1970 年 2 月，三院召开了“鹰击一号”方案审定会，国防科委副主任罗舜初、七机部军管会第一副主任杨国宇、七机部副部长钱学森、海军副司令员周希汉等参加了会议。会后，直接由国防科委、海军联名上报中央军委，军委很快批复，同意了研制方案。

当时，一个型号能够得到中央批准正式立项是件大事。尽管三院在 1965 年就成为了型号研究院，但成立至今正式研制立项的型号只有“海鹰二号”和“风雷一号”两个改型研制的型号。“鹰击一号”是完全自行研制的型号，而且是超声速，它的立项，使全院上下都非常振奋。三院还在略早前启动了另一个自研型号超声速导弹“海鹰三号”的研制。因为此时很多人都被下放到农场劳动锻炼去了，3 个型号同时开展，总体设计部人员奇缺，便重新召集队伍。

1970 年 7 月的一天，正在军垦农场劳动的黄瑞松突然接到单位通知，要求立即结束下放锻炼，回单位接受新的任务。黄瑞松虽然不知道具体是什么任务，但这个消息让他非常激动，因为又能从事导弹事业了，他立即收拾行囊返回北京。回到单位后才知道，“鹰击一号”立项了，领导让他参加进来，同时得知“海鹰二号”定型飞行试验成功了，真是喜不自胜。从此，黄瑞松开始了历时 25 年的“鹰击一号”研制生涯，历任主管设计师、总体副主任设计师、副总设计师。

刚开始，黄瑞松还是干老本行——研制制导控制系统。“海鹰二号”的制导控制系统主要由雷达导引头、自动驾驶仪、膜盒高度表等组成，但新的“鹰击一号”已不能用这一套，其在冲压发动机环境下超声速飞行，还要超低空掠海飞行等特点，使制导控制系统研制面临巨大挑战。

大家都知道，声音的传播需要介质。声音可以在固体、液体或气体介质中传播，不同介质和条件状态下声音的传播速度各不相同。比如，摄氏零度的海平面声速约为每小时 1193 公里，一万米高空为每小时 1062 公里。飞行器的飞行速度一般以“马赫”来表示，马赫数是飞行器速度与当地声速的比值，可以理解为声速的倍数，比如 1 个马赫数就是一倍声速，由于声速随介质不同而不同，因此马赫数也只是一个相对速度。飞行器跨过声速这个临界点后，会出现一些显著变化。当飞行器的飞行速度接近声速时，就会逐渐追上自己发出的声波。声波叠合累积会造成震波，进而对飞行器的加速产生障碍，这种因为声速造成提升速度的障碍称为“声障”。突破声障进入超声速飞行后，从飞行器前端会产生一股圆锥形“声锥”，在旁观者听来有如爆炸一般，故称为“声爆”，强烈的声爆会对飞行器本身带来震动和造成破坏。

“鹰击一号”飞行速度高达 2 个马赫数，要想精准地制导控制它相当困难。当然，实现超声速飞行的冲压发动机本身，更是一个巨大的难题，导弹飞起来，首先要解决动力装置问题，也就是说动力要先行。

2. 冲压起步

超声速反舰导弹的发动机必须要有高的比冲，可以选择的有液体火箭发动机、固体火箭发动机、吸气式发动机等。液体火箭发动机的优点是比冲比固体发动机要大，但缺点是燃料通常有毒，难以存储，维护使用不方便；固体火箭发动机的优点是结构简单、维护使用方便，但在几类发动机中的比冲最小，中远射程时，若采用固体火箭发动机，超声速飞行的导弹体积和重量过大，因此，固体火箭发动机不适合应用于这种情况。

液体火箭发动机和固体火箭发动机都不是超声速飞航导弹的最佳选择，它们都需要自带氧化剂。吸气式冲压发动机更适用于超声速反舰导弹，因为它用空气中的氧气。吸气式发动机主要有两种：一种是涡轮发动机，包括涡喷、涡扇发动机，这种发动机的优点是比冲高，缺点是结构复杂、造价昂贵，而且当飞行速度达到 2 马赫时，基本上达到了涡轮转速的极限，应力、烧蚀等因素对发动机产生不利影响；另一种是冲压发动机，优点是比冲高、结构简单、重量轻、成本低，比较适合马赫数大于 2 的飞行器，这种速度下的冲压发动机的性能会显著超过涡轮发动机。当射程超过 100 公里时，冲压发动机的燃料占全弹质量的比例大约只有五分之一，这也是超声速反舰导弹大多采用冲压发动机的原因。

冲压发动机的结构简单，由进气道、燃烧室、推进喷管、供油装置等组成。

火箭发动机推进剂由燃料和氧化剂组成，但冲压发动机不需要自带专门的氧化剂，靠进入进气道并经过压缩后的空气中的氧来充当氧化剂参与燃烧。冲压发动机和普通的吸气式发动机相比，它没有压气机，其对空气的压缩是靠飞行器高速飞行时的气流进入发动机进气道中减速，将动能转变为压力能来实现的。因此这种发动机在静止和低速条件下不能起动，飞行器必须要达到较高的速度才能有效工作，飞行器起飞段必须要有强大的助推器助力飞行，形成冲压发动机正常启动的条件。发动机结构尽管貌似简单，但技术却很复杂，难度很大，需要复杂的地面试验设施来保障试验，才能研制出来。

1957 年 12 月 3 日，在钱学森的倡导下，国防部五院一分院成立了第五研究室——冲压发动机研究室，启动了冲压发动机的研制工作。很快，五院空气动力研究室和一分院冲压发动机研究室合并为直属第三研究室，下辖冲压发动机分队和空气动力分队。其中，冲压发动机分队由沈世绵任分队长，刘兴洲任副队长。

当时，冲压发动机的研制在国际上才刚刚起步，国内人员对它的认识几乎是一片空白。在当时的条件下研制冲压发动机，难度是显而易见的，反对的人非常多。在不少人看来，研制冲压发动机太不切合实际了。要知道，在当时的中国，连拖拉机都是高科技，整个三分院才配发了一台老式吉普车，这个时候研制冲压发动机，近乎痴人说梦。由于技术难度太大，美国等发达国家也在收缩下马。反对的人说：“苏联和美国都没有，凭三院的条件要搞，岂不是癞蛤蟆想吃天鹅肉？”对此，梁守槃幽默地说：“穆罕默德并没有说过要造汽车，而伊斯兰教徒不是照样造汽车、坐汽车吗？”在钱学森、梁守槃等人的大力支持下，中国的冲压发动机项目得以继续进行。

在梁守槃的领导下，刘兴洲等对冲压发动机开始了刻苦攻关。力量也逐步得到加强，鲍克明（后任航天部副部长、海南省副省长）、张天禄等从苏联回国后，也参与了进来，开始研制为“海鹰三号”配套的 ×-06 发动机。“鹰击一号”立项后，三院动力技术研究所冲压发动机研究室主任刘兴洲组织了专门团队，开始研制 ×-07 发动机。经过数千次各种地面试验，逐步攻克了火焰摆动、低温起动、燃烧提效、振荡燃烧、挂火等大量关键技术难关，走出了一条独立自主冲压发动机研发的不平凡道路。由于在冲压发动机领域的重大成就和贡献，刘兴洲于 1995 年当选为中国工程院院士。

然而，当时由于技术过于超前，技术太新，且地面试验设施不配套，很难想象在冲压发动机及“鹰击一号”研制过程中会遇到多少曲折和坎坷。在早期

黄瑞松（右）与刘兴洲（左）合影

的十多年里，挫折贯穿始终。

后来，在回顾这段经历时，黄瑞松仍然深有感触地说："这个型号之所以这么曲折，搞了二十多年，前前后后一共打了几十发弹，最主要的原因是技术太超前、起点太高了，没有技术储备，总体与分系统同时起步，那个时候我们的认识和基础条件都达不到！基础差到什么地步？没有设计规范，没有设计准则，试验条件更加奇缺，简直就是一张白纸。飞行试验时基本上是成一发、败一发，再成一发、又败一发，就这么走下来的，太艰难了。因为地面试验条件严重缺乏，问题发现不了，只能靠上天去试，这还用说吗，失败是不可避免的，失败了我们认真分析查找问题，改进后再上天，成功了，但又出现了新的问题，再掉下来，再改进，摸着石头过河……"这段话，正是这段艰辛历程的缩影。

3. 艰难起飞

1970 年，当时的军管会领导号召"海鹰三号"和"鹰击一号"要实现"比翼双飞"。应该说这一出发点是好的，黄瑞松等广大科技人员积极响应号召，以极大的激情投身于研制工作。但这一美好愿望毫无悬念地夭折了。更有甚者，由于"文革"的动乱，刚起步不久的"鹰击一号"研制工作从 1971 年起基本处于停顿状态。直到 1976 年以后，逐步理顺了关系，研制工作才得以重新步入正轨。而先起步的“海鹰三号”由于进度拖延、经费短缺和技术问题久拖不决，最终于1980年被迫从型号研制转入型号预研攻关。

由于“鹰击一号”原定的载机“水轰五”轰炸机在“文革”动乱中也停止了研制，于是，经研究决定“鹰击一号”改为地面发射试验。经过艰苦努力,1977年7月，“鹰击一号”终于开始了它的首飞，进行第一阶段的助推段飞行试验，导弹飞起来了，但助推段的飞行弹道严重偏离理论弹道，幸运的是助推弹末段的飞行速

“海鹰三号”导弹

“鹰击一号”导弹

度能满足冲压发动机点火的要求，助推段飞行试验基本达到了目标要求，可以转入第二阶段即自控段飞行试验了。

1978年7月开始，进行自控段的飞行试验，在几发弹的飞行试验中先后发生导弹Ⅰ、Ⅱ级分离不顺利，分离时扰动大，冲压发动机不能稳定正常点火等问题。

为了保证冲压发动机点火工作时必要的导弹飞行速度，“鹰击一号”Ⅰ级有两个助推器同时工作，这两个助推器的前球头与Ⅱ级弹体并联接触，助推器的后端与Ⅱ级弹体串联的Ⅰ级舱段固定连接，因此Ⅰ、Ⅱ级分离过程很复杂。首先两个助推器的前球头要与Ⅱ级弹体先脱开运动，然后Ⅰ级舱段与Ⅱ级弹体的连接环上的连接爆炸螺栓起爆工作，在气动力作用下实现分离。尽管该分离方案总体上可行，但飞行试验暴露出分离不可靠的问题，有时发生分离碰撞现象造成分离失败，或分离扰动太大。经过分析，存在两个助推器尾推力有差异、不同步等问题，必须选择合适的分离条件，再发出分离指令。黄瑞松组织总体、控制、电气等人员攻关，选择了合适的分离条件，解决了分离不可靠的问题。针对分离时扰动大影响冲压发动机点火工作的问题，控制系统采取相应措施后得以解决。

于是，自控段的飞行试验又可以正常进行了，在接下来的试验中，冲压发动机实现了正常点火工作，但有时又会发生燃烧室振荡燃烧、工作不稳定、产生不了正常推力的问题，经过攻关，调整供油规律，解决了该问题。

通过几发弹的代价，终于实现了冲压发动机正常点火和稳定工作，但是，发动机产生的推力不能克服导弹飞行中产生的阻力，导弹只能减速飞行，直至发动机熄火，遇到了推阻不匹配的问题，这是一对不可调和的矛盾，尽管总体技术人员千方百计采取减阻措施，发动机的推力仍然不够，因此，更换发动机成为必然。

4. 中途“换将”

推阻不匹配问题产生的原因主要有两点：一是全弹的阻力偏大，如结构设计上有缺陷，弹体表面外突物和凹坑偏多，在超声速飞行过程中造成了较大阻力，增加了动力系统的负担；二是发动机推力偏小。前者是次要矛盾，后者是主要矛盾，相互关联，都得“动手术”。

负责总体和制导控制系统的黄瑞松，组织大家采取了优化弹体结构设计的措施。其实，弹上外突物中阻力最大的也是发动机，这是由其结构特点决定的。由于液体冲压发动机结构尺寸大，在当时的条件下只能外露安装，经过几种方案的分析计算比较，最后明确了2台发动机左右侧对称并列于弹体两侧、2台固体助推器并联于弹侧发动机之后的方案，从形貌上看像是一支扁担挑了两只桶，因而又被称为“扁担式”布局。这几只“水桶”是导弹上最大的外突物，但这个动不了，只能尽量从别的地方去优化。在前7发飞行试验过程中，获得了一定量的超声速飞行中外突物产生附加阻力的数据。同时，相关人员多次到航空系统单位、二院等深入调研，了解到了超声速飞机和地空导弹外突物吹风的情况，拿到了相关数据，再和“鹰击一号”外突物吹风数据比对和印证，在此基础上采取的措施主要有：组织研制了新型遥测天线——它贴于雷达天线罩内壁以替换外露的天线，降低导弹腹鳍的高度，去掉发动机的背鳍，对涡轮泵进行整流，提高导弹表面光滑度，等等。这些措施，对飞行阻力的降低起到了积极作用。

但是，这些减阻措施还远远不够，最根本的是要解决发动机推力问题。对发动机推力不足的问题，也是一个逐步认识的过程。其实在飞行试验初期，总体设计部就根据一些迹象提出过疑问，怀疑发动机推力不足。但研制发动机的相关领导认为没问题，为此，年轻气盛的黄瑞松还和该所领导发生了激烈的争执。当试验到第 7 发的时候，推阻不匹配的问题不可避免地暴露了出来。

超声速飞行的推阻不匹配是一个极其复杂的问题。

这要先从发动机的工作条件说起，前文说过，冲压发动机没有自带氧化剂，靠压缩后的空气来提供燃烧所需要的氧。涡喷、涡扇发动机是通过压气机装置实现空气的压缩，但冲压发动机没有压气机，只能靠导弹高速飞行时的来流进入发动机进气道中减速，将动能转变为压力能来实现。这就使得“鹰击一号”的飞行速度必须达到 1.8 个马赫数以上，才能保证合适的油气比，发动机才能有效工作，低于这个速度，发动机就无法获得供充分燃烧的压缩空气。

由于 ×-07 发动机推力偏小，当助推器分离后，导弹开始慢慢减速。导弹一减速，获得的压缩空气就变少，进一步降低了发动机的燃烧效能。发动机的燃烧效能降低后，又进一步造成发动机推力降低、导弹减速，于是就形成了一个恶性循环。解决的措施是增大发动机直径，提高发动机截面积相对于导弹截面积的比例，从而增大推力。

推力和发动机直径要增大多少呢？这涉及到复杂的计算和分析。设计普通液体或固体火箭发动机导弹时不用作这种计算，因为火箭发动机推力与外界来流状态无关，推力值是相对稳定的。而以冲压发动机为动力的“鹰击一号”，其发动机推力性能与导弹飞行速度、高度、攻角、侧滑角、环境温度及供油规律等因素密切相关。推力是一个多变量的函数，而且呈动态变化。比如：采取外突物减阻措施后，阻力减少了多少，必须计算在内；增大发动机直径后带来的阻力增加值，也必须计算在内。由于飞行试验数据不完整和不配套，以及在飞行时发动机燃烧室不稳定等因素，给计算和分析工作带来重重困难。总体设计部黄瑞松、周志宗、罗桂泉，动力技术研究所刘兴洲、吴达章等人采取了类推法、拟合法等方法，经过反复计算和分析，认为离最终推力还差 3%。在此基础上，建议将发动机直径从 320mm 增加到 360mm。

但一些同志拿美国的“波马克”导弹来作类比，由于“波马克”的发动机直径比 ×-07 大得多，便主张发动机直径应该到 400mm 以上。总体部研制人员，认为“鹰击一号”和“波马克”没有可比性，因为“波马克”是地空导弹，在向上飞行过程中要克服重力加速度的影响，直径大一些是可以的，而我们的“鹰击一号”是飞航式导弹，是低空平飞的，推阻矛盾没有这么大。但经过激烈讨论后，最终还是决定用 400mm 直径的发动机。于是，动力技术研究所开始重新研制直径为 400mm 的 ×-08 发动机。

1983年，对于黄瑞松的事业来说，上了两个台阶。一是，他被任命为总体设计部副主任，同时担任“鹰击一号”副总设计师，协助总设计师沈世绵负责导弹系统的研制工作。在沈世绵之前，是由鲍克明担任总设计师。二是，经过三年刻苦努力，动力技术研究所×-08发动机研制出来后，换装新发动机的“鹰击一号”3发飞行试验圆满地实现了超低空、2倍声速、全动力航程的稳定巡航飞行！

至此，从1977年首次飞行试验以来，历时6年时间，基本解决了发动机的稳定工作问题。与此同时，“鹰击一号”也完成了自控弹飞行阶段的研制任务，转入到自导弹飞行阶段试验。

在冲压发动机漫长的、一波三折的研制过程中，黄瑞松有机会深入学习和了解了这种先进的发动机。黄瑞松只要一有时间，就会利用各种机会学习，扩

黄瑞松（右）与一线员工交谈

大自己的知识面，而且对出故障的地方，他的学习兴趣就更浓厚。他曾经说：“我习惯到第一线去，特别是有故障的地方，我肯定会在现场，那里是最长知识的地方。一帆风顺好，但长知识不多，坎坷才能增长知识，哪里有困难我就去哪里。”正是这种好学精神，才使他对冲压发动机这种跨专业的、全新的技术有了深入的了解和独到的见解。

后来，尤其是担任“鹰击一号”副总设计师后，黄瑞松不可避免地要在总体层面参与发动机领域的工作。在此过程中，他提出来的一些思想和观点，是独到而富有建设性的。对此，黄瑞松曾经的同事、《鹰击一号超声速反舰导弹武器系统》一书的副主编周志宗回忆说：“发动机这一块，黄瑞松刚开始在业务方面并不是很清楚。但他业务能力很强，他有一个特点，就是能把别人的成果资料消化后融到自己的知识中去，化为自己的，再在此基础上进行发挥。做的工作比较深入，也会跟人打交道。后来，他的业务方面已经不限于制导控制系统了，他很会学习，很会总结提高，扩大知识面，在发动机、火控、结构等方面，都能发表很有见解的意见，基本掌握了这些知识。尤其是，他能很好地把这些知识应用到飞航导弹上，知道在弹上怎样才能发挥出最大效果。”

当发动机问题解决后，接下来的关键问题——制导控制，就横亘在了黄瑞松的面前。

5. 控制难题

“鹰击一号”飞行时，一是导弹的气动特性变化范围大，在几秒内由零速度加速到 2 倍声速，导弹气动性能变化十分剧烈，导弹不对称的气动布局，以及弹体纵向频率变化非常大；二是导弹三通道耦合大；三是导弹Ⅰ、Ⅱ级分离对导弹飞行的扰动很大。这些特点，对制导控制总体方案设计以及自动驾驶仪、末制导雷达、无线电高度表等分系统的研制，提出了极其苛刻的要求。另外，超声速导弹控制系统没有设计规范，只有亚声速导弹的经验，因此要探索超声速导弹制导控制系统的设计指标体系，也需要摸着石头过河。

“鹰击一号”控制系统采取了“航向Ⅰ级无控＋自控＋自导”三段工作模式：第一段为航向无控加俯仰和滚动通道有控段，从导弹发射到助推器分离；第二段为爬高并转入平飞巡航段即自主飞行控制段，从Ⅰ级分离后到末制导雷达开机工作；第三段为自动导引段，雷达捕捉到目标后，转入自动跟踪并引导导弹攻击目标。

在黄瑞松的组织领导和直接参与下，王满云、邵继法、徐海宝、李德芳、杨慧卿等人在飞行弹道与制导控制上采取了相关措施，包括采用无线电高度表方案、高度程序控制信号和初始航向控制信号设计方案，实现了减少分离干扰和平稳爬高转入平飞；采用了先进的控制器件；调整自导段的制导方式，由双平面制导改为单平面制导方式；开展制导控制系统半实物仿真试验。1976 年，黄瑞松带领控制组的成员，利用海军试验基地的设备和试验条件，进行控制回路半实物仿真试验，试验期间发生了唐山大地震，黄瑞松等住在临时搭建起来的帐篷中，试验不得不终止，人员返回北京，直到地震后恢复正常，试验人员才重新进场试验，实现了第一次控制系统半实物仿真试验，为 1977 年第一次助推弹的飞行试验奠定了基础。

另外，要实现对导弹的有效制导控制，必须要获得完整可靠的导弹气动特性数据，最好的办法是“吹风”，即进行风洞试验。“鹰击一号”一共进行了 20 多个模型吹风试验，总吹风数达到数千次以上，取得了亚声、跨声、超声速飞行时的大量气动特性数据。由于当时我国高速风洞实验段截面小，故实验模型也只能做得很小。模型不能带进气道，因为这么小的实验模型，进气道当时无法加工。加之实验技术尚不完善，吹风误差往往较大。“鹰击一号”本来应该在低空和超低空状态飞行，但在助推阶段的飞行中，飞了好几千米高，低空飞行的“飞航”导弹飞成“地空”导弹的弹道了。对此，黄瑞松很是诧异，这个结果与风洞吹风的结果差异怎么会如此之大呢？这从理论上解释不通啊！于是，他去问搞气动的同志，这究竟是怎么回事？他们告诉他，吹风试验中有一个数据，当时风洞试验单位无法解释，大家都认为这是一个异常数据，这个气动数据就没有提供使用。黄瑞松向他们要到这个数据后，加进飞行弹道的计算中，计算出来的弹道复现了飞行试验的状态即发生的高弹道，原来是导弹Ⅰ级状态产生了一个抬头力矩。黄瑞松提出在俯仰控制通道中加一个程序信号，由它产生的俯仰舵来克服这个抬头力矩，采取这个措施后，解决了助推段飞行时发生的高弹道问题。

飞行试验时还发生了在Ⅰ、Ⅱ级分离和冲压发动机点火工作过程中，控制系统和遥测系统中多个陀螺被震坏的现象，经过对弹上遥测和振动数据进行分析，发现冲压发动机工作时引起的振动、噪声等动力学环境要比其他类型的导弹恶劣得多。为此，黄瑞松提出了不少点子，他提出首先要解决Ⅰ、Ⅱ级的平稳分离，为冲压发动机创造良好的点火工作环境，同时冲压发动机要调整供油控制规律，使发动机燃烧时能平稳工作，消除燃烧振动现象。其次，对抗振能力差的设备采取相应的抗振措施如加减震器。最后要大力加强地面试验手段，通过地面振动试验查，找弹上薄弱环节并检验设备的抗振能力。因此，他积极推动总体设计部加快购置大振动台，用来开展全弹振动试验，经过努力，总体设计部终于在80年代购置了一台大振动台，为全弹开展振动试验创造了条件，并在型号研制中发挥了重要作用。

另外，导弹Ⅰ、Ⅱ级分离时扰动剧烈，既恶化了弹上工作环境，又对冲压发动机点火工作产生不利影响。其中一个重要因素与“鹰击一号”在助推段（导弹Ⅰ级工作阶段）航向不控制转入Ⅱ级飞行时航向加控这一模式有关，由于Ⅰ级航向不控制，导弹是面对称的，在各种干扰作用下，助推段飞行结束时，往往在航向上会发生较大的航向偏差，II级航向起控时，这个初始航向偏差信号有时很大，突然加入航向控制回路，引起导弹很大的偏转动作，这个导弹动作对发动机点火很不利。黄瑞松提出将航向的初始偏差信号用指数规律往里加入的措施，消除了II级航向控制回路起控时航姿的剧烈变化，显著改善了分离后航向控制的平稳性，并有效地规避了因分离扰动冲压发动机不能可靠点火的风险。在研制过程中，黄瑞松先后提出采用俯仰程序信号补偿方法解决了飞行弹道偏高问题，采用航向记忆跟踪程序信号改善了Ⅱ级初始控制品质，为冲压发动机创造了良好的工作环境。

导弹飞行中的姿态控制主要是由自动驾驶仪来实现的。黄瑞松于20世纪70年代初，提出了自动驾驶仪研制任务书，刚开始由119厂负责研制，黄瑞松带领徐海宝、李德芳、杨慧卿等下厂参与设计试制、试验。后来，这项产品转移到066基地的国营红峰机械厂继续研制。

国营红峰机械厂是20世纪六七十年代新建的，位于某三线基地，由沈阳119厂负责承建，建厂初期的技术人员主要是从119厂过来的一批人，其中包括研制“鹰击一号”驾驶仪的人员，三院支援了石廷栋、高登华等一批科研技术人员，这两批人员结合在一起，组建起了“鹰击一号”自动驾驶仪的第一批研制队伍。20 世纪 80 年代中期，随着技术指标调整，需要进一步开展自动驾驶仪的小型化攻关和总体性能优化，此时，国营红峰机械厂科研人员新老交替，人员结构发生了变化，型号研制生产的重任转移到了以高红卫为代表的一批年轻技术人员身上，高红卫被任命为自动驾驶仪主任设计师。

根据 24 艇载发射的特殊技术要求，高红卫主持对相关技术和产品功能做了较大调整和优化设计，主要包括：增加了滚动通道角度随动与装订系统、俯仰通道角度随动与装订系统，取消了相对落后的俯仰基盘系统，并在航向通道、滚动通道、俯仰通道等方面做了全面优化设计。最终，实现了自动驾驶仪的小型化设计，减轻了产品质量，可靠性和电磁兼容性得到了较大增强，产品的综合精度得到了较大提高。

无线电高度表由导引技术研究所负责研制。

在 20 世纪 80 年代初进场飞行试验过程中，在技术阵地进行测试时，发现无线电高度表出现了一个奇怪的现象：当高度表单元检查时工作正常，导弹封舱后，遥测系统不开机的情况下，工作也正常。但当遥测系统一开机，高度表就不正常工作了。因高度表单元检查正常，不好怀疑高度表有问题，只知道它是电磁兼容问题，就对弹上电缆网采取相应措施，但一个月过去了，问题也没有解决，进场的 3 发弹没有一发能封舱。

见此情形，作为试验技术组长的黄瑞松急得直上火，嘴里起了很多大泡。试验基地一位领导说：“黄副总，3 发弹都是这个样子，一个月过去了都不行，干脆你们先回去吧，回去弄好了再来！”

试验基地领导下了“逐客令”，但黄瑞松仍不死心，他冥思苦想了一夜，怀疑高度表本身有问题。第二天一早，他带着导引技术研究所 3 位搞高度表的同志再次来到技术阵地。黄瑞松让他们把高度表从导弹上拆下来，通电测试，大家瞪大眼睛仔细观察，观察了很长时间也没发现异常。正在大家提议“算了算了”

时，黄瑞松敏锐地发现信号有一点儿抖动，这个抖动极其轻微，不容易观察出来，黄瑞松往高度表上猛地拍了一巴掌，结果这一次大家都看见了，因为信号抖动得更明显了。黄瑞松斩钉截铁地说："把高度表拆开，里面可能有断线。"

应该不会呀，在出厂之前，是经过仔细检验了的。再说，即便出现断线这种小概率事件的话，也不可能 3 台高度表里都有断线吧？几个人半信半疑，但见黄副总语气坚决，只好拿来改锥等工具，把一只高度表分解开，打开一看，果不其然，里面果真有断线。原来，每个高度表中有两根关键信号屏蔽线，由于焊接工艺不当，时间一长，多余的焊油就把屏蔽线给腐蚀断了，所以屏蔽接地线就不通了。因此，当遥测系统一开机，屏蔽机制失灵后，干扰信号就进去了，高度表工作就不正常了。再把另外两台高度表取出来拆开一看，果然，每个表中都有断的屏蔽线！

导弹飞行末段采用了单脉冲体制的主动跟踪雷达，来完成对海面目标的搜索、截获和跟踪，并将制导信号送给自动驾驶仪，控制导弹向目标发起攻击。

"鹰击一号"是超声速导弹，为了减少全弹阻力，头部比亚声速导弹要尖锐得多，研制超声速导弹天线罩是头一次，没有经验，难度空前。在天线罩研制过程中，国外资料显示大入射角天线罩的最小透波率一般为70%，但“鹰击一号”要求达到80%以上。总体设计部天线罩的设计人员不能采用亚声速导弹的结构天线罩模式，创新性地提出开发非对称C型夹层结构天线罩的方案，通过设计多种结构方案，并对每种结构的试验件性能进行测试，经反复比较分析，得到了满足要求的天线罩结构方案。

“鹰击一号”末制导雷达的研制也像发动机一样，在中途做了一次“大手术”——由双平面制导体制改为单平面制导体制。

6. 由双改单

1984年，开始进行“鹰击一号”导弹自导段飞行试验，前几发弹上末制导雷达工作都不可靠，开机后只工作数秒钟，信号就消失了，分析遥测信号也找不到原因。当时，总体设计部已经购置了大振动台，具备了进行全弹振动试验的条件，决定进行自导弹状态下的全弹振动试验，查找故障原因和雷达的薄弱环节。全弹振动试验时采用遥测的导弹振动数据作为激励信号，试验中复现了雷达的故障现象，找到了雷达的薄弱环节，雷达不能适应飞行状态下的工作环境，要对雷达薄弱环节进行全面改进。

改进后的自导段飞行试验，雷达全程工作正常，导弹也能命中目标，但纵向平面的导弹脱靶量难以控制，飞行试验中出现了近弹或远弹现象。黄瑞松组织有关设计人员对过去历次飞行试验中超声速掠海飞行的弹道进行认真分析，发现超声速掠海飞行稳定。黄瑞松提出采用无线电高度表信号进行高度控制，解决纵向平面导弹脱靶量问题，将末制导雷达的双平面制导改为单平面制导，由雷达航向支路信号跟踪目标，将俯仰支路信号控制的俯仰通道改由无线电高度信号控制，以保证纵向打击精度。为了节约经费，保证研制进度，黄瑞松决定飞行试验时先用已经生产出来的雷达，将雷达中的俯仰支路制导控制信号断开，不再参与制导控制，仅供遥测使用，并将纵向制导控制回路改为由高度表信号引导的制导控制回路，对原自控段的高度控制回路进行调整，以满足导弹俯仰方向的有效攻击，保证纵向平面的命中精度。这样，很快进行了单平面制导状态下的自导段飞行试验，飞行试验表明，双平面制导改为单平面制导方案合理可行，纵向脱靶量得到了有效控制，导弹的命中精度也得到了保证。

同时，按单平面制导状态抓紧研制新的末制导雷达，并严格按照全弹振动试验后提出的对雷达更改要求生产新的雷达，强化质量控制，进行严格的地面试验考核和全弹振动试验检验。经过努力，新的雷达可以参加飞行试验了。

1988 年四季度，“双改单”后的“鹰击一号”自导段飞行试验顺利进行，飞行试验达到了导弹地面发射状态下的鉴定要求，下一步，就要开展“鹰击一号”导弹武器研制定型工作了。

由于原定的载机“水轰五”轰炸机没有研制出来，“鹰击一号”在重新寻找装载对象过程中又停顿了一段时间，后来，海军提出改装 24 导弹艇进行艇载“鹰击一号”武器系统的飞行试验。

1990 年，在改装的 24 导弹艇上首先进行了助推段的飞行试验，检验在艇上发射的安全性。而后又在 24 导弹艇上进行“鹰击一号”自导弹研制性飞行试验。从陆上改为艇上发射后，艇上要研制新的发射装置和火控系统。自导段飞行试验前，新研制的火控系统精度要达到要求，但多次海上航行试验，火控系统的精度总是达不到要求。见此情形，黄瑞松亲自登上 24 导弹艇，出海参加航行试验，认真观察航行试验中的测试数据，发现测试数据没有规律，离散性很大，他告诉搞火控的同志：“你们加的卡尔曼滤波可能不合理，改用阿尔法滤波方法再试试。”通过改正，测试参数有规律了，火控精度也达到了要求，问题得以解决。原来，海上有浪涌，艇摇晃大，严重影响火控系统中的传感器测量信号精度，测量信号中有很大的噪声，需要加滤波处理。一般滤波方法与噪声的特性相关，不同性质的噪声要采取不同的方法。当前艇上传感器中的测量噪声不适合采用卡尔曼滤波方法。尽管卡尔曼滤波很先进，但由于使用条件不满足，使用效果反而差，而阿尔法滤波方法虽然不先进，但对误差特性要求很弱，采用它发挥了作用，解决了问题。

1992 年二季度，“鹰击一号”在 24 导弹艇上进行设计鉴定性飞行试验，试验中，奇迹发生了，一枚导弹在未装战斗部的情况下，仅靠动能将一艘不大的遥控靶艇一举击沉。充分体现了导弹的稳、准、狠。这次飞行试验达到了设计鉴定要求！

7. 遗憾欣慰

1994 年，历时 25 年，“鹰击一号”终于完成了设计鉴定审查。

这型导弹综合性能在国际同类导弹中达到了较为先进的水平，其优点主要有：超低空超声速，突防能力强，从发射到命中目标只要几分钟时间；重量轻，多用途；半穿甲战斗部可钻入目标舰内部爆炸，威力大；维护使用方便，以航空煤油为燃料，价廉易得，无毒无害。

但另一方面，由于研制过程中几经波折和多种原因，从开始研制算起，经历了 20 多年的漫长历程。在这 20 多年里，世界导弹技术也在发生着深刻变化，在开始时先进超前的技术，在 20 多年后逐渐变得有些落伍。比如发动机外挂的“扁担式”的结构外形使导弹面临先天性的缺陷，导弹尺寸较大。20 世纪 80 年代已推测法国在研制采用整体式冲压发动机的空地导弹，20 世纪 90 年代初去苏联考察，苏联已成功研制出采用整体式冲压发动机的飞航导弹。再比如，由于弹上冲压发动机的直径从 320mm 增加至 400mm 后，增大了全弹的阻力，直接影响了导弹射程，射程缩减了约 10 公里，在 20 世纪 90 年代以后的作战中，射程已不能满足要求了。因此，“鹰击一号”最终没有装备部队，这不能不说是一个遗憾。由于没有装备部队，“鹰击一号”只获得了国家科学技术进步奖三等奖，黄瑞松排名第二。

但是，谁也不能否认这个型号所作出的领域性突破和开创性贡献：一是，在论证之初有很多人反对，认为“低空超声速飞行难以实现”“国外也还没有搞”，但钱学森等高瞻远瞩、力排众议，坚持做跨越式道路的尝试。结果证明，在“国外也还没有搞”的情况下，我们最终搞出来了，这开拓了中国飞航导弹的一个全新领域，极大地鼓舞了团队士气，更坚定了中国飞航人勇攀高峰的决心。二是，取得了超声速导弹研制和试验的大量数据，研发了大量新技术，汇编成了《鹰击一号超声速反舰导弹武器系统》，全书近 100 万字，分为总体设计技术、动力系统、末制导系统、自动控制系统、发射装置、加工工艺等章节，全面总结了中国第一代超声速反舰导弹的研制技术和经验教训，本书由杨宝奎担任主编，黄瑞松是编委会成员。三是，在冲压发动机和导弹总体技术方面进行的艰苦卓绝的探索，积累了丰富的经验，这一段探索为我国后续超声速导弹、高超声速技术的发展起到了奠基性作用，否则，我国第二代超声速导弹的研制进程就不会有现在这么快。黄瑞松直接主持了数年的第二代超声速导弹的预先研究工作，在此基础上取得了重大进展。对于黄瑞松本人来说，如果没有在“鹰击一号”上 20 多年的摸爬滚打和长期积累，预研工作不会这么顺利。第二代超声速反舰导弹已经研制成功并列装，并在2015年纪念中国人民抗日战争暨世界反法西斯战争胜利70周年的盛大阅兵式上亮相，这也圆了黄瑞松长期以来期望超声速飞航导弹早日装备部队的心愿。

在“鹰击一号”的研制过程中，一开始，黄瑞松就胸怀“鹰击长空”的高远理想，经历了认识、实践、再认识、再实践的攻艰克难过程，在探索研发超声速导弹方面积累了丰富的经验，因未形成装备，黄瑞松深感遗憾。但在这个阶段，他同时在研发国家急需的亚声速反舰导弹，其中第一代高亚声速空舰导弹“鹰击六号”在1984年飞越了“重峦叠嶂”，英姿飒爽地飞上了高远的苍穹。

黄瑞松

黄瑞松院士传记

Academician Huang Ruisong's Biography

第五章

飞越叠障　鹰击长空

“鹰击六号”的研制成功，结束了新中国35年没有空舰导弹的历史，也使我军的海战能力迈出了革命性的一步，黄瑞松和他的空舰导弹是如何展开冲天之翼的呢？

1. 西沙之战

20世纪六七十年代，在中国南海周边发生了两次战争。这两次战争，都和越南有关。

1964年8月5日，美国借口“北部湾事件”发动了侵略越南的战争。1965年4月，越南劳动党中央向中国请求援助，于是，中国开始了长达数年的“抗美援越”战争。1973年1月，关于越南问题的“巴黎和平协约”签订后，美国开始从越南撤军。

南越政府得到了美国移交的包括军舰在内的大量剩余军事装备，认为以其海军实力可以武力占据西沙群岛。于是，从1973年8月开始，南越军舰在西沙海域不断地驱赶和抓捕中国渔民，企图占领相关岛屿，中越双方发生对峙。1974年1月，南越海军军舰开到西沙海域，向中国海军挑战。南越首先开炮，中国海军奋起还击，著名的中越西沙海战爆发了。

经过我海军的英勇战斗，本次海战以中国胜利而结束。中国海军还借此收复了甘泉岛、珊瑚岛和金银岛。我海军阵亡18人，越军阵亡至少50人以上。事实上，本次双方投入海战的武器实力悬殊，中国海军的武器装备大大落后于南越军队的美制装备。南越军队 4 艘舰艇总吨位近 6000 吨，中国海军 4 艘舰艇总吨位才 1700 吨；南越海军舰炮大、数量多，中国海军舰炮小、数量少。中国海军虽然赢得了战斗，但战况打得十分惨烈，在最危急时刻，战士们抱定以身殉国的决心，驾驶着已经快沉没的小舰艇奋不顾身地撞向敌方的大舰，然后，以手榴弹、火箭筒与冲锋枪和南越的坚船利炮抗衡，作殊死搏斗，完全靠一种不怕牺牲的血拼方式才赢得了战斗，如果我军武器不是如此落后，这场战斗完全没必要打得如此惨烈……

黄瑞松是在三院露天广场上听了从西沙前线回来的海军战士所作的英雄事迹报告的。几千人的广场上鸦雀无声，大家聚精会神地听着，对海军战士的英雄事迹报以热烈的掌声。黄瑞松受到了极大的震动。一方面，他为海军战士的奋不顾身、顽强战斗并最终取得胜利而感到自豪；另一方面，像他这样研制海防导弹的科技人员，又为未能给海军提供先进的导弹武器打击敌人而感到惭愧。黄瑞松后来回忆起这次听报告的事，感叹地说："当时我坐在下面头都抬不起来，如果那时我们的空舰导弹研制出来了，这仗就不会是这么一个打法了。'西沙之战'的动人事迹鞭策着我们一定要抓紧时间研制空舰导弹。"

2. 再次上马

西沙海战后，南海表面上趋于平静，但其实有一股暗流在剧烈地涌动着，说不定什么时候便会形成新的惊涛骇浪。军方清醒地认识到，一旦南海有事，需要有快速反应的空中支援来打击来犯之敌，因为如果等海军的军舰开过去，速度就太慢了。当时空军的"强五"攻击机算是比较先进的，"强五"攻击机虽然可以从中国南部的空军基地起飞，到西沙群岛上空遂行作战任务，但当时的攻击机能携带的武器只有火箭弹和炸弹，射程近，杀伤威力小，对海攻击手段非常有限。同时，指挥体制落后，作战反应慢，等战机飞到出事海域上空，水面的对峙可能早就已经发生甚至结束了！为此，急需一种远射程的精确制导武器配合攻击机和轰炸机，才能在最短的时间、以最精确的火力、形成更大的毁伤力，有效控制局势，使我军占据主导。那么，符合攻击机和轰炸机装备的这种远射程制导武器，只能是空舰导弹。

其实，中国空面导弹的研制工作很早就起步了。在建国后的一段时间内，空军武器装备仍然比较落后。20 世纪 50 年代大量装备部队的“轰五”“轰六”等轰炸机，装备的武器是自由落体炸弹、鱼雷等，需要飞到战区上空才能投放，基本上还停留在二战时的水平。而这段时期，世界上涌现出了一定数量的空对面（空面、地面、海面）导弹武器，比如美国的“不死鸟”空空导弹和“响尾蛇”空空导弹、苏联的“碱”空空导弹、法国的“魔术”空空导弹等，并开始投入实战。1958 年 9 月 24 日上午，国民党空军出动 300 架次飞机，分三批飞离台湾桃园机场，先后窜到我国闽南上空进行骚扰和挑衅。我军多个空军机场的战机起飞迎敌。在双方决战过程中，我空军飞行员王自重驾驶的飞机因失控而掉队，在追赶编队途中，突然与企图偷袭我机的 12 架敌机遭遇，为了保证战友的安全，王自重驾机毅然从下方楔入敌机群，在连续击落 2 架敌机后，不幸被敌机上的美国“响尾蛇”导弹从背后击中，王自重血洒长空，英勇牺牲！这是世界空战史上第一次使用空对空导弹武器，面对这种凶恶难缠的武器，我军一时十分被动，这也刺激了我国研制机载导弹武器的决心。

1965 年，空军正式向中央军委报告，要求安排研制空面导弹。在空军申报文件中，要求研制一种适合挂“轰六”飞机、射程不小于百公里的杀伤威力大的空面导弹，以空对地为主，兼顾空对舰。三院在论证过程中，鉴于地面目标背景复杂、目标识别难度大，建议分步走，先研制空舰导弹，待条件成熟后再改型为空地导弹，通过空舰导弹牵引空地导弹的发展，同时，为加快研制进度，提出在岸舰导弹“海鹰二号”基础上研制空舰导弹的设想。为此，1966 年 4 月，总体设计部专门成立了新三室，负责研制空面导弹，黄瑞松担任制导与控制工程组组长，在新三室负责人姚绍福的直接领导下，杨经卿、黄瑞松等开展了空舰导弹武器系统的总体方案论证，首先要与三机部“轰六”飞机主机厂（172 厂，今西安飞机制造公司的一部分）进行挂弹、发射方式、机弹干扰、机上发控设备等有关武器系统总体技术协调，针对导弹高空、低温、低气压的工作环境，要研究解决弹上发动机、制导控制设备等环境适应性问题。随后，三院上报了《改装海鹰二号导弹为空舰型导弹的总体方案》，全武器系统代号为“371 工程”——意为三机部（航空部门）和七机部协同研制的第一项工程。

1966 年 10 月，在北京召开了 371 工程方案审定会，拟定了战术技术指标和武器系统总体方案。1966 年 12 月，解放军总参谋部和国防科委向七机部发出通知，明确空舰导弹型号名称为“风雷一号”。

但是，由于“文革”的冲击，“风雷一号”的大量总体技术协调问题无法落实，科研和试验经费大幅减少，对外协作计划也是一拖再拖，研制工作处于半停顿状态。尤其是“轰六丁”飞机停止研制后，“风雷一号”的研制也被迫下马。

西沙海战后，中国空舰导弹的命运迎来了新的转机。在 1975 年中央军委批准同意恢复“轰六丁”飞机挂载导弹武器系统的研制。不过，新的机载导弹由海军接手了。1975 年 5 月 2 日的中央政治局会议上，已经 82 岁高龄的毛泽东紧紧地握着海军第一政委苏振华的手，缓缓地说：“管海军要靠你。海军要搞好，使敌人怕！”接着抬起手来晃了晃小拇指，叹了口气说：“我们的海军只有这样大。”伟大领袖的期望和嘱托，让苏振华深受鼓舞。的确，到了全力发展新型武器的时候了。一旦南海有事，军舰的增援速度显然太慢，如果有携带导弹的战机介入，就要有利得多！

1977 年 4 月，三、四、五、八机部和海军所属近 60 个单位在青岛召开了武器系统方案审定会。这次会议意义重大，使中国空舰导弹研制工作真正进入到了实施阶段。关于导弹名称，没有继续使用“风雷一号”。在 1970 年中国第一代超声速反舰导弹获国家立项批准时，周恩来总理亲自为其命名为“鹰击一号”，“鹰击”之名出自毛主席诗词中的“鹰击长空”一句，可谓寄望深远。因此，新的空舰导弹被命名为“鹰击六号”。

一方面是因为南海局势急需，另一方面是十年动乱使大家对失去的宝贵时间不无痛惜，于是上上下下都憋足了劲儿，要把失去的时间抢回来，以期尽快研制成功。青岛会议对研制空舰导弹的主导思想可以概括为一个“快”字。要求尽量利用国内现有技术成果，以最快的速度确定全武器系统的总体方案。青岛会议明确了新空舰导弹研制的四项原则：一是在“轰六甲”飞机的基础上改型为“轰六丁”，在“海鹰二号”的基础上改型为“鹰击六号”，可改可不改的一律不改；二是尽量选用国内已有和即将研制成功的设备；三是在保证研制进度的前提下，保证空海军通用；四是通过研制掌握飞机和导弹结合的技术，为进一步发展空地导弹探索经验。

“鹰击六号”由曾任总体设计部副主任的路史光担任总设计师。路史光于1938年参加革命，1951年，正在空军训练部工作的路史光被空军司令员刘亚楼选中，成为派遣赴苏联学习的30名成员之一，远赴苏联茹科夫斯基空军工程学院，进行了为期7年的机械专业、为期半年的导弹课程的学习。毕业回国后，即被派遣到国防部五院工作。“海鹰二号”刚开始研制时，路史光协助负责“海鹰二号”研制的总体设计部副主任曹柏桢从事该型号的研制工作，因此对“海鹰二号”有深入的了解。同时，他出身空军，对航空和空军部门的工作也比较熟悉，因而成为“鹰击六号”总设计师的理想人选。

在“鹰击六号”研制过程中，黄瑞松历任工程组组长、总体副主任设计师。1983年任副总设计师后，成为路史光的副手和得力搭档。在“鹰击六号”研制中，黄瑞松的主要贡献是参与设计、编制了总体设计方案，主持了制导控制系统的总体设计并直接参与研制，在研制过程中开创和应用了许多新技术，在全武器系统试验阶段协助或直接主持了多次飞行试验。而在这型导弹研制中，最大的技术难点和突破之一，就是制导控制系统。“鹰击六号”尽管脱胎于“海鹰二号”，但二者的制导控制系统组成却有着很大差别，在技术上也带来了一系列难题。

3. 天壤之别

“海鹰二号”由地（岸）上静基座发射，“鹰击六号”为空中动基座发射，别看这一点改变，却形成了二者之间真正的“天”“壤”之别。一改到空中发射，初始弹道不同了，原来的制导控制系统很难保证命中精度。

一是大空域动基座发射。与“海鹰二号”在一个固定位置静基座发射不同，“鹰击六号”是由战机发射，战机是大空域作战，发射平台随时都在变化，战机本身飞行速度在 550 ~950 公里 / 小时。温度也会动态变化，当海拔每升高 1000 米，气温就会下降大约 6℃。气压也在动态变化，随高度的增加而降低，空中的风速风向，随高度不同而不同。导弹要经受大空域的低温、低气压、风切变等复杂环境条件的考验。

二是下滑飞行弹道。如何合理利用飞机发射导弹时的速度和高度实现增加导弹的射程，选择合适的初始弹道呢？经过黄瑞松、高庆芬等人反复论证，决定采取“无动力下滑”方案。导弹发射后，选择合理的俯仰角函数控制导弹下滑飞行。当导弹下滑到一定高度时，弹上发动机再点火工作，导弹在发动机推力作用下继续下滑飞行，然后按设定的高度控制规律，控制导弹转入平飞。

三是机弹干扰。战机本身也在高速运动，导弹离开战机后在一定的相对距离范围内，存在严重的机弹干扰，这要求要解决发射安全性问题，并实现对导弹的有效控制。

这样一来，“鹰击六号”的制导控制系统和以往的型号比起来，不啻于一场“革命”！即便制导控制系统是黄瑞松的本行，但这么大的变化，对他来说也是一次严峻的考验，他需要解决众多过去没有碰到过的新问题。在领导眼中，黄瑞松这个年轻人点子多、有思路，许多难题在他面前都会迎刃而解。所以，年纪轻轻，就被任命为工程组组长。但其实黄瑞松深知，在他所从事的这个特殊领域，一个新的技术问题，不可能被一束灵感的火花所征服，面对一个个棘手问题，最有效的办法是勇敢地迎向它——而非绕开它。后来，黄瑞松在总结自己的研制经验时，不无感慨地说：“并不是我很聪明，而只是我面对问题敢于去碰，不达目的誓不罢休，坚信胜利在坚持中。”可以说，正是因为在“鹰击六号”制导控制系统研制中遇到的各种难题，才使得他的专业能力在无形中又上了一个大台阶。这正如一锅水，在烈火上经历了无数次的翻滚，才具有了更高的温度。

4. 控制革命

无动力下滑阶段及从下滑转入平飞的制导与控制，是黄瑞松碰到的第一个难题。黄瑞松认为，其难点在于，导弹从战机上脱钩后，由于初始速度加上重力加速度，导弹会很快加速至跨声速阶段。由于“海鹰二号”是亚声速的，气动外形只能适应亚声速飞行，一旦到跨声速，其气动性能就会变坏，就更难控制，既要利用无动力下滑让导弹飞得更远，还要控制其不能飞得太快。同时，为了提高“鹰击六号”的生存和突防能力，要求平飞高度进一步降低，这样就进一步增加了下滑控制的技术难度。当时，在这些方面，没有任何资料可供参考。

黄瑞松带领高庆芬、张志高等人积极开动脑筋，提出了“程序俯仰角加高度控制”方案。在下滑段，当导弹飞行时的俯仰角与程序俯仰角出现偏差时，由俯仰自由陀螺发出信号，操纵升降舵偏转，使其回归正确轨迹；在改平段，用高度程序引导导弹进入平飞，当导弹实际飞行高度与规定的高度有偏差时，同样由操纵舵面使其回归。看似简单的几句话，却涉及到大量复杂的计算。

这一方案的实质是“轨迹控制”。以前对导弹高度控制是基于一个点，按高度差来控制；现在是基于一条线，成了轨迹控制。这个思路一出来，刚开始很多人都感到不解，甚至听不明白，有领导也提出用某俯仰角控制的办法。但经过分析后，这是根本不现实的。因为发射空域太大，从 1000 米至 9000 米，如果用俯仰角控制方法，导弹在较高位置发射时，导弹由下滑转平飞过程中就会产生较大的超调量，将会导致导弹失控入水。设计人员没有采取这种办法。

由于导弹俯仰姿态状态转换次数较多，黄瑞松提出了在俯仰自由陀螺信号电位计上实现的方法，巧妙地解决了变俯仰角基准问题。同时为了实现精确的时间控制和程序控制，黄瑞松决策研制了一套由小型逻辑部件构成的数字化指令机构来实现。这种机构与以前反舰导弹使用的机电装置相比，其精度和可靠性大大提高，体积却减小很多。这套数字式指令机构经过黄瑞松等提出设计思路和指标要求后，由军用计算机研究所进行研制生产，在所长李世培的带领下，戴威岭、徐伯夏等不顾唐山大地震造成的困难，在危房和地震棚里日夜奋战，经过大

黄瑞松（左二）等研究“鹰击六号”导弹设计方案

量试验，反复改进，终于研制成功。这也是中国最早的导弹数字化指令机构。

鉴于空舰导弹的弹道变化十分复杂，从“风雷一号”研制开始，黄瑞松就组织设计人员到二院、701所等单位开展了大量的弹道计算。弹道计算需要解决的问题主要有：导弹单发投放的时候会是什么样？双发齐射的时候会是什么样？时间怎么定？弹机间会存在什么样的干扰？下滑是一个什么样的过程？弹道是否存在推阻矛盾？命中精度靠哪些关键参数确保？等等。

当时三院所在的云岗地区只有701所有一台乌拉尔计算机，性能很差，运算速度仅为每秒几千次，像空舰导弹飞行弹道这样复杂的计算，它根本胜任不了。能承担这一计算任务的计算机全国只有两台，一台在中国科学院，另一台在航天二院，叫104计算机。黄瑞松、高庆芬等刚开始在二院算弹道，后来701所计算机升级换代后又转到了该所。由于云岗地处偏远，去二院所在的永定路地区需要倒好几趟车。而且每次计算都排在晚上，黄瑞松他们没有办法，只能“晚出早归”，下班后就去二院，利用晚上时间算弹道，第二天早上再回单位上班。

在那个年代，由于计算资源稀缺，二院104机的计算需求量很大，有很多单位在排队等待计算。由于黄瑞松他们的计算题算一次就需要整整一宿，于是，一次算一两个小时的“散户”都排在了白天，他们计算只能排在晚上，经常通宵达旦地在二院计算机室工作。尽管有104计算机，但条件仍然十分落后，连基本的算法语言都没有，只能用二进制语言来算。具体操作是，先列出方程，把方程交给程序员，程序员把方程翻译成二进制程序语言，交给穿孔员，穿孔员在纸带上打孔，打完了由专人校对，0，1，0，1……地念，一个人念，一个人校对，若孔打错了，就需要粘贴修补，正确无误后，再将穿孔带装到计算机上去，设定参数，开始计算。一宿只能算一条弹道，“鹰击六号”前前后后总共计算了上千条弹道。

黄瑞松曾经的组员徐海宝在回忆起当年弹道计算的情景时说：“那时家里的孩子很小，家务很重，牺牲家庭为工作日夜拼命干，是一点不为过的。那时我参加工作时间不长，业务上涉入也不深，感觉黄大组长他们任务量很大，工作效率高，真是一员干活的猛将。黄大组长将弹道计算的任务也分配给别人一部分，但自己承担了一大部分重头的。记得刚进七机部时，总体设计部领导给我们开会说，进入七机部如果担当不起，是要遭淘汰的。有好多新来的同志，早晨带着冷馒头看外语，啃专业……眼前黄大组长就是榜样，当时自己的工作压力很大……”

经过大量复杂的计算和分析，成功完成了“鹰击六号”的弹道设计，也确定了导弹离开战机的方式。因为导弹发射是弹射还是自由脱落、还是用别的方式，这也涉及到计算分析，要通过计算分析搞清楚导弹离开飞机之后在干扰区的运动状态和对飞机的影响程度。几千米高空的风速很大，战机在做高速运动，导弹投放后机弹干扰严重，影响机弹飞行安全。黄瑞松、高庆芬等经过计算分析，确定了无动力重力水平投放方式，通过合理确定干扰区气动参数，优化发射条件和接入闭环程序控制等措施，使导弹快速脱离干扰区。这一方式也形成了高空强干扰区导弹安全投放和导弹稳定控制的新技术。

“鹰击六号”是亚声速导弹，飞行时间长，飞行空域大，空中环境参数变化大，特别是风切变，除了纵向航迹难于控制外，导弹还需要质心控制，才能保证中制导向末制导交班的精度。因而，除了通过“程序俯仰角加高度控制”方案来控制好纵向航迹外，导弹质心控制也很关键。

质心控制的本质是解决导弹在大气风场中的导航问题。惯导系统能解决这一问题，因此黄瑞松在国内进行了全面调研，调研的结果表明，国内没有适合飞航导弹用的惯导装置，只能另辟蹊径。尽管多普勒雷达在海上使用不理想，但当时没有可用的惯性测量设备，不得不采用它作为导航设备来解决这一难题。于是，在原“海鹰二号”的自动驾驶仪 + 末制导雷达制导体制的基础上，增加了一部多普勒雷达，用它来测导弹的速度和偏流角，以实现导弹的航迹控制和航程控制，解决中制导向末制导交班时的精度问题，并以此保证末制导雷达的捕捉概率。对于飞行高度的测量，也用精确度更高的无线电高度表取代了原有的气压膜盒式高度表，导弹超低空飞行的精度也得以大大提高。

多普勒雷达的工作原理是利用几个波束通过反射回波来测速度向量的，但当导弹飞到海陆边界或海上后，由于海上有洋流，继续用多普勒雷达测量的信号定位就会出现误差，并不能完全保证导航精度。事实上，在接下来的机上火控精度飞行试验中，机上多普勒雷达出现了性能不稳定的情况，尤其是在水陆交界处会呈记忆状态。形势变得严峻起来，因为当时国内惯性导航技术还在攻关，飞机也用多普勒雷达导航，陆空使用没有问题，但在海空或海陆交界处使用时工作不可靠，严重影响导航精度。飞机的导航定位精度直接影响导弹的初始定位精度，因此必须首先解决飞机的导航精度问题，经研究决定，在飞机上增装一套刚刚引进的平台惯导系统，组成惯导状态的火控系统，利用其信息与机上的多普勒雷达信息交联。但弹上没有可用的惯性测量装置，只能采用误差补偿的方法来提高多普勒雷达导航精度以满足需求，同时研制了新型单脉冲体制的雷达，通过这一套“组合拳”，终于解决了目标捕捉概率和命中精度问题。

由于制导控制系统变化很大，黄瑞松主持开展了将自动驾驶仪、弹上末制导雷达、目标模拟器等接入仿真系统的大量的制导控制系统半实物仿真试验，以检验设计的合理性、正确性和制导控制性能。

“鹰击六号”导弹武器系统最后一个难点是机载火控，它要发现被打击的目标，并依据目标参数和飞机的相关参数计算射击诸元，尔后装定到制导控制系统中，相应参数的精度和质量，会直接影响导弹命中的精度。

“风雷一号”研制时，军方提出来的射程是不小于150公里，为此，首先要实现战机能搜索这么远的目标，其搜索任务是由机载火控雷达来完成的。由于承担机载火控雷达研制的某厂未在规定时间内研制出来，其他单位也没有这种雷达的研制能力，军方又坚持射程不能小，再加上“文革”干扰等因素，成为了“371工程”下马的原因之一。

机载火控系统没有先例可借鉴，经过艰苦摸索，黄瑞松和王在文、肖曰仲等研究确定了机载火控系统方案。火控系统由机载雷达、射击指挥仪、自动驾驶仪等组成。

在“鹰击六号”火控系统中，首创性地采取了“边扫描边跟踪”机制。“轰六丁”战机上配备的搜索雷达，并不具备跟踪功能。为此，由该雷达与射击指挥仪构成了一个双边系统来完成对目标的搜索和跟踪——这又是一套创新的“组合拳”。其中的指挥仪由军用计算机研究所研制，机载雷达由781厂研制。通过二者的巧妙结合应用，实现了边扫描边跟踪，且具有较远的作用距离。边扫描边跟踪机制，以及先进的卡尔曼滤波技术的应用，在我国飞航导弹中均属首次。

“海鹰二号”早期的末制导雷达是圆锥扫描方式，优点是结构简单，缺点是精度低，且抗干扰性能差。为此，在导弹总装二厂雷达研究所范永清的主持下，研制了新型单脉冲体制的雷达，并具有较好的抗干扰能力。

通过上述一系列制导控制系统的“革命”，“鹰击六号”的制导控制性能大大增强，保证了导弹的命中精度。通过主持攻克制导控制的难题，黄瑞松本人也得到了一次重要历练。在1978年黄瑞松评工程师时，时任总体设计部副主任的曹柏桢在他的鉴定材料上写下了这样的评语：“主持‘鹰击一号’和‘鹰击六号’的制导控制系统设计，已有较好的成果。业务水平较高，能指导分析处理设计及试验发生的问题。”1987年，黄瑞松评研究员时，时任总体设计部副主任

“鹰击六号”导弹总装车间

的王祖全对他的评语为：“黄瑞松自1963年来从事飞航导弹的研制和设计，能掌握导弹制导控制专业国内外发展趋势，把握导弹制导控制系统研究方向，和组织指导空舰、空地导弹等全面开创性研究课题；在‘鹰击六号’制导控制系统和总体设计、飞行试验和设计鉴定中作出了卓越的贡献，他参与研制的‘鹰击一号’超低空超声速导弹在1986年的飞行试验中取得重大突破；能够培养出较高水平的硕士研究生和科技人员，具备培养博士研究生的能力。”两位领导的评价，都对黄瑞松在“鹰击六号”制导控制系统中取得的重大成就给予了充分肯定。

5. 好玩按钮

飞行员第一次带导弹在空中飞行，难免会产生许多疑虑。他们问了这样一些问题：

导弹在飞机上提前点火了，我不就报销了吗？

导弹点火后，会不会把我的机翼烧毁?

带着导弹着陆，会不会与地面相撞发生爆炸?

敌人机枪射中导弹会不会爆炸?

发射出去的导弹会不会飞回来攻击己方的飞机?

导弹要是投不下去怎么办?

战机左右机翼各挂一发导弹，投放一发后会不会引起不平衡导致飞机失控?

诸如此类的问题，有些问题从今天的角度去看很好笑，但他们提得都非常实际。对此，研制人员耐心地做出解释，为了提高解释的权威性，总设计师路史光不惜亲自出马，经常在晚上到飞行员宿舍和他们交流沟通，做他们的思想工作，化解他们心中的疑云。

飞行员对导弹会不会提前在战机上点火这个问题特别关心，总是反复问。研制人员答复说:“放心吧，不会点火。”飞行员问:“为什么这么肯定?”研制人员说:“导弹的点火是通过弹上指令机构控制的，按了发射按钮后导弹才会从战机上脱落，弹上指令机构才开始工作，直到离机飞行一段距离后发动机才会点火，并不是随时随地点火，点火的时候导弹都已经离飞机很远了。”飞行员继续追问:“要是按了发射按钮导弹不脱落怎么办?导弹无法脱落，一点火不就出事儿了吗?”研制人员说:“这怎么会呢?”飞行员说:“这怎么不会呢?”

谁也说服不了谁，到最后，飞行员和研制人员都想通过具体演练来证明一下。于是，研制人员将模型弹挂到机翼下，让飞行员坐在机舱里试，看他按了按钮后导弹究竟能不能顺利脱落。模型弹是按照导弹实际尺寸制造的，里面的发动机、制导控制系统、雷达等部件根据实际重量进行配重。飞行员兴致勃勃地登上了飞机，指令下达后，他便按下了发射按钮，结果几次导弹都没投下来!这一下众人都傻眼了。飞行员又惊又气，说:“你们说话负不负责任哪，这叫什么玩意啊？！不是说没问题吗？那你们告诉我这是怎么回事！”

研制人员想，怎么会出现这么低层次的问题呢？他们连劝解带道歉，等飞行员气儿消了，仔细了解投放操作细节后，分析造成这种结果可能有两个原因：一方面是飞行员临战状态下情绪高度紧张，另一方面是模型弹设计有问题。轰炸机带弹作战的时候，要搜索并打击一个高速运动的目标，这就要求飞行人员全神贯注，精心操控，使飞机处于最佳状态，否则，目标稍纵即逝，重新搜索，容易贻误战机，这一套要求给飞行员反复强调后，他们便紧张起来，影响到正常操作。另一方面，可能是模型弹有问题，其配重与实弹并不一样，相关部件的制造工艺也比较粗糙，影响了顺利投放。

于是，大家决定换实弹来真刀真枪地投放。经过多次练习后，飞行员也逐渐消除了紧张情绪。最后，几次投放试验都取得了成功。大家绷紧的神经，终于松弛下来。

但这只是最简单的地面试验，真正到了高空将会怎样呢？挂弹对飞机的飞行性能有什么影响？能安全着陆吗？之前只有各种理论计算，大量的试验都没离开过地面。在弹道、气动外形、空气动力、可靠性、安全性等方面，必须用实践去验证。这个实践只能是带弹升空去做试飞。

1981年的一天，飞行员驾驶着装载实弹的“轰六”轰炸机从某基地升空飞行。“轰六”飞机素有“空中美女”之称，飞行员是第一次驾驶着带有空舰导弹的战机飞行，既紧张，又兴奋。战机发动了，伴随一阵巨大的轰鸣，展翅冲向天幕，在众人视线中渐渐远去。

试验人员们拥到停机坪前激动地等候着，过不了多久，我们的英雄飞行员——驾驶空舰导弹轰炸机的人，就要胜利返航。摄影师早就占据了有利地形，调好了焦距。录像师也更换好了电池。有位年轻的女技术人员，还采了一把冬天野地里风干的野花抱在怀里，准备要献给飞行员。

这时，飞机在天边出现了。先是一个黑点儿，黑点儿渐渐变大，越看越清楚。大家虽然兴奋，但心中略有些诧异，似乎不应该回来得这么快。视线中，轰炸机的形体越来越清楚，然后，轰炸机就呼啸着着陆了。飞机滑到停机坪上，大家的脸就黑了。因为去的时候是两发弹，怎么只带回来一发？还有一发去哪儿了呢？女技术员甚至气得把野花丢在地上踩了一脚。

在现场指挥的总设计师路史光连忙带着大家分头去找，要是砸到人就麻烦了，就算只砸到村民的猪圈，这大过年的也不吉利呀。此时正是春节前夕，他们一家家地到村子里去“拜年”，四处问有没有看到“那样一个东西”。村民们问那东西长什么样儿？大家连说带比划，说是铁的。纯朴的村民一听害怕起来：“是炸弹吗？”众人连忙摇头说：“是小飞机。”在村里找遍了也没找着，又去庄稼地、树林里、海边找，最后终于找到了。导弹落在了一个离铁路几百米、离一个砖瓦厂也只有几百米的空地里，好悬哪！导弹从高空掉下来后砸进地里有两米多深，都快看不见了，只有两个弹翼留在地面，一个班的战士挖了一个下午才挖出来。

原来，飞行员见新装的几个按钮很新奇，觉得好玩儿，就忍不住摸了一下，一不小心就触动了紧急解锁机关，把导弹投下来了。经过此事，路史光让黄瑞

“鹰击六号”导弹机载飞行试验

松等在火控系统上增加了锁定装置，在训练期间把按钮锁死，避免有意无意地触碰，从此以后，类似的事故再也没有发生过。

6. 全国协作

随着时间的推移，当飞行员对空舰导弹越来越了解，带弹飞行经验也渐渐丰富后，他们心中的疑虑也渐渐消除了，在试验中就变得非常积极配合。每次飞行完毕，都及时向总体和火控系统的设计人员反馈设备在飞行中的情况。

为了搞清飞行试验中的疑点，设计人员也多次登上飞机，蹲在拥挤的机舱内观察，有时为弄清一个怪现象，一待就是几个小时。在试验机载雷达时，天线需要对海上目标扫描，就将试验机“安 -26”飞机后舱门开着，让雷达天线通过这个敞开的口子对海扫描，好几个人都吹感冒了。最多时一次上机参试的人员将近 20 人。好多人都受不了，吐得一片狼藉，后来，每次上飞机的时候，大家都要拎上去一只桶，下来的时候桶里总是很有“收获”。

为了尽快搞清楚弹上设备的工况和协同性，大家想出了一个办法。让飞机按导弹飞行的轨迹进行模拟弹道带飞试验，即像导弹一样下滑一拉起一改平一低空平飞，从而获得各种试验数据。这是一种既省时间又省钱的有效试验方法。通过若干个航次的“带飞”模拟试验，先后发现和解决了不少重大技术问题。研制阶段仅用了 4 发导弹就达到了通常要用十多发导弹才能完成的试验目标，既省钱，又省研制时间。但是，这对于飞行员来说是非常麻烦的，每次飞行，他们都要起个大早，精心把飞机准备好，但他们都非常配合，很具有协作精神。因为尽快研制出空舰导弹武器，也是他们的热切愿望。

不仅飞行员和研制人员之间非常团结协作，事实上，“鹰击六号”本身就是一个全国性大协作的结晶。既有国防科委、海军、空军、军区等军方单位，也涉及到航空、航天、电子、兵器等多个工业部门，其协作单位之多，试验规模之大，是史无前例的。

仅以导弹飞行试验为例，比其他导弹飞行试验要复杂得多。一是试验航区纵深大，经常跨越两三个省的海域空域，参试兵力既要舰艇、飞机、大量地勤和测控保障技术力量，还要动员广大民兵监视发射空域，以防不测。参试人数最多的一次达 2000 多人。二是试验中需同时对载机、导弹、靶标进行跟踪测量，参试的测控站点多，分布面广，测量工作复杂。导弹飞行试验工作组织难度大，也要求各单位之间大力协同。

不仅参与单位之间团结协作，地方部门也大力支持。某一年初春，试验人员云集某机场，开始了飞行试验前的准备工作。很多部门领导纷纷前来慰问，一时间机场热闹非凡。特别是海军航空兵司令员曾克林的到来，给参试人员以莫大鼓舞。他视察并询问了各项工作的进展情况后，看到机场骤然增加这样多人，感到供应肯定会发生困难。为了使大家吃饱吃好，他专门到当地市委、市政府，讲明装备研制的意义，请求市领导给以支援帮助。曾司令员在抗日战争时期，率领八路军长期在这一带坚持抗击日寇，为我军进入东北地区作出了重要贡献，在群众和干部中享有崇高的威望。第二天市领导就带领工作组来到机场，具体落实供应的品种、数量。在整个飞行试验期间，没有因生活问题而影响试验。

7. 摸底投放

1978 年 10 月，决定进行摸底投放性试验。本次试验在西北戈壁滩某空军试验基地进行。试验的主要目的是：考察导弹能不能实现无动力下滑，顺利转入平飞，姿态是否稳定，导弹是否可控。考验制导控制系统的日子到来了。

1978 年 11 月 6 日，投放第一发。当飞行员驾机升空，按操作规程按下发射按钮后，导弹却没有任何动静，没有投放下来，飞行员不得不按应急按钮，把导弹抛掉了。经检查和分析，原来弹上电源和机上电源的转换存在问题。

1978 年 11 月 21 日，再次进行投放。这一次，由于俯仰阻尼陀螺的弹上电缆接反了，导弹刚一投放，便打着滚歪歪斜斜地一头栽下来，飞行试验宣告失败。

大家都像霜打的茄子一样失落。受黄瑞松委派参加本次试验的高庆芬刚开始压力特别大，因为从导弹掉落的情景初步判断，大家都判定是制导控制系统没起作用。搞制导控制的同志一时成了众矢之的，走到哪里都会遭到白眼和打击。基地任司令员还把高庆芬等相关人员叫去，专门给他们放了一场内部电影，该电影是国外导弹飞行试验的纪录片。看完电影后，任司令员语重心长地说："电影你们看了，国外的导弹试验是没有你们这种无动力下滑控制方式的，导弹和飞机都是飞行器，我们的飞机就绝不允许停车滑翔着陆。"任司令员的言外之意很明显——你们搞的这个根本行不通。

但高庆芬坚持设计是没问题的。任司令员说："既然如此，这样吧，你来给我系统地上一课，详细地讲讲你的制导控制系统，我认真学习学习，然后咱们再讨论。"

高庆芬觉得让司令员了解制导控制的设计原理也有好处，但担心他理解不了。讲课时，任司令员听得很认真。令高庆芬意外的是，很多同志都没听懂的"鹰击六号"复杂的制导控制系统，任司令员却听懂了。原来他是留苏的，技术底子很扎实。他感慨地说："小高，你们这个设计没问题，你凭这样的技术可以吃一辈子了。"

与此同时，关于第二发掉弹的故障原因也分析出来了，果然并不是制导控制系统的设计问题，大家松了一口气。针对故障问题，采取了有效解决措施。1978 年 12 月，国防科委组织七机部等制定了专用批量、专人操作、专选材料、专机加工、专职检验、专门筛选、专立卡片等七个方面的"七专"质量控制与反馈办法，军工生产的质量得到了大幅提高，"鹰击六号"的生产和配套质量也得到了切实增强。

既然前两发都与制导控制系统设计无关，那决定投放第三发，时间定在1978年12月5日。这天，高庆芬等早早就起来了，上了前往观测点的卡车。这一次他们有7个人被批准进入危险区，以便观察导弹飞行姿态。他们几个蹲坐在戈壁滩上，一边焦急地等待，一边交谈，以排解心中的紧张。俗话说，事不过三，他们都觉得，如果此次再失败，真的没脸回去见人了。此时的戈壁已经到了寒风凛冽、滴水成冰的季节，他们裹紧大衣，抖抖索索，在针刺般的寒风中备受煎熬地等待着。大家正说着话呢，就听见了飞机轰鸣声，声音越来越近，在视线中，飞机朝这边飞过来了。这时，基地的徐政委疑惑地说："今天这个方向可是不对呀，怎么奔着我们冲过来了呢？！"有的同志吓得立即钻到汽车底下去了，还有的拖着椅子转身就跑。正在这时，只见一个黑影从飞机机腹上掉下来了。有人高喊："投了投了！"那从飞机上稳稳滑翔下来的不是别的，正是他们心爱的导弹，它尾部拖曳着一条绚丽的光带，在灰蒙蒙的天空中划着一条优美的弧线，姿态稳极了。高庆芬激动地大声叫道："成了！"众人从惊疑中缓过神来，顿然爆出一片兴奋的呐喊声和尖叫声。导弹继续滑翔，然后陡然传来一阵轰鸣，尾部喷出一团耀眼的火焰，它的头微微一抬，在火焰中腾云驾雾般地向远方飞去……“我们成功了！”试验队员们的脸上，早已挂满了欢乐的笑容和激动的泪水。

这次投放试验显示，导弹无动力下滑、发动机按程序点火、导弹距地面100米转入平飞，都取得了成功。这个最难的部分通过了考验，让大家信心倍增。

8. 傲视苍穹

由于拨款计划不周，投放试验完成后，研制工作被迫放缓了一段时间，到1982年秋才开始接着进行全武器系统的研制性飞行试验，这些试验在黄海、渤海相继展开。大江南北，长城内外，西北戈壁，黄海、渤海之滨，都曾留下“轰六丁”飞机携带“鹰击六号”在蓝天翱翔的英姿；十年光景，试验人员既经历了戈壁滩零下30℃的寒风刺骨，也经受了机场高达60℃的灼人热浪，工作枯燥单调，环境恶劣，遇到的困难是常人难以想象的。然而，大家也是心甘情愿的。2009年当选为中国工程院院士的刘永才，曾担任“鹰击六号”方案论证组组长、长期参与导弹研制及试验工作。由于繁杂的试验任务、持续的奔波劳累和巨大的压力，在1981年“鹰击六号”试验的关键时期得了急性消化道大出血，虽然最终被抢救回来了，但胃却因此切除了三分之二。不少人像刘永才一样，为了实现早点研制出导弹的梦想，他们真是豁出去了，“自私”得什么都顾不上了，没有时间陪家人，没有时间休息，也没有时间看病。对于他们来说，梦想是一个辉煌的词，而实现梦想则是一个残酷的词。

玉经琢磨多成器，剑拔沉埋便倚天！

1982年6月19日是个值得纪念的日子。在壮阔的海面上，海天一色，在朦胧的晨曦中，鲜红的太阳从遥远的海面上慢慢升起，绚丽的朝霞唤醒了自强不息的一天。为了今天的试验，各路人马在大清早就忙开了。战士已乘坐军舰完成了既定海域的清理工作。靶船已经开到指定区域。负责遥测和光测的同志已经乘车分别奔赴指定测量位置。黄瑞松等人即将前往指挥所……

“轰六丁”轰炸机英姿勃勃地驶到了停机坪上，挂弹车稳稳地开了过来，很快，两枚崭新的“鹰击六号”导弹被吊挂在了轰炸机的机翼下。导弹静静地迎视着初升的朝阳，注目着高远的蓝天，向往着那海阔天高的壮丽征程。

指挥所发出了战机起飞的指令。“轰六丁”飞机开始在跑道上滑行，越滑越快，朝阳映照在它的身上，反射出热烈而鲜活的光芒。在急速滑行中，战机抬起了它英俊的头颅，展翅向天幕冲去。众人的心也一下子提到了嗓子眼儿。大家一眨不眨地望着战机在呼啸中远去，在风和日丽的蓝天中渐渐变成了一个小灰点儿，大家的心似乎也飞到了空中，悬了起来。

战机飞到了渤海锦西附近上空，飞行员有条不紊地启动了目标搜索，很快，截获了目标，此时，战机飞行高度在2000米左右，飞行员按下了发射按钮。导弹从战机上脱落，以优美的姿态向下稳稳地滑翔，当滑翔到800米左右时，导弹自动点火成功。天际间划过一道绚丽的闪光，空中传来澎湃而低沉的发动机的怒吼声。导弹继续下滑，到 100 米高度转为平飞，呼啸着进行超低空飞行，将平静的海面激出一片细碎的波纹。在到达预定航程后，弹上末制导雷达开机自动搜索，不到 2 秒即捕获到了海上的靶标，监测末制导雷达的仪器听到了嘟嘟的搜索雷达信号变成了急促上升的呼啸声，弹上自动驾驶仪随即按制导规律控制导弹飞向目标，直接命中靶船，在海面炸起了 200 米高的冲天水柱！

本来聚集在海岸上鸦雀无声紧张地注视着试验海区的试验人员，全部如同爆炸一样猛然跳起欢呼，狂喜的人们将帽子、毛巾、衣服、本子等手头上的东西抛向空中，欢笑着，庆祝着……

但是，在海军试验基地的黄瑞松等人最初得到的消息却是导弹打飞了。因为光测站传回来的报告是："01 发遥测弹没有命中目标，远弹道，打飞了！"听到报告，所有人都傻眼了！等飞行员驾驶着战机回到机场，他兴奋地说："嘿！你们的导弹真神了，打得太准了……"众人不解地看着他，以为听错了，有人道："什么？什么？你再说一遍！"飞行员说："你们的导弹真牛，直接命中靶标反射体根部了！"大家半信半疑，问道："你不是开玩笑吧？光测报告说打飞了呀。"飞行员大声说："嗨！我说的是真的。光测那玩意儿不准，测量误差大！绝对是直接命中！我亲眼看见的那还有错？"大家顿时爆发出一片巨大的欢呼声。有位同志立即往单位发了一个"鸡飞蛋打喝烧酒"的电报，单位的人一看就明白了：试验成功了！

军方指挥员们也非常激动，欢呼终于看到了我们国家空舰导弹的曙光了！海军领导发来热情洋溢的贺电："试验成功，可喜可贺！"

随后，从 1982 年 6 月至 1984 年 9 月，先后进行了 11 次发射试验，其中 8

装载“鹰击六号”导弹的战机翱翔蓝天

发直接命中，1 发理论命中。

苦尽甘来。1984 年“鹰击六号”完成定型飞行试验，并批量装备部队，标志着新中国 35 年没有空舰导弹历史的终结。从此，英姿飒爽的“轰六丁”战机，携带着“鹰击六号”空舰导弹，骄傲地飞巡在祖国辽阔的海天之上，留下了无数靓丽的身影。

1987 年，“鹰击六号”荣获国家科技进步奖一等奖，黄瑞松排名第二。

9. 继往开来

“鹰击六号”不仅填补了我国空舰导弹的空白，具有极大的军事效益和社会效益，而且也取得了很大的经济效益。改造后的 C601 导弹在国外表现优异，被国外用户誉为“百发百中”的导弹武器。

“鹰击六号”虽然划上了一个圆满的句号，但它的故事并未终结。“鹰击六号”是一个承前启后、继往开来的型号，由于其大获成功，海军、空军都“瞄”上了这个颇具潜力的家伙，军方和三院都决心让它发扬光大。军方陆续提出了以“鹰击六号”为基础的远程反舰导弹、空地导弹的需求，分别命名为“Y2”“Y3”，并于 20 世纪 80 年代中期正式启动了这两型导弹的研制。

而黄瑞松，也继续在“Y2”“Y3”这两个新的型号中演绎他的精彩人生。

黄瑞松

黄瑞松院士传记

Academician Huang Ruisong's Biography

第六章

强国利剑　世代玲珑

面对20世纪90年代中期日益紧张的海防局势，黄瑞松带领团队及时研制出了“强国弹”，对敌对势力起到了极大的震慑作用，有效维护了祖国统一。

1. 玲珑一代

1967 年，埃及用“冥河”导弹击沉以色列“埃拉特”驱逐舰，显示了飞航式导弹的威力，引起世界普遍关注。

当时中国的飞航导弹领域，“上游一号”已研制成功，“海鹰二号”正在全力攻坚。鉴于“上游一号”和“海鹰二号”用的都是液体火箭发动机，而液体火箭发动机本身使用和维护都不太方便，“要发展多种形式的动力装置”这种技术思想开始萌芽，海军也强烈要求研制固体发动机的飞航导弹。

1968 年，在国防科委召开的海军装备汇报会上，提出了要研制一种固体发动机的飞航导弹。刚开始时决定搞超声速，以提高导弹的突防能力。1970 年，海军提出可配套“强五”攻击机的反舰导弹的需求。但经过三院姚绍福等人反复论证，并研究了国际上同类反舰导弹的特点后，认为现阶段这种导弹没必要搞超声速，应当先搞高亚声速的“小弹”，通过超低空掠海飞行来提高突防能力。三院于 1973 年上报了小型反舰导弹总体方案，这一方案于 1975 年得到海军同意，又于 1977 年进一步得到中央军委正式批准，并有了一个正式的名称——“鹰击八号”。在这之前，三院自筹经费研制了一段时间，也一直没有正式名称，国家没有给立项，这就相当于孩子出生了但没有户口，因此，研制人员戏称它为“小二黑”。鲍克明、路史光、姚绍福先后任此型号的总设计师。

“鹰击八号”首先要攻克的是超长时间工作的固体发动机问题。小推力、长时间工作的固体发动机是此型导弹的关键技术。当时，法国“飞鱼”导弹的固体火箭发动机工作在 150 秒以上。总体设计部二室向动力技术研究所借了几名同志，组成一个 10 人的攻关小组，开始研制固体火箭发动机。之后，于 1977 年前后，该型号调整到了总体设计部三室，攻关小组部分同志也转到了三室。

固体火箭发动机试验条件十分简陋，开始试验时连试车台都没有，试验人员只能在总体设计部后坡荒山上挖个坑将发动机埋进坑里，头朝下，喷口朝上点火试验，拉上导线测试有关参数。就这样一点一点地攻克技术难关。后来，动力技术研究所成立了固体火箭发动机研究室，发动机的研制工作遂调整到动力技术研究所。随着一个个难关的攻克，我国自行研制的固体火箭发动机试车时间成功地达到了 210 秒。

此段时间先后担任二室工程组组长、二室副主任的黄瑞松，从制导控制系统研制层面参与到这个型号中。1978 年，总体设计部成立了科技委，黄瑞松当选为第一届科技委副主任，成为部领导在“鹰击八号”制导控制系统决策方面的重要参谋和助手。

“鹰击八号”导弹的制导控制方式较之前的型号相比，作了较大的调整和创新。其一，“上游一号”“海鹰二号”采用的是并联式助推器，而“鹰击八号”采用的是串联助推器方式，全弹静不稳定度大，增加了控制难度。为了实现助推段的稳定控制，马恒华、杨其连等人提出了助推器“加控”方案，即在串联助推器上安装 × 型控制舵面，由小舵机控制导弹飞行，把俯仰、航向和滚转不稳定的Ⅰ级飞行变成角度稳定控制，使导弹按预想的弹道飞行。其二，创新研制了小型自动驾驶仪，易生、宋有山（曾任中国航天科工集团公司科技委常委）等彻底摒弃了传统的机电式自动驾驶仪，研制出了体积小、重量轻、结构紧凑、小型化的模拟式自动驾驶仪。其三，研制出了高性能小型末制导雷达，导弹总装二厂研制出了单脉冲体制、单平面主动式末制导雷达，具备抗海浪干扰、抗杂波干扰、抗同频异步干扰、抗拖距干扰的“四抗”能力。

“鹰击八号”的研制可谓一波三折。1978年，岸基发射2枚“鹰击八号”模型弹成功。1981年进行了自导弹飞行试验，共发射5枚。由于原定的“强五”轰炸机已处于研制停顿状态，导弹不得不另寻装载平台，研制进程也被迫放缓，在很长的一段时间内，导弹一直找不到“婆家”，甚至连一个试验平台都找不到。“我国是一个海洋大国，水面舰艇是海军的主战装备，‘鹰击八号’导弹千方百计都要上舰啊！”三院各级领导多次向海军首长汇报，表达了三院人的迫切愿望。终于传来好消息，海军领导同意调拨一艘“24”型导弹快艇作为“鹰击八号”导弹的试验平台。1981年8月，经总参谋部和国防工办联合批准，将“鹰击八号”导弹装载于24艇进行试验。一度没有用武之地的“鹰击八号”，终于有了施展才能的舞台。大家非常激动，但一连串的问题也接踵而至。军方要求要尽量利用原艇上设备，节省成本、缩短周期，可是调拨的24艇是装“544”导弹的苏制导弹快艇，没有图纸资料，技术细节也不清楚。但困难难不倒飞航人，研制人员风雨兼程，经常是火车没有座位，一站就是十来个小时，到上海、舟山、武汉、九江、邯郸等地，调研部队需求，协调技术方案，上艇测绘……以“不破楼兰终不还”的勇气，很快拿出了24艇改装“鹰击八号”导弹武器系统的总体方案，蔡淑华等人在最短时间内完成了24艇火控及指挥仪的设计和研制工作，具备了舰上发射导弹的条件。

经过多次飞行试验，1984年10月，开始正式进行“鹰击八号”舰上设计定型飞行试验。在1985年9月的定型飞行试验前夕，海军提出要打一发装有战斗部的战斗弹。1985年9月18日，“鹰击八号”导弹直接命中目标，把1000多吨排水量的靶船一举击沉。这艘靶船是当年日本人留下来的护卫舰，叫“丁字号”。击沉“丁字号”后大家奔走相告：“我们在‘九一八’把日本的护卫舰打沉了，今天洗雪国耻了！”

在定型飞行试验中，取得了6发全部直接命中目标的优异成绩，海军首长决定免试第7发，“鹰击八号”舰上设计定型飞行试验圆满结束。海军简报称：这是海军战术导弹研制工作史上最成功的一次试验。并给“鹰击八号”起了一个优美的雅号——“玲珑一代”！

“鹰击八号”导弹

“鹰击八号”导弹发射

“鹰击八号”导弹出口型

1982年，在英阿马岛之战中，阿根廷用法国“飞鱼”导弹一举击沉了英国当时最为先进的“谢菲尔德号”驱逐舰，“飞鱼”导弹扬名世界。在1984年国庆35周年阅兵式上，由“鹰击八号”导弹组成的导弹方队接受了全国人民的检阅，看台上的外国观众惊呼这是“中国的飞鱼”！事实上，“鹰击八号”完全是中国自行设计、自主研制的新一代飞航导弹，其出口型“C801”被美国通过第三国高价买去做对比分析试验后，结论是“C801”比法国的“飞鱼”更好！

1988年，“鹰击八号”导弹获国家科技进步奖特等奖。

2. 走到台前

“鹰击八号”刚刚完成定型，其发展型“鹰击八号甲”就提上了日程。1986年1月，海军提出要为052导弹驱逐舰研制导弹武器，要求尽快完成“鹰击八号甲”方案论证。三院随后论证并上报了总体方案，并于1987年得到总参和国防科工委批复，“鹰击八号甲”正式转入研制阶段。

“鹰击八号甲”继承了“鹰击八号”的优点。体积小，重量轻，多用途；超低空掠海飞行，突防能力强；飞行机动性好，命中精度高；采用单平面制导体制和扇面发射技术，缩短了作战准备时间；高命中精度加上半穿甲爆破杀伤式战斗部及接触延期引信的采用，使导弹命中目标后，战斗部能深入敌舰内部爆炸，大大提高了作战威力；采用具有多种抗干扰措施的单脉冲体制的主动式末制导雷达，抗干扰性能好，能在更恶劣的海情下发射和安全飞行。

“鹰击八号甲”做出的最大优化，是将“鹰击八号”的固定弹翼改成了折叠弹翼。当时，国内尺寸较小的折叠翼，有引进产品，如反坦克弹、“红缨5号”，“海响尾蛇”等，这些弹翼的折叠特点是结构简单、尺寸小、受力小、精度低，尺寸比我们大一点儿的有从苏联引进的“542”岸舰导弹的翼也是折叠的，其特点是折叠、展开、锁定都要靠人力操作，不能在飞行中自动快速地展开并锁定。国外较先进的飞航导弹有美国的“战斧”，“捕鲸叉”，法国的“飞鱼”等。“战斧”为左右直翼，旋转到弹身内；“捕鲸叉”的折叠方式和我们相近，但具体结构、使用情况都不清楚。据国内参观国际航展的有关人员透露，法国“飞鱼”的折叠仅是一个木模型，参展的人只见过示意图和木模型照片，对于带折叠翼的“飞

“鹰击八号甲”导弹发射

鱼”是否试验成功，也尚未得到证实。总体设计部陆锡良、刘庆楣等人充分利用箱式发射的特点，设计出了一种精巧的方案实现了折叠。当导弹在发射箱内时，靠发射箱壁限制折叠翼的运动；当导弹飞离发射箱时，限制自动解除，弹簧和扭簧释放能量，折叠翼展开并锁定。在弹上设备改动量最小的情况下，巧妙地实现了技战要求。

“鹰击八号甲”的总设计师仍由姚绍福担任，在这个系列型号发展过程中，之前一直在幕后的黄瑞松也正式走到了台前。在连续两次定型鉴定试验都不顺利时，黄瑞松被要求参加了试验分析。看了试验遥测数据后，黄瑞松敏锐地发现了控制回路的三个自由陀螺信号不正常的重大疑点，于是判断减振系统存在薄弱环节。经过进一步分析和试验，果不其然，弹上设备在适应振动环境上存在问题。时任三院院长的姚绍福见他这么快就定位了飞行失利的原因，就说：“你也别老在幕后了，干脆来当副总师吧。”刚好副总设计师王祖全要退休，就这样，1990 年，黄瑞松接过了副总设计师的接力棒。接下来，黄瑞松主持并直接参加了导弹和发射装置等地面试验及第三次鉴定性飞行试验。在 1990 年 11 月举行的第三次鉴定飞行试验中，取得 3 发 3 中的佳绩。这型导弹获得了国家科技进步奖三等奖，黄瑞松排名第二。

3. 历史插曲

在中国飞航导弹的发展规划及序列中，原本是没有“强国弹”的。但风云激荡的海防形势，使“强国弹”应运而生。当时，某敌对势力已研制装备了一种中程反舰导弹，这种导弹射程较大，飞行速度快，抗干扰能力强，战斗部为半穿甲型，对我海防造成了直接威胁。据此，海军提出要以最快的速度研制一型中远射程的舰舰导弹。海军司令员先后两次来三院督察相关工作，都是黄瑞松接待的。当时，某型装载小涡喷发动机的导弹已经出口，国外用户反响不错，战技指标也基本能满足军方需求。黄瑞松提出，为满足战备急需，建议海军直接装备该型导弹。但海军领导不同意，提出涡喷发动机要自行研制，理由简单而又直白：在关键时候，别人在发动机上卡你脖子怎么办？

于是，任务火速敲定，新的中程多用途反舰导弹方案也明确下来：以该型出口导弹为原型，换装三院自行研制的涡喷发动机“X-2”，射程及其他综合战技指标要达到要求。先发展舰舰型，待研制成功后再发展空射型。鉴于这型导弹特殊的军事背景，并肩负着强大国防、捍卫祖国安全的重要使命，因此被誉为“强国弹”。

“强国弹”由姚绍福担任总设计师，黄瑞松担任总指挥。由于“强国弹”这个“历史插曲”，黄瑞松负责的另一型远程反舰导弹“Y2”的进度也因此被迫而放缓。

海军首长说得没错，发动机这么重要的部件，必须走自行研制之路。可是，这又是一条怎样的道路呢？

4. 涡喷之路

发动机，被誉为导弹的“心脏”。

随着“要发展多种型式的动力装置”这种技术思想的萌芽，除液体火箭发动机外，冲压发动机、固体火箭发动机、涡喷发动机等的研制工作陆续提上了日程。固体火箭发动机优点固然突出，但其缺点也很明显，它的装药量有限，所以射程有限，只能打几十公里，再远就只能望洋兴叹了。所以，固体火箭发动机只能上“鹰击八号”那样的“小弹”，这是它自身无法克服的先天性缺陷。当时，三院了解到外国的做法，是用涡喷发动机来解决大射程的问题。于是，三院院长姚绍福高瞻远瞩地果断决策，要搞中国自己的涡喷发动机。随后，三院进行了广泛调研，寻找比较适合的原型机。刚开始调研了十多家单位，一家家去看了，结果都不适用，因为他们搞的发动机都是在飞机上应用的，体积太大，导弹上根本装不了。

几经努力，才找到两型小涡喷发动机“T1”和“T3”。团组人员几经努力，终于买到了3台“T1”型发动机，如获至宝。三院刚开始想交给航空系统去研仿，因为涡喷、涡扇发动机是他们的专长。但航空系统报价要几个亿，三院不由得倒抽了一口凉气，只能望而却步。因为国家并没有拨款搞涡喷发动机，三院只能在非常困难的情况下自筹经费，咬紧牙关，决心自行研制，攻克这个难题。

动力技术研究所立即成立了一个研究室，开始研发这种发动机。后来担任“强国弹”副总设计师的张振家负责带队开展“X-2”发动机的研制，研制工作历时10余年。

在研制过程中，根据使用情况不同，对原型机“T1”的不足之处进行了改进。安装“T1”的无人机在起飞前让发动机先起动预热，然后再起飞。但这种静止起动预热再飞的方式对导弹显然并不适用。因为在战争中，战机转瞬即逝，这种“慢热型”的武器是有很大弊端的。为了满足实战需要，动力技术研究所坚决摒弃了这种机制，采用发动机空中起动机制。这一改变，必然带来发动机适应快速起动的技术更新和一系列技术攻关。

经过摸爬滚打，终于迎来了发动机上弹飞行这一天。可是，含辛茹苦打造的“中国心”，它能不辱使命，展开冲天之翼吗?

5. 出师不利

在海军试验基地新建的靶场进行“强国弹”首次自控弹飞行试验，主要考核发动机的工作性能和状态。

第一试验区的老靶场是1958年建设的，日益老旧，一些主要测试设备比如遥测、光测精度不高，场地距离也不能满足中程舰舰导弹飞行试验的要求。为此，1987年10月，试验基地提出在现有基础上扩大试验场地并更新试验设备的方案，这一方案由基地牵头，三院参加论证。但扩大后的试验区要经过中海油公司的采油区，导弹飞行是在一个一边是陆地、一边是海上采油区的夹道之间，如果导弹偏离航道，就会威胁到陆地上的居民安全和采油区的人员安全。经与中海油商议，决定增加安控设施和功能，导弹一旦偏离正常航道，就启动安控方案令导弹自毁，保证试验安全，所需经费由中海油支持。

这项工程由海军试验基地牵头，三院参加共同完成建设。三院主要负责工程中的遥测、外测、安控等设施设备研制和建设。时任总体设计部主任的黄瑞松主动请缨，提出由总体设计部承包此工程建设，这个想法得到了姚绍福院长的大力支持。

新靶场的条件焕然一新，试验场地得到扩充，能满足更多的试验要求，尤其是总体设计部建设的数字化遥测、外测等设施设备的研制和建设，使我国反舰导弹的遥测体制上了一个新台阶。同时，试验安全度也得到大幅提升。通过该工程建设，也进一步完善了导弹飞行试验的工作规范，进一步明确了工作流程，以及试验基地和工业部门各自的职责，促进了导弹飞行试验管理水平的提高。

新建成的试验靶场，“强国弹”飞行试验为该靶场的第一次启用。

由于这是国产涡喷发动机第一次飞行试验检验，动力技术研究所的试验队员们兴奋得一晚都没睡好觉，有的同志甚至半夜就起来到外面转悠。

十一月份的渤海海边寒气袭人，但大家都感觉不到丁点儿寒冷。为了做好充分的试验准备，黎明时分，试验队员们就乘车来到飞行试验基地。海浪不时拍打着岸边的岩礁，传来阵阵轻响，犹如熟睡中大海深沉的呼吸。大家既激动又紧张地等待着越来越近的导弹发射时刻。

也不知过了多久，导弹发射方向传来"轰"的一声巨响。众人惊呼："发射了！"大家的血液都快凝固了，心脏都快停止跳动了。很快，耳边传来一阵呼啸的破空之声，呼啸声越来越大。有人高喊道："过来了，飞过来了，我看见了，大家快看哪！"众人连鼓掌带欢呼，激动之情无法用语言来形容。英姿飒爽的"强国弹"拖着一团火舌快速飞过他们的视线，众人都目不转睛地盯着，心中热血沸腾。突然，导弹上掉下一块东西，有人道："助推器成功分离了！"

然而，就在这时，传来一声怪异的响声，导弹好像被一把大锤猛地锤了一下，顿时歪了歪身子，然后就越飞越低，最后，歪歪斜斜地朝着海面一猛子扎了下去，激起一团巨大的水柱。然后，一切都消失了，只剩下一片空荡荡的海，仿佛什么也没有发生过。

众人惊呆了，心也从半空坠落在冰凉的海里。有人眼里流出了两行眼泪。

6. 当机立断

此次自控弹飞行试验，黄瑞松没有参加，他带队出国进行技术考察去了。一月中下旬回来后，一问没打成，心里非常难受，连忙组织开展技术复查。一边组织复查发动机技术问题，一边处理积压的其他工作，忙得不可开交。

这一天，妻子杨韵茹在日记本里这样记着：瑞松又拿回来一大包文件，说实话，他真是被埋在了文山会海中了。有些人签字不负责任，就给他这个最后看的人带来了很大压力，必须得仔细看，否则就容易出问题。杨韵茹记日记有一个特点，就是除了把一些重要的有意义的事记下来外，有时还会用简短的几句话记录当时的心情和感受。她是一个非常有心的人，一直以来坚持每天记日记，每年要记整整一大本，几十年来从未间断。不仅记家里的大事小情，更琐碎的事，比如黄瑞松的每一次出差，什么时间走的，什么时间回来的，去了哪里，她都会一一记录下来。的确，进入 1996 年，58 岁的黄瑞松也迎来了他人生中最繁忙的时期。这一时期，他除了担任三院副院长外，还担任着 9 个“总”的职务，忙得团团转，在杨韵茹的日记里，偶尔才会出现一句这样的话“瑞松今晚居然没加班”。

从试验表现看，经初步判定是发动机没有点火导致的这次故障。动力技术研究所决定做发动机高空台试验，以进一步锁定故障原因。

所谓高空台试验，并不是在真正的“高空”中，而是在一个特殊的实验室（高空室）里，将高空室抽成真空，从高度、速度等各个方面模拟高空环境状态，使安装在地面的发动机如同在高空工作一样，从而验证和考核发动机性能是否满足设计需求。对于导弹发动机来说，高空台试车非常重要，是先进发动机自主研发过程中必不可少的一个关键设备，也就是说，一个没有高空试车台的国家，是不可能独立自主地研制出高性能发动机的。发动机虽然在地面，但它的工作环境却在空中，随着导弹飞行高度、速度的不断提高和变化，发动机在整个飞行包线内的进气温度、压力和空气流量等参数都会随之发生很大变化。比如在高空飞行，空气本来就很稀薄，空气流量相对降低，这些变化对于发动机内部的特性和工作稳定性是有直接影响的。同时，高空温度低，压力低，低温低压下的点火和燃烧比地面困难得多、复杂得多，发动机的推力和油耗率等指标，也会因为环境的不同发生变化。诸如此类的问题，无不需要通过实验去模拟验证。正在研制的发动机，不能直接装到导弹上做飞行试验取得试验数据，高空台试验必不可少。

经连夜多次试验，参试人员感觉发动机的加速曲线不太对劲。动力技术研究所研究室主任庞重义立即向院里报告了这一情况，并提出一个请求，想调用一台“T1”原型机来做高空台对比试验，看二者的加速曲线和起动特性存在什么差异?

正常情况下，按照职责，应该由总设计师姚绍福决定。但他因为军贸的事出国了，不便联系。院里相关领导意见不统一，反对的理由主要是两点：一方面，“T1”原型机数量少，比金子都贵重；另一方面，有人指出，动力技术研究所的高空试车台检修没多长时间，里面还有一些焊渣没有清理干净。当然，这也不是一时半会儿就能彻底清理掉的，事实上也不可能清理干净，因为细微的焊渣都顽固地潜藏在各个小缝隙里，只有风速非常大的时候才能吹出来。而焊渣不清理干净，对发动机的损伤是很大的，模拟高空的风非常猛烈，会把这些焊渣吹向试验中的发动机，发动机的铝叶片会被打出一个个的小坑，着实让人心疼。由于其他院领导不主管这个型号，对相关技术问题了解不够深入，因此意见很难统一。

这可急坏了黄瑞松。他对国产涡喷发动机的研制一直非常关注，尤其是担任技术副院长后，始终把涡喷发动机这样的关键技术列为自己优先考虑的事项。研制人员经常一个电话，他就第一时间赶到现场协调解决相关问题，他曾经提出过建模和仿真试验方法、故障树分析法等方法，对解决发动机研制过程中出现的一些问题起到了直接的帮助作用。他对这一型发动机的特性也有着比较深入的了解，听了动力技术研究所的汇报后，他也认为和原机进行对比试车是一个切实可行的办法。他深知没有比较就没有鉴别，不对比试车原因根本查不出来。但院里一时半会儿又很难达成一致意见，怎么办？无论是等姚绍福回国，还是等院里反复论证，都面临漫长的等待。尤其是不久后院长也出差了，更难办了。

但“强国弹”当前的研制形势，已经等不起了。院长出差后，临时主持院工作的黄瑞松当机立断，决定不再等了，于是通知动力技术研究所说：“请你们立即打报告上来，我批准你们调用一台原型机进行对比试验！”

动力技术研究所立即向院里打了专题报告，黄瑞松批准了报告。动力技术研究所连忙办理手续，领取了发动机，连夜进行对比试车试验。

动力技术研究所的高空台对比试车结果显示，原型机和国产机在起动特性上果然存在较大差异。黄瑞松说：“你们赶紧打开发动机找，肯定有蛛丝马迹。”于是，技术人员将原型机拆解开后仔细检查，原因终于找到了。原来，一个适时调节供油量大小的特殊装置没有处理到位，造成了“富油”状态，发动机无法维持稳定燃烧。在地面点火正常，但一到高空状态就点不着火了。

众人如释重负，黄瑞松也暗自松了口气。姚绍福回来后，黄瑞松向姚绍福报告了这一过程，姚绍福说：“你决策得对。”

黄瑞松和姚绍福之间的工作关系非常好，两人的友谊也很深。

姚绍福在1965年三院成立时调入三院，黄瑞松和他从此相识，并在此后几十年时间里，长期在一起共事，相互支持和帮助，两人、两个家庭也结下了深情厚谊。杨韵茹在西安工作，第一次带孩子来北京探亲，就是先到姚绍福家里吃完了饭，才找招待所住的。

姚绍福对黄瑞松的能力和才干很欣赏，对他也很信任。海军基地工程就是一例，当时有不少人反对由总体设计部承包，但姚绍福大力支持。当然，黄瑞松也不负众望，在他的带领下，总体设计部不仅把工程建好了，流动资金也搞活了。姚绍福当上院长后，上级准备要提拔黄瑞松当副院长，但姚绍福没有同意，他对黄瑞松说：“你还是继续当总体设计部主任吧，把型号管好，你在那儿我放心！”

“强国弹”由姚绍福担任总设计师，他推荐黄瑞松担任总指挥来跟他搭档。在那个年代，总设计师是要向总指挥汇报工作的，姚绍福这么安排，可以说实属难得，也充分显露出两人的相互信任。两人工作中配合得非常默契，那个时期姚绍福的很大精力放在了军贸上，经常出差、出国，他让黄瑞松在他不在的时候全权处理。姚绍福出差回来后，黄瑞松就把自己处理的问题原原本本地向他报告。黄瑞松虽然是按程序秉公办事，但有个别同志对他的一些决策是有意见的，等姚绍福回来后就去向他反映。这时姚绍福就会对他们说：“这件事黄瑞松同志已经跟我说过了，他处理得没错。再说我已经授权给他了，他怎么处理都是对的。”黄瑞松担任总体设计部主任的时候，型号试验的任务特别重，黄瑞松必须亲自去坐镇，经常在靶场一呆就是好几个月，这时，姚绍福便帮着他照看一下总体设计部的工作。

富兰克林说过：“兄弟可能不是朋友，但朋友常常如兄弟。”黄瑞松与姚绍福之间，正是像兄弟一般的朋友。

7. 连番折戟

半年后的5月份，“强国弹”再次进场，不负众望，自控弹首次飞行成功！

这是个难忘的日子！为了庆祝“强国弹”首飞成功，当晚，在基地食堂会餐，大家频频举杯高兴地庆祝。晚上，唱卡拉OK嗓子都吼哑了。随着舒缓的节奏，大家忘情地翩翩起舞，大家惊讶地发现，从没见跳过舞的黄瑞松，居然也兴高采烈地跳起了“国标”。

这一天，杨韵茹在日记本里记下：“北风，多好的北风呀。下午5点多，瑞松来电，感觉他很高兴，回来后一定有好消息！”已经记不得从什么时候开始——黄瑞松就养成了一个习惯，每次到了靶场，不管多忙，经常会在晚上临睡前给家里来个电话。每当这时，杨韵茹一般都守在电话机附近，等着他的电话。通话很短，一般就是简单的几句问候“你今天吃的什么？”“你还好吧？”互致问候，互道晚安，然后各自休息。有时，因为特殊情况接不到黄瑞松电话，她一晚都会睡不踏实。杨韵茹有腿疼的毛病，经常要折腾她一下子，疼起来一晚一晚地睡不着。她身体不好的时候，黄瑞松除了晚上来电，早上起床后也会打来电话问昨天睡得好不好？好点儿没有？杨韵茹明明知道是因为自己早早退休在家，黄瑞松怕她一个人孤单寂寞，才经常打电话的。但有一次她还是明知故问地说："为啥变得这么勤快了？"黄瑞松说："越来越离不开你嘛。"老伴儿心中备感温馨甜蜜，嘴上却开玩笑说："啥离不开呀，我看你是老了，老了心就变软了！"黄瑞松笑道："谁说我老了，有几个年轻人干活儿能干得过我！"

但是，在接下来的试验中，第二发导弹发射后只飞了短短一段时间，一直没加速，最后，挣扎着一头扎进了大海里。

一"扎"激起千层浪。

这一次不用看试验数据了，凭肉眼就能看得出来，显然又是发动机的问题。谁都预想着从此一路高歌猛进，但怎奈天不遂人愿。第一发打成后，海军驻三院代表室的同志们也非常高兴，曾对动力技术研究所的人说："'强国弹'到这个程度，看来是成了。"发动机工作稳定，部队首长也很高兴。院里还派了《海鹰报》的记者前往基地进行专题采访，准备待成功后推出系列专题报道。

当时，大家对"强国弹"都急于求成。一方面是因为"强国弹"本身肩负着捍卫祖国统一的神圣使命，另一方面是参加这个型号的人员，包括三院、海军代表室有不少老同志，马上面临退休。谁不想在退休之前了了这个夙愿，给自己的事业划上一个圆满句号，在自己人生中写下辉煌一笔啊？然而，往往期望越大，失望就越大。期望与失望的强烈反差，就让大家都失去了耐性，也失去了平静，对动力技术研究所的发动机失去了信心。

动力技术研究所的试验队员们压力很大，他们吃不下饭，睡不好觉，把自己关在宿舍里。有的同志只是蒙着被子哭，既难过、又委屈。其中有一位同志非常紧张，躺在床上直哆嗦。难过不能解决问题，他们不管是搞助推器的，搞点火器的，还是搞发动机的，都一起承担压力，认真地看设计图纸，分析问题。

试验基地一片沉静，仿佛无人一般，一切活动都停止了，大家很少说话。试验失败的情绪和压抑的气氛令人窒息。

难熬的一天终于过去了，第二天下午，导航控制技术研究所、发射技术研究所的领导都找到动力技术研究所领队屈虹霞，说："小屈呀，上午试验队领导小组开了会，讨论了后续试验安排，试验队的意见是，'强国弹'不再装三院研制的发动机了，改从原厂购置原装发动机，你要把这个情况尽快告诉张振家所长。"

屈虹霞一听就急了，说："当时咱们院里那么困难，姚院长他们做出那么英明的决策，自行研制涡喷发动机，不能遇到点儿困难就抛弃我们呀，我要看看他们院领导现在怎么来决策这个事？！"屈虹霞立即打电话给张振家所长报告了这一情况："请您立即去找院领导和两总系统，申诉咱们的想法，请再给咱们一次机会，保住咱们的发动机呀！听说院党委明天要开会，而且航天工业总公司和海军兵器部也将派人参加，和院里共同研究'强国弹'下一步何去何从。咱们一定要努力争取，表明咱们解决问题的信心，争取发动机研制的权利！"

此时，院里各方意见也出现了较大分歧，明天这个会，将决定自行研制的涡喷发动机的生死存亡。

8. 团结之歌

两天后，黄瑞松从院里匆匆返回到了基地。

黄瑞松已经知道了基地的状况和日益复杂的局面，更为即将出现的分崩离析而忧心忡忡。一到基地，他就直奔宿舍，来到动力技术研究所试验队员的房间看望大家。见大家垂头丧气灰溜溜的样子，黄瑞松很生气，说："你们怎么搞的？科学试验哪有不失败的？这个时候，你们必须振作起来，自怨自艾不是办法，要尽快找到问题，如果大家身体都搞垮了，后面的试验还怎么搞？"

试验队员们听了总指挥既严厉又亲切的话语，感动得眼蕴泪花。屈虹霞期期艾艾地问："黄总，那我们的发动机……"黄瑞松沉静地说："我相信所里能解决好的。"屈虹霞进一步追问："院里同意再给我们一次机会了吗？"黄瑞松平静地说："请你们相信院党委的正确决策，他们是负责任的。请你们也相信我，我会给大家一个交代的。今晚大家都要准点儿来食堂吃饭，我在食堂等你们，一个都不能少。"听了黄总一席温暖的话，众人心底的阴霾渐渐消散了。

黄瑞松很快召集各单位代表开了一个会，通报了院党委的意见，说："院里研究决定了，队伍先撤回去，等查找到发动机的问题并解决后，咱们再继续后面的飞行试验，大家有什么意见和疑问吗？"

一个厂所的同志不满地说："这不合适吧？这么大支队伍，这么多单位，总不能没完没了地陪着一家受罪呀，'强国弹'是国家急需，我们应该尽快拿出导弹才是最重要的！其他都是次要的，该舍就必须得舍，没有舍就没有得！"

他话音刚落，有几位同志也随声附和了起来，尤其是军方的代表也赞同换装进口发动机。会议气氛顿时变得有些尴尬。

黄瑞松沉默了片刻，诚恳而又语重心长地说："大家的心情我都能理解。目前发动机是出现了一些问题，但搞一个新的东西，出点儿这样或那样的问题都很正常，哪有一帆风顺的坦途呢！动力技术研究所的同志们已经做了很多工作，总体上看，发动机不是已经取得了很大的成绩嘛，大家要看到好的方面。咱们再给他们点儿时间，我相信他们能解决。我们的发动机走到今天这一步，已经很不容易了，不能就此放弃呀。去原厂买，表面上看是能解决急需，但时间长了怎么办？近几年我们买的一些装备在维修保养上都受制于人，这是因为核心技术不在我们手里。我们要增强研制能力，我们的军队要增强国防实力，靠买高端、核心技术肯定是不行的，富国强军必须坚定地走自主创新的路子，否则我们就永远是二、三流国家，二、三流装备，武器装备与别人是碰撞不起的！”

听了黄瑞松的这一席话，刚才反对的那几位同志不说话了，大家都默默地低下了头。在场的试验队员们用满怀崇敬的目光望着黄瑞松，黄瑞松也会心地向大家点头微笑，动力技术研究所的试验队员们尤其感动，他们的泪水夺眶而出。

接下来，黄瑞松主持召开了一个全体试验队员参加的大会。他穿着深色的长大衣，站在前面，给大家作撤场动员讲话。他传达了院党委的意见，讲了当前型号面临的形势，鼓励大家要有信心。会场非常安静，大家默默地听着黄瑞松洪亮而又动情的话语，渐渐的，心都平和了。黄瑞松特别强调了队伍的团结，相互之间的信任，共同的梦想，大家要同甘共苦。此时，身高一米八的黄瑞松站立在前面，就像一株巍巍的青松，给人一种莫名的镇定和力量。最后，黄瑞松深情地说："我相信，我们一定能在最短时间找到故障，大家别难过，我们一起唱支歌——《团结就是力量》，来，我起个头。'团结就是力量'，起，唱！"

"团结就是力量，团结就是力量，这力量是铁，这力量是钢，比铁还硬，比钢还强……"大家异口同声地唱了起来。黄瑞松站在前面，一边指挥一边唱。歌声越来越洪亮，最终，形成了一股激昂的"洪流"，飞出了窗外，飞向了寒冷的天空。会议室温暖了。这歌声有力地感染着大家，让大家重归于理解和信任，重归于同甘共苦的奋斗，重归于对美好明天的期望……

9. 大动干戈

事实证明，院党委做出的继续坚持三院涡喷发动机研制的决策是英明的、是高瞻远瞩的。不久，相关方面就卡了那个厂的脖子，"T1"发动机不准向我们出售。

各方面催促三院火速查找原因，尽快进场试验。很快，第二发自控弹掉弹的原因找到了，问题还是出在供油装置上，不过这次是个新问题——活门出了问题。航天工业总公司主管副总经理栾恩杰对这个型号非常关注，听取动力技术研究所汇报情况后，他对所长张振家说："活门距离的问题，请张所长你亲自来算。"于是张振家亲自解算并确定了合适的距离，最终，问题得到了解决。

10月的一天，姚绍福、黄瑞松前往基地坐镇指挥"强国弹"的第三次飞行试验，此次导弹的状态是自导弹，本次飞行试验除了要考核发动机的稳定性外，还要考核导弹的制导控制系统。因此，总设计师和总指挥同时前往。在出发之前，黄瑞松的手受了点儿伤，走的时候还没完全好；脸上长满了大包——他一上火脸上就长包。但时间既定，就犹如军令下达一样，刻不容缓，不容推拖。

一个月后，第一发自导弹飞行试验成功，并直接命中目标。

三天后，第二发自导弹提前入水，试验队撤回排故。

不久后，在试验时自导弹又提前入水！

提前入水的这一发是中午发射，掉弹后，总设计师姚绍福很是失望，一个人独自来到海边坐着，望着大海发呆，他一直坐了很长时间，几经劝说才回宿舍。

经历了短暂的天堂，又跌落回长久的地狱。一时间，试验队的“气温”骤然降到了冰点，有试验人员形容那一天是“北风卷地百草折，胡天八月即飞雪。”

这一年三院特别不顺，不仅“强国弹”，其他型号也出现了诸多问题，一时之间形势非常严峻，全院上下都顶着巨大的压力。

黄瑞松去总参谋部、海军、国防科工委、航天工业总公司，一级一级去检讨。到海军去检讨的时候，正好听见海军副司令员严厉批评导弹部部长：“要再打不成我就砍掉你的头！”黄瑞松连忙给副司令员和部长赔礼道歉，说：“司令员您就别骂他了，不关他的事儿，是我的事儿，您批评我吧，是我没有做好工作，部队这么急需装备，我没有搞出来，是我的责任。我也不是神仙，认识需要一个过程，责任全在我……”说到这里，黄瑞松既难过，又羞愧，眼圈儿都红了。他坚决地表态说：“请您再给我一次机会，要再不行，不用您砍我的头，我自己提头来见！”这当然是半开玩笑的，但当时黄瑞松的决心也的确是这么下的。副司令员听了，不由得苦笑起来，说：“老黄你嘛，你这态度还不错！”

黄瑞松向航天工业总公司领导检讨时，总公司领导批评他没有尽全力，举例说，有时连“强国弹”归零都看不见你！黄瑞松无可奈何地说：“我管的事儿太多了，光开各种会都开不过来。连型号就直接负责了3个，担任着那么多个‘总’。”领导似乎有些吃惊，说：“你怎么管这么多事儿！这哪行！准备交吧！”黄瑞松开玩笑说：“不都是你们逼我干的嘛！”总公司领导说：“你交型号吧，把能交的工作都交出去，否则精力上哪有保证？”在领导的干预下，黄瑞松开始陆续卸担子。首先把质量、工艺、预研等交给了副院长承文；1998年，不再担任空地导弹“Y3”的总设计师、总指挥；1999年，不再担任总研究师、副院长职务。在谈话的最后，航天工业总公司领导对黄瑞松归纳了十二个字“失败不起，没有退路，只能成功”，他深深地感受到了这十二个字沉甸甸的份量。

在针对个人谈话时，航天工业总公司领导说得非常严厉，但在面对大队伍的时候，还是以鼓励、打气为主。1997年7月，总公司在廊坊组织专题分析通报大会，让大家正视存在的问题，也要对未来充满信心，要求三院振作起来，没有像黄瑞松预想的那样给一大堆处分。但院里自己进行了处分，姚绍福、黄瑞松等主要领导带头，自扣了半年岗位津贴。

接下来，全院开始了长达半年多的质量大整顿。事实上，在“强国弹”的研制过程中，的确也暴露出了层出不穷的问题，不过没有发动机暴露得这么集中、影响这么大而已。但那些暗藏在各个角落的问题，还有一些人员的状态，如果不系统性地进行清理和整顿，都是隐患。有的问题是技术问题未吃透，也有很多是因为管理混乱造成的。黄瑞松决心要从源头清理。在整顿的过程中，不可避免地会处分一些人，得罪一些人，但他深知，管理就是严肃的爱。作为技术副院长、作为“强国弹”的总指挥，他必须要有所担当。他心中回响着 20 世纪 60 年代聂荣臻针对航天科技工作者讲过的一段话：“在科学技术工作中，必须一切从实际出发，尊重科学，坚持真理，说实话，报实情，有严肃的态度、严格的要求和严密的方法。敢想、敢说、敢干和严肃、严格、严密相结合。尖端技术工作必须一丝不苟，扎扎实实地按照科学要求来完成，错一点，马虎一点，浮夸一点，就会带来严重的损失，甚至是无法弥补的损失。因此，一切试制试验工作，都必须要有严格的规程，而且要严肃地、准确地按规程办事，一切工作都要严格保证质量。”想起聂老总的话，黄瑞松备感振奋，同时下定了决心。

黄瑞松组织制定了严肃、严格、严密的整顿计划。为了解决产品可靠性问题，在他提议下，开展了环境应力筛选试验、可靠性增长摸底试验；为了确保信息反馈及时，他深入到分系统的每个环节，掌握设计、生产第一线的信息。这一段时间，黄瑞松基本上不着家，天天在现场，晚上做梦都在分析故障，说梦话都是工作。对此，老伴儿特别心疼，劝他好好休息一下，注意劳逸结合。在这个关键时刻，老伴儿用她特有的也是特别简单的方式，默默地为丈夫分担，表达着对丈夫的支持。她在日记中写道："瑞松对我说，他（对整顿）没有任何私心杂念，我能感受到，他面临着来自上下左右的巨大压力。我真担心他的身体，真想能为他分担一些——用爱，用家庭的温暖，用对他的理解和支持。"

在这次整顿中，发现了一系列低层次的质量问题和管理问题。比如，发动机舱段内的耐高温电缆没有按要求采购，黄瑞松严厉地给了该单位一个黄牌警告。再比如，铸造舱体很粗糙，有毛刺儿，电缆容易被割破，黄瑞松让他们尽快解决，并说一个月后还要来检查。一个月后，黄瑞松果真去检查，他检查的方法很简单，用手摸一摸，还有毛刺儿，问为什么还没改？该单位领导赶紧说："实在对不起。"黄瑞松毫不留情地说："罚！"又有一个单位，在制造舵机的时候打孔，结果把钻头打断了，但施工的人玩忽职守，居然把断的钻头当销钉使。黄瑞松火冒三丈，质问他们说这不是儿戏吗？于是又处罚了一些同志！类似这样的问题不仅处罚处分责任单位和责任人，对设计单位也连带问责。理由很简单：图纸是你们设计的，现场也有你们的人在监督，人家没按你们的设计做，你们怎么没发现？必须罚，黄牌警告！

在如此雷霆一般的整顿中，大家重视起来了。从一把手到型号系统各专业人员，都将质量整顿当做最重要的任务来抓，再不敢掉以轻心。为此，总体设计部还利用周末时间召开了两天的队伍整顿大会，特别邀请姚绍福、黄瑞松参加。

黄瑞松以总体设计部老主任的身份讲了话，他抚今追昔，回忆了飞航事业白手起家的艰辛历程，讲了总体设计部这只领头雁数十年拼搏奋斗的光荣岁月和优良传统，讲了为什么这次要大动干戈。推心置腹，语重心长。大家慢慢理解了"质量是飞航事业的生命"的观点。针对当前出现的挫折，他说："其实，研制工作，总是困难和顺利共生，挫折和成功并存。有的时候失败的教训比成功的经验更重要，因为它告诉你此路不通！重要的是任何时候都要保持冷静、清醒的头脑，深入思考，找出不足，这对研制工作更有价值。”对老主任的谆谆勉励，大家深受感动。

半年多的整顿，成效逐渐显现。终于，经过浴火重生的“强国弹”研制团队，1998 年 6 月又吹响了进军的号角。

10. 关键时刻

“强国弹”当时所处的阶段是自导弹刚刚开始，按常规，要再打几发自导弹，通过考核后，才能转入设计定型阶段。但是，由于形势所迫，根据导弹研制的实际情况，海军与航天工业总公司协商，决定采取特事特办、急事急办、“研定结合”的模式，完成后面的飞行试验。也就是说，把自导弹、定型弹两大阶段合二为一了。这在导弹飞行试验中还是首次。这次进场，要打 3 发“研定结合”弹。

为确保万无一失，一些关键的分系统，还在反复地进行试验，生怕再出任何问题。比如发动机就是这样，在导弹已经送进基地后，所内还在反复进行地面试车。恰恰就在这时，发动机出现了严重的“断轴”事件。众人大惊失色，怎么就这么不争气呀，真是跳楼的心都有了！

听闻此消息，基地一下子就炸了锅，大家已经“出奇愤怒”了！熊熊怒火迅速燎原，势不可挡。当时曾经支持继续用动力技术研究所研制的发动机的人，一下子被推到了风口浪尖，面临着空前的压力。这其中，黄瑞松首当其冲。海军有个别年轻人说话极其难听，简直是带着很重的语气指责三院：“涡喷发动机这碗饭不是你们能吃的，人家专业单位都没搞出来，你们不是痴心妄想吗？”

黄瑞松等面对指责，只能忍气吞声，他们承受着巨大的压力，两条线同时开展工作。

一面，动力技术研究所张振家所长一边写辞职信，一边组织人员连夜排故，别说睡觉了，大家连饭都顾不上吃。年纪已经一大把的张振家忙得脸顾不上洗，胡子顾不上刮，日夜连轴转，骑着一辆很破的自行车到处跑，研究室、试车台、相关单位……连三院党委书记许祖凯都心疼了，对动力技术研究所的同志们说：“你们怎么这么不体恤你们的所长啊，连个车都不给安排一下？”大家这才觉得不合适，不过，当时对这些事儿真是顾不上了。

另一面，已经进驻海军试验基地的试验队，是撤，还是等待动力技术研究所排故？当时的主流意见，包括军方、航天工业总公司、院里相关领导，都比较主张撤。其理由是，必须万无一失，绝不能带着疑点上天，万一再掉下来怎么办？风险太大、责任太大，再失败对大家的打击也太大了！但是，也有些人不想撤，想给动力技术研究所几天时间，让他们排故。理由是，撤场容易进场难，一旦撤回，没有半年时间进不来。试验基地并非三院一家用，还有别的单位要用呢，你想进就能进吗！一场大型试验涉及到海军、地方军区、若干个单位，组织协调太难了。再说，上级早已明令今年必须要定型！

鉴于意见分歧很大，基地决定召集一个会议来商定是撤，还是等。这次，动力技术研究所试验队的人也被要求参加。此时，张振家带着一部分骨干已经撤回所内做排故分析，留在基地的人员不多。开会之前，海军代表室的谭代表找到动力技术研究所带队的屈虹霞，对她说："楼上马上要开会，要让你们表态能不能在规定时间内排除故障？这一回我们想支持你们动力技术研究所，不撤场，给你们一个月时间排故，不知你们是什么态度？"屈虹霞想了想，所里的发动机虽然出了问题，但不代表已经运到基地的发动机也会出问题，现在原因尚不清楚，不能断然决定。于是她和庞重义商量，说："事情很急，所里也联系不上了，让我们表态，现在很关键，咱俩能不能顶住？敢不敢顶？"庞重义想了想，坚定地说："顶！"此时屈虹霞已经病了，上不了楼，于是庞重义上楼去开会。

大会议室里，军方的首长和各单位代表坐了一排，主持会议的姚绍福说："你们动力技术研究所表个态吧。"庞重义说："请给我们一个月时间，我们一定能排除故障，我们的意见是不撤。"在征求了各方面的意见后，最终，姚绍福、黄瑞松拍板决定队伍不撤，抓紧进行排故。

且不说基地的商讨，动力技术研究所内，排故也遇到了困难。断轴的事，不是第一次发生，这已经是第四次了。在前三次，还请来了国内涡喷发动机方面的专家帮忙分析，一起进行技术归零。从现在看，当时的归零并不彻底，故障没有完全复现，措施没有完全"对症"，问题也没有得到完全解决，因而才有了这第四次断轴。看来不能完全依赖外部的“专家”，宏观上他们是专家，但微观层面他们不一定清楚。因为这是全国第一台弹上涡喷发动机，他们也没有搞过。

有一次试车的时候，黄瑞松对技术人员说：“试车的时候你们注意听，只要听见声音有异常就紧急停车！”因此试车的时候，大家就支着耳朵认真听，果然听到了声音异常，于是紧急停车。好险，轴差点儿又断了，但没断下来，如果不紧急停车，肯定就断了。黄瑞松提出，反复模拟这种状态，在这个状态下找，问题就更容易找到。

后来，动力技术研究所所内研判了初步原因，又派刘振德去哈尔滨工业大学做了多次试验，通过进一步深入分析发现，问题主要是发动机轴和轴套之间的间隙距离参数选择得不合适，采取措施后问题得到了解决。

虽然判断基地的 3 台发动机理论上没有问题，但为了万无一失，还是将发动机从导弹上拆下来送回动力技术研究所按批次分析，做了试验，然后再送到基地。

此时，靶场下了一场大雨，动力技术研究所的人员冒着大雨，怀着激动的心情，将千辛万苦研制出来的 3 台发动机送到了基地。军方和航天工业总公司要求的 30 天排故，结果三院 18 天就排除了故障。

大雨冲刷掉了地上的灰尘，也冲洗着大家脸上的愁云和疲惫，大家翘首盼望着风平浪静日子的到来。雨停了，雨后的天空显得格外蔚蓝、格外高远，太阳高挂晴空，露出了热情的笑脸。

11. 凯歌高奏

“宝剑锋从磨砺出，梅花香自苦寒来。”

1998 年 6 月，“强国弹”连续打了 3 发，3 发 3 中！栾恩杰副总经理也来到了试验现场，他跟大家一一握手庆祝，说：“你们都是英雄啊！”

1998 年 7 月，完成导弹陆上发射和舰上发射的研制性飞行试验。

1998 年 10~12 月，在某舰上以优异成绩完成了设计定型飞行试验！

1999 年年底，海军在渤海湾举行了一次大型军事演习，“强国弹”表现优异，作战性能得到了全面检阅。黄瑞松也受邀参加了此次大演习，看着如此

“强国弹”发射

黄瑞松燃放鞭炮庆祝飞行试验成功

“强国弹”系列导弹

壮观的多型导弹协同射击场景，深感震撼，心中更是油然而生出一种自豪。

“强国弹”，名副其实。“强国弹”体积小、重量轻、超低空掠海飞行，机动性能良好，突防能力强，命中精度高，射程大，战斗部威力大。尤其值得一提的是，这是我国第一型装备完全自行研制的涡喷发动机的导弹，发动机使用航空煤油作为燃料，涡喷发动机工作所需的氧化剂完全来自大气，使导弹的重量大大降低，飞行距离大大提高。

“强国弹”以其优异的战绩，很快批量装备部队，已成为中国海军水面舰艇的主战装备，得到了中央军委多位首长的高度评价。2001 年获得国防科技进步奖一等奖。2002 年获得国家科技进步奖一等奖，黄瑞松排名第一。

“强国弹”虽然脱胎于“鹰击八号”，但由于其具有多方面的固有特性，已自成一脉。由原总师助理蔡淑华接任了总设计师职务，带领团队继续研制出了“强国弹”的新一代空舰型和舰舰型等系列型号，使多平台反舰导弹“强国弹”大家族蔚然成林。

1999 年 10 月 1 日，国庆 50 周年阅兵观礼台上，在众多的嘉宾中，有一位身材高大挺拔、满头银丝的老人，他和所有的中国人一样，怀着激动的心情观

黄瑞松（左一）在庆祝建国50周年阅兵式上留影

看阅兵式。当新型舰舰导弹方阵通过天安门广场时，他的心跳骤然加速，他的目光紧紧盯视着慢慢驶过的车队，像一位慈父看到了引以为傲的儿子。周围的人不知道，那便是他多年为之呕心沥血的“强国弹”。它威武地通过了天安门广场，接受了祖国和人民的检阅。

黄瑞松经常在人前称自己是一个航天的“老战士”。已经 61 岁的黄瑞松，没有时间细细地品味成功的喜悦，又马不停蹄地奔赴新的战场。“Y2”，这个杀手级的远程反舰导弹，正等待着他。那将是一场更加凶险的存亡之战。

正如他后来在回忆中写的一样：所有百感交集，未来得及细细品尝，便已匆匆逝去，成绩和辉煌属于过去，更加艰巨的任务已经摆在我们面前。周期之短、技术之难、承受压力之大，是空前的。我们承担了如此多的重任，同时也承载了如此多的关注及期待，所以，我们每个人都应该清醒地认识到我们承担的不是一般的工作，而是国家的重托……

黄瑞松

黄瑞松院士传记

Academician Huang Ruisong's Biography

第七章

反舰杀手　泪洒英雄

在新世纪，飞航导弹事业迎来了腾飞，“Y2”导弹就是这个大家族的重要成员。在泥泞而曲折的险峻之途上，黄瑞松最终是如何冲出苦难、托起辉煌的呢？

1. 战略利益

2015 年 5 月，中国政府发表首部专门阐述军事战略的国防白皮书《中国的军事战略》。这是自 1998 年以来，中国第 9 次发表国防白皮书。过去发表的白皮书主要侧重于宣示国防政策，介绍军队建设发展情况和已经取得的成就，更多的是对过去工作情况、工作成就的回顾和总结。而此次发表的白皮书，更侧重于介绍当前和今后一个时期中国的军事战略走向，具有很强的前瞻性。

《中国的军事战略》在对安全形势作出新判断的同时，首次系统地阐述了新的历史时期军队使命和战略任务。书中针对中国武装力量发展的战略方向指出："海军按照近海防御、远海护卫的战略需求，实现近海防御型向近海与远海护卫型结合转变；空军按照空天一体、攻防兼备的战略要求，实现国土防空型向攻防兼备型转变……""加强海外利益攸关区国际安全合作，维护海外利益安全……"

"近海与远海护卫结合""空天一体、攻防兼备""海外利益攸关区"等新表述，立即引发外界强烈关注，甚至造成了一定程度的轰动。一时之间，海内外出现了大量文章，纷纷对此进行解读和分析。

新的形势，新的使命；新的思维，新的战略！

从近海防御型向近海与远海护卫型结合转变、从国土防空型向攻防兼备型转变，这一方面表达了我军基于新形势下军队建设的使命要求，另一方面也折射出了我国海军、空军作战能力的变化。用句通俗的话说，我们有意愿这样去做，我们也有能力这样去做。这既表达了一种军事愿景，也彰显了一种军事自信。

自信从哪里来？来自于国家经济实力的长盛不衰，来自于军队作战效能的不断进步，当然，也来自于现代战争中的导弹打击能力的提升。

说到这里，就不能不提到两个耀眼的名字："Y2""Y3"。

时光回溯到多年前，中国第一型空地导弹"Y3"研制定型并装备部队，使我国成为继美、俄等之后装备空地导弹的国家，此后"Y3"系列发展型导弹也迅速列装，为我空军实现从国土防空型向攻防兼备型转变提供了重要基础。几乎与此同时，中国第一代远程反舰导弹"Y2"也研制定型并装备部队，并衍生出了一个庞大的远程反舰导弹家族，使我海军第一次拥有了对敌远程目标打击的能力，被誉为"反舰杀手"！

2. 新里程碑

随着作战方式的变革，空军对防区外发射空对地精确打击武器的需求日益强烈，要求在"鹰击六号"的基础上研制空地导弹，定名为"Y3"。同时，海军也提出在"鹰击六号"基础上发展射程更大的中远程反舰导弹，根据这一要求，三院召开可行性论证会，初步确定了总体方案并启动了预研工作，这型导弹定名为"Y2"。

于是，空地导弹"Y3"，反舰导弹"Y2"双双提上了日程。起初的思路是将"Y2"和"Y3"捆在一起发展，但随着论证的深入，军方的具体需求差异化日益明显，"捆着走"的思路面临不少问题，在反复论证过程中一度裹足不前。

随着国际形势的变化，上级要求"Y2"和"Y3"研制提速。这一"加速度"

也骤然加大了在“Y2”和“Y3”之间的“离心力”，最终，两个型号脱离了羁绊，走上了属于各自的运行轨道。它们就像两颗“双生”的恒星，在各自的轨道上飞旋，从晦暗，到越来越明亮，再到耀眼，最终，璀璨天际。

这两个型号都取得了空前的辉煌。

同样的辉煌，却由不同的材质锻造。

1993年，黄瑞松调任三院技术副院长并任总研究师，开始主抓多个型号的预研工作，其中就包括“Y2”“Y3”。随后，从易生手中接任“Y3”总设计师、总指挥的重任，于1998年才离开这个型号。“Y3”在论证及预研阶段非常坎坷，差点下马，也差点被取代。黄瑞松特别着急，先后与空军主管装备的三位副司令员协调，做工作争取上马；在空军组织的由林副司令员带队的考察团中，后来担任“Y3”总设计师的杨宝奎代表三院参加了考察。杨宝奎向林副司令员表示：“用这么多钱、这么长时间引进，我们三院同样可以研制出来，而且不会受制于人。”经过努力争取，“Y3”型号研制得以继续。

黄瑞松主持完成了“Y3”方案、技术设计和工作弹的研制，顺利进入试样研制阶段。但是，如前文所述由于此时正是“强国弹”非常不顺利的时期，按领导要求“交型号”，他就离开了“Y3”研制队伍。由副总设计师杨宝奎接任总设计师职务，由于世元

（曾任三院党委书记）、杨宝奎（曾任中国航天科工集团公司科技委副主任）、沈维伟（曾任中国航天科工集团公司科技委副主任、总质量师、总工艺师）先后接任总指挥职务，带领队伍继续攻克了若干重大技术难题，完成了“Y3”定型飞行试验。

“Y3”的研制成功，不仅实现了我国空军空地导弹的从无到有，而且以其优秀的大射程作战能力，促进了空军的战略转型，在空军武器发展道路上具有里程碑意义，被评价为：“形成了空军第一型对地攻击杀手锏”“不仅标志着我国已经具备了自行研制防区外精确对地攻击武器的能力，而且也为空军武器装备跨越式发展，提高部队战斗力作出了突出的贡献”。这一型号获得国家科技进步奖一等奖，国防科学技术奖特等奖，国防科技工业武器装备型号研制金奖。

黄瑞松没能陪伴这个型号走到胜利的终点。他的主战场转移到了“Y2”，他又将面临怎样的命运呢？

3. 飞向深蓝

21世纪被喻为“海洋世纪”。

强于海洋者盛，弱于海洋者衰。蓝色的海洋孕育着财富、希望，也潜藏着危险。

“一个国家的文明程度，同国民的活动半径成正比”，日本前首相田中角荣在他的著作《日本列岛改造论》中提出的这个著名论点，曾经深深影响了毛泽东的海洋观。从历史上看，中华民族在对海洋的认识和权力维护方面经历了许多曲折，也留下了无数的教训与经验。宽阔无垠的海洋决定了一个民族的活动半径，往往成为影响国家实力此消彼长的重要因素。海权的得失是描述一个国家发展现状的重要轨迹，是构成一部国家强与弱、兴与衰的历史。

我国是世界上邻国最多、陆地边界最长、海洋权益争端最复杂的国家之一。

按联合国海洋公约规定，我国拥有数百万平方公里的管辖海域，但多个海上邻国都是争端国，争议面积达到上百万平方公里，在黄海、东海、南海都有争端。个别海上邻国在涉及中国领土主权和海洋权益问题上采取挑衅性举动，在非法占据的中方岛礁上加强军事存在。一些域外国家也极力插手南海事务，个别国家对华保持高频度海空抵近侦察，海上方向维权斗争将长期存在。围绕岛礁主权、海域划界、资源开发的争夺态势日益加剧。茫茫海洋，不仅是国土防御的前哨阵地，也是中国经济高度依赖的重要通道。早在 20 世纪 80 年代中期，邓小平就提出了“经略海洋”的思想，建设海洋强国逐步上升为国家意志。

经略海洋，必须要有强大的海军力量做后盾。先进的轮船，能让我们走得更远。而强大的海军，才能保证我们走得更安全。

刚刚征服“绿水”的中国海防导弹，必须实现大跨越，飞向“深蓝”！

时任总体设计部副主任兼科技委副主任的黄瑞松，这一时期虽然对“Y2”这个型号也热切关注着，但由于另有“鹰击一号”和“鹰击六号”的重任在身，“Y2”并不是他考虑的重点。那时，他还没有想到此生将与“Y2”结下不解之缘，更没意识到，一条注定崎岖峥嵘、荆棘遍地的险途正在前方，默默地迎候着他一贯披坚执锐的身影。

4. 力排众议

“Y2”在方案论证阶段一直磕磕绊绊，并不顺利，过了较长时间才形成正式方案，获得审查通过，转入到正式工程研制阶段。概念研究与方案论证历时较长，其原因，除了起初阶段的“Y2”“Y3”“捆着走”的拖累，以及经费一直不足外，主要还是高要求的指标。从射程上来说，我国只有发展近程导弹的条件和能力，现在要求直接搞远程，这是跨越了整整一代的产品。这样一来，需要突破的新技术太多！黄瑞松认为这显然是违背常理的。他的观点是，探索的时候可以跳两步，甚至三步；预研的时候只能跳一步；研制的时候就要尽量采用成熟技术了。但形势所迫，只得硬着头皮往前走。

导弹作为一种精确制导武器，其有效射程并不完全是由发动机的航程决定的。导弹作战要发现目标，指示打击的目标，因此首先要解决远程目标指示问题。

如“海鹰二号”导弹的射程就受制于目标指示距离，其航程本来可以更大，但其有效射程之所以是约 100 公里，正是因为当时导弹最远只能“看”100 公里。目标指示的雷达天线架设到海边的山头上，天线的相对高度高，雷达就看得远，导弹的射程就大。当导弹从大海上的舰上发射时，如果用舰上雷达指示目标，因地球是一个圆形的球体，凭舰上的雷达天线高度，目前最多只能看 40 公里左右，这也就是苏联的“冥河”舰舰导弹、中国仿制的“上游一号”导弹射程只有 30 多公里的原因。

当时，我国尚无探测数百公里目标的手段，虽然国家在“七五”计划中安排了机载雷达研制经费，但短时间内难以形成应用成果。为了解决“看得远”的问题,1990 年，时任总体设计部主任的黄瑞松安排总体设计部一室开始研究“超视距目标指示系统”，但研制进展缓慢，一波三折，后来被迫撤销研制，“Y2”的制导体制和弹上控制设备不得不进行调整。在中制导阶段，使用激光陀螺惯性导航系统；在末制导阶段，使用特殊工作方式的末制导雷达。

这样一来，激光陀螺惯性导航系统和新型末制导雷达可以说是“临危受命”，地位突显，然而大量新问题也随之而来。

制导控制系统是导弹的“大脑”和“神经中枢”。搞控制出身的黄瑞松，对导弹控制技术有着系统的了解和精准的把握。正是因为他在这个专业领域的过硬功底，才能在各种关键时候果敢正确地决策。早在他当研究室主任时，就开始关注国内某大学的激光陀螺，买来样品开展激光惯导装置的研制并进行试验。

20世纪90年代初，导航控制技术研究所提出了研制先进的弹用激光陀螺的想法。时任技术副院长的黄瑞松对这一想法大力支持。但这需要一大笔钱，由于经费紧张，院里不舍得出钱，在那个年代花几百万元确实有点儿昂贵。黄瑞松好说歹说，软磨硬泡，院长就是不肯表态，最后被磨得不耐烦了，就说："你要这么积极，那你掏钱吧。"黄瑞松道："院长呀，我兜里的钱难道不也是你的钱吗？"大家都笑了。在黄瑞松的坚持下，项目终于获得通过。

对研制激光陀螺一事，黄瑞松常常亲力亲为，经常与宋有山、张绍武等磋商解决方案，并多次带队去相关单位考察、调研，提出攻关建议，最终，导航控制技术研究所和光电技术研究所建立起了激光陀螺生产线。

"Y2"导弹在研制初期，采用的是捷联惯导装置，因陀螺精度不能满足要求，因此惯导的导航精度不能满足导弹的战技指标要求。鉴于此，黄瑞松做出一个大胆的决定，采用激光陀螺代替原陀螺！一石激起千层浪，因为此时距型号方案论证已过去了十余年，马上就要打助推弹了！这时要临阵更换陀螺，用一种并不成熟的产品来替换相对比较成熟的产品，风险太大了，因为"Y2"上的新技术已经很多了！这不是给自己找事儿吗？上上下下反对的声浪相当高。但黄瑞松力排众议。因为他知道，要保证中制导的精度，必须更换，风险是很大，但必须闯。“就这么定了，错了我负责！”黄瑞松就是这样，在该民主的时候，他一定先发扬民主，大家讨论甚至争论得越激烈他越高兴。但发扬完民主，该技术决策的时候，他就显得果敢而坚决。

黄瑞松真的如此固执己见、不计后果吗？事实并非如此，其实在导航控制技术研究所对激光陀螺研制过程中，黄瑞松一直保持着密切的关注，多次去现场看过，对他们的状态及进展心里有数。由于某对准技术当时在国内还是一个没有解决的技术难题，多个单位在攻关，而导航控制技术研究所在技术负责人李立新（现任三院院长）的带领下首先突破了这一难关。导航控制技术研究所的这股闯劲儿，让黄瑞松对他们充满信心。

黄瑞松的决心下达后，有了型号应用的强有力牵引和军方的支持，激光陀螺的研制也得到了大提速。在副总设计师张绍武的带领下，研制团队很快拿出了激光陀螺惯导系统的试样产品装备到“Y2”上，进行了国内首次飞行试验，通过了恶劣环境考核。事实上，对于黄瑞松的决定，军方刚开始也持高度怀疑态度，力劝他“慎重”。黄瑞松努力说服了他们，并得到了经费支持。

事实证明，黄瑞松大胆决策使用激光陀螺惯导系统是正确的，导弹一次次精确命中目标说明了一切。黄瑞松的眼睛就是这么独到，风格就是这么犀利，他看到了激光陀螺的广阔前景，在并不成熟的情况下，大胆决策试验。毫无疑问，激光陀螺的决策是明智的，更是超前的。但这并非意味着一帆风顺，他差点在激光陀螺上栽个大跟头，当然这是后话了。这，或者就是超前的代价。

通过使用激光陀螺，“Y2”飞行中段的问题解决了，但飞行末段呢？

5. 一双慧眼

行百里者半九十。

中段飞得再好，并非万事大吉，还必须迎接末段的考验。当然了，要末段飞得好，必须中段飞得好。末段的飞行制导控制精度，从某种意义上说决定了导弹的命中精度。

因此导弹需要一双慧眼。

飞行末段的事，是末制导雷达的任务。“Y2”的末制导雷达由导引技术研究所研制。由于导弹本身的高指标要求，尤其是调整了超视距目标指示和中继指示系统方案后，对末制导雷达的要求也变得异常苛刻。为了满足要求，雷达上的技术和部件绝大部分进行了创新。要知道，在高科技领域创新从来都是一把双刃剑。指标的提高，对新技术采用过多，会影响产品的可靠性，这二者几乎成反比，因为新技术的成熟需要一定周期。

末制导雷达研制初期就遇到了不少质量问题。黄瑞松深入到导引技术研究所，和大家共同探讨与分析。听了汇报，看了现场，见了各种琳琅满目的新技术，黄瑞松却出人意料地说：“你们的问题不是缺少新技术，恰恰是新技术和新器件用得太多了！”他顿了顿，又说道：“我很欣赏你们的创新精神和闯劲儿，但你们的元器件好多都不成熟，不过关，所以才会出现很多问题。你们需要把一些新的不太成熟的元器件换成合适的成熟元器件，以降低研制风险，提高产品的可靠性与可生产性。”

在激光惯导上，黄瑞松力排众议坚持要创新；而在末制导雷达上，黄瑞松又要求尽量采用成熟技术。这听起来很矛盾！其实并不矛盾，这正体现了黄瑞松一种既锐意进取，又实事求是的性格。他坚持认为，创新不是目的，而是手段。当满足不了指标，或者产品缺乏竞争力时，才需要大胆创新；而当有成熟技术时，就要尽量采用成熟技术。因为新技术都有一个成熟期，多一项新技术，就多一份风险。黄瑞松接手“Y2”后，深知“Y2”的新技术太多了，很有必要在某些地方“退一下”，以退为进。

雷达导引头里面有一个特殊天线，导引技术研究所自己生产不了，就外协给了电子系统的某研究所，结果他们也造不出来。黄瑞松对导引技术研究所的人员说：“还是得从设计状态抓起，我给你们列个专门的技术攻关课题，给你们经费支持，你们攻攻关吧。你们不是开始数字化加工了吗？从这上面想想办法，看从设计方面能不能加强整合和优化。”于是，导引技术研究所开始组织集智攻关，从设计源头分析改进，最终，实现了高度集成的一体化设计，可生产性有了极大提高，难题迎刃而解。

“Y2”制导体制调整后，撤掉了“超视距目标指示系统”的中继指示平台，这就要求弹上末制导雷达必须看得更远，搜索距离更宽，理论上必须要重新设计雷达导引头。此时，雷达成品都已经研制出来了，要改谈何容易？黄瑞松琢磨，能不能在信号处理上做文章呢？他说，我听说某大学有一种特殊的信号检测新技术，是否可以试一试？众人一打听，果然有这么一种技术，于是，用这套技术很好地解决了这一难题。

最终，在雷达总师殷善贤、主任设计师王莉等人的带领下，一步一步地攻克了大量难关，末制导雷达很好地满足了小型化设计、工作距离远、搜索范围大三个主要指标，“Y2”的一双“慧眼”就此炼成。

黄瑞松自己也生有一双慧眼，他经常见旁人之所未见，及旁人之所未及。除了天资使然，还有一个非常重要的因素，就是他是个有心人，非常勤奋，也善于调查研究。俗话说，天道酬勤。黄瑞松随时随地，经常利用各种机会“充电”。比如，他之所以能提出特殊信号检测的新技术，是因为他在一次会上偶然听到的这一技术。有些人觉得开会是件枯燥的事，但他却注意去听，获得各种信息，回来后将有用的还要整理出来。他善于利用出差、开会、培训、参展等一切机会，接收外界的新资讯、新思想。他也没有什么新奇的招数，无非就是跟人聊天。从聊天过程中，发现他所不知道的事情，用心记住他想记住的东西。他和各行各业、各个年龄段的人都能聊到一起，包括小区值勤的保安，来家里打扫卫生的小时工，病房里的护工，收废品的人员……他都能跟他们“海聊”。他就像一台不知厌倦的电脑，将收集到的海量信息存储、加工、处理，从而丰富和完善自己的认知体系。

“海不择细流，故能成其大；山不拒细壤，方能就其高。”

中国的导弹之父钱学森提出的“大成智慧学”，原旨就是“集大成，得智慧。”黄瑞松就是这一理念的忠实奉行者和实践者。

慧眼生于慧心。

他有一颗充满新奇、永不满足、学无止境的慧心。

无疑，这也是一颗激扬的、澎湃的心。

6. 澎湃的心

动力系统，被誉为导弹的“心脏”。“Y2”的动力系统由一台涡喷主发动机和一台固体助推器组成。

根据任务书要求，动力技术研究所提出以“X-2”发动机为基础，吸收原机“T3”的有益技术，充分利用前期研制成果进行研制。此时，“X-2”的研制已进入弹上飞行阶段。上一章讲道，“强国弹”所用的“X-2”涡喷发动机同样由动力技术研究所研制，走过了一段非常艰辛的历程。

动力技术研究所庞重义等对原机进行分解、分析，并开展技术攻关。“X-2”的国产化过程为“X-4”打下了非常重要的基础，更是积累了宝贵的经验和教训。经过研制人员的不懈努力，“X-4”的性能和功能比“X-2”显著提升。

尽管有“X-2”打下的基础，但仍有许多难题困扰着大家。比如，“X-2”在接下来的弹上飞行试验中并不顺利，多次造成飞行失利。“X-2”不顺利的压力直接传导到了“X-4”研制队伍，决定加强地面试验，其中比较重要的就是“火箭橇”试验。“火箭橇”试验可验证三大问题：一是发动机能否成功点火和稳定可靠工作？二是助推器能否顺利地热分离？三是折叠弹翼能否顺利展开并锁定？

说到这里，就不得不说一下“Y2”的固体火箭助推器。

为了达到“Y2”的大射程要求，必须要有一台动力强大的高效能助推器。但受“Y2”导弹的气动外形结构和尺寸所限，给定的安装助推器的位置受到严重约束，助推器的研制面临空前的难题。

后来担任助推器主任设计师的汤设计师，这时还是一个刚参加工作没几年的毛头小伙子，小汤所在的团队设计了一种特殊形体的助推器方案，但由于负责结构的同志把数据算错了，药柱做出来就是装不进去。小汤去和搞结构的同志理论，但对方就是说自己做得没问题，结构也没法儿改，双方各执一词，谈不拢，也进行不下去了。如此一来，在助推器空间尺寸和几何形状受到苛刻限制的情况下，要达到大推力的指标要求，必须要做多方面的技术创新。这么大的创新量，以及由此带来的经费、时间、风险等等一系列问题，事关重大，一般人根本不敢拍这个板儿。时间又紧，层层汇报，层层讨论，一时半会儿是不会有结果的。小汤辗转反侧，想来想去，没有别的办法，只能直接去找最高领导试试了！

小汤忐忑地来到黄瑞松办公室，敲门没在，一问秘书处的同志，说黄总开会去了。回去后，他就隔三岔五地往黄瑞松的办公室打电话，终于有一天打通了，他自报家门后，说："'Y2'助推器方面遇到了困难，有些想法想跟您请示汇报一下。"黄瑞松在电话里说："可以，不过我马上要开会，我会议安排得很满，你跟我秘书约一下具体时间吧。"于是，小汤找他的秘书约时间，但他总在开会，根本约不上，这时的黄瑞松是副院长，此外还担任着多个职务，的确极其繁忙，一天要开若干个会。约了几次没约上后，小汤干脆不约了，直接跑到黄瑞松办公室门口去堵他。有一天早晨，终于把黄瑞松堵在了门口。他说："黄总，我就是小汤，想跟您汇报'Y2'助推器的事。"黄瑞松略带歉意地笑了一下，说："你就是小汤啊，这样吧，你到我办公室等我，我马上要去开一个会，不过这个会很快，十多分钟就结束，今天上午剩下的时间全归你啦！"

小汤很高兴，在办公室坐着等他。一会儿，黄瑞松开完会回到办公室，说："你讲吧。"汤设计师带了两份报告，一揽子汇报了个透。大意是说："两年多我做了上千种方案，根据这型助推器的特殊性，研制方案必须要作大调整，经费也要大幅增加，只能找您，看能不能支持我们这么做？"还有一点，汤设计师没说，就是由此带来的高风险，也不须说，黄瑞松当然清楚。黄瑞松沉思了一会儿，说："我听明白了，你的想法有道理，有很大的挑战，但这是一个很有潜力的方向，我支持你们搞。你要多少钱呢？”小汤说：“我要 200 万。”黄瑞松吓了一跳：“那还得了！全年经费才 2000 万，你就要 200 万，怎么可能给你那么多！”小汤说：“黄总，不是我漫天要价，钱少了真做不下去，刚才您也听明白了，这难度多大！之前院里就给我 5 万元，说真的，对于我们这个项目来说，给 5 万元和给 5 元效果其实是一样的，最终什么也出不来。之所以要这么多钱，我有实打实的预算啊，您看，我拿这个钱干什么，一分一分都有去处。”小汤跟黄瑞松软磨硬泡了半天，黄瑞松摇头苦笑道：“我磨不过你，这样吧，给你 160 万，剩下的你们自己想办法解决。经费计划都下达了，我只能去找机关挤一挤、调一调了。”

小汤如释重负，也备受鼓舞。他也不负期望，两年后，这台助推器的第一次试车数据出来了，推力性能很高。海军的同志说：“邪了，世界上还没这么高的呢！”黄瑞松对他们的攻关成果给予了极大赞赏和肯定。这台助推器，用的方法和手段与别的都不一样，开了许多先河，实际上已经是一个跨代级的产品，这些先进成果在后来的其他型号中也得到了全面应用。助推器技术达到了国际一流水平，正是发端于“Y2”的固体火箭助推器。

汤设计师那时才 29 岁。在鼓励技术创新或选拔技术创新人才上，黄瑞松从不注重学历、年龄、性别，他注重的是思想、是本事、是干劲儿。他对年轻人从来都是大胆起用，压重担，让他们在实践中摸爬滚打，经受风雨的洗礼，使其快速成长、成才。

做“火箭橇”试验的安排如期进行。

导弹全弹做“火箭橇”试验，这在我国还是首次，这是一种非常新颖的试验方式，按理说，作为总设计师的黄瑞松应随同前往。但此时正值“强国弹”飞行试验最为艰苦的时期，黄瑞松根本无法脱身，只能在海军试验基地遥控指挥“Y2”的“火箭橇”试验。

经过多个航次的“火箭橇”试验，结果表明相关运动参数与“Y2”弹道计算基本重合，“X-4”发动机起动、工作正常，固体火箭发动机的分离不影响主发动机的正常工作，折叠弹翼能够可靠展开并锁定。

可以说，“火箭橇”试验表现相当完美。

不过，“火箭橇”试验毕竟是在地面试验，是一次飞行仿真试验。

然而，再完美的地面试验毕竟也还是在地面，等真正上了天，是否会有不测风云？

7. 不测风云

历史的车轮滚滚向前，人类历史即将跨入2000年。在这辞旧迎新的美好时刻，1999年12月底，黄瑞松带领“Y2”试验队开赴海军第二试验区，开

黄瑞松在联欢晚会上致辞

展首发助推弹飞行试验。

1999年12月31日晚，黄瑞松和试验队队员们一起在试验队驻地收看在中华世纪坛举行的“首都各界迎接新世纪和新千年庆祝活动”的现场直播，并组织联欢会进行庆祝。位于北京玉渊潭公园南侧的中华世纪坛如同欢乐的海洋，陆续赶来的两万多名首都群众，在这里载歌载舞，等候着新旧交替时刻的到来。23：30分，56个身着民族服装的少先队员吹响礼仪号角，奏出盛大的庆祝活动的序曲，在亮如白昼的中华世纪坛上，在镌刻着五千年文明史的青铜甬道旁，狮舞龙腾，锣鼓喧天。一张张绽开的笑脸，一首首热情的颂歌，将那手中挥舞的红旗、翻飞的红扇，化作伟大祖国驶向未来征程的风帆。激情下、歌舞中，人们注视着中华世纪坛上北京时间的倒计时牌，为昨天感怀，为今天喝彩，为明天祝福！

电视机上，国家领导人在欢快的迎宾曲中登上了中华世纪坛，五星红旗冉冉升起，雄壮的国歌声响彻夜空。国家领导人致辞后，醒目的倒计时牌走到了1999年12月31日23时59分50秒，数万名群众随着数字的变化齐声高呼：“10、9、8……3、2、1”黄瑞松脑海中突然条件反射地蹦出两个字“发射！”

——多熟悉的场景啊，这一组倒数的口令已经伴随了他大半生！非常巧合的是，就在黄瑞松脑海中蹦出“发射”的时候，中华世纪坛的“中华圣火”被熊熊点燃！黄瑞松忍不住会心地笑了。也就在这一刻，撞响了世纪钟，21响雄浑悠长的钟声传达出对世界和平与发展这一崇高事业的衷心祝福。五彩缤纷的礼花腾空而起，数万只彩色的气球飞向夜空……

黄瑞松的脑海中，蓦地响起了雄壮的“中华世纪坛序”：大风泱泱，大潮滂滂。洪水图腾蛟龙，烈火涅槃凤凰。文明圣火，千古未绝者，唯我无双；和天地并存，与日月同光……缅怀漫漫岁月，凝聚缕缕遐想。回首近代，百年三万六千日，饱尝民族苦难，历尽变革风霜。烽火硝烟，江山激昂。挽狂澜于既倒，撑大厦于断梁……登坛远望，前有古人，星光灿烂；后有来者，群英堂堂。看乾坤旋转，乾恒动，自强不息之精神；坤包容，厚德载物之气量。继往开来，浩浩荡荡。立民主，兴文明，求统一，图富强。中华民族伟大复兴，定将舒天昭晖，磅礴东方！

黄瑞松心中浮想联翩，想起了近代中国的百年沧桑，想起了自己钟爱一生的导弹事业，想起了自己肩上的责任。他想，没有强大的国防，和平永远只是空中楼阁。就在半年前的5月8日，中国驻前南斯拉夫大使馆突遭美军多枚制导炸弹轰炸，结果造成3人死亡、20余人受伤的惨剧。他因工作关系去过美国、日本等国家，他总结出了“两不变”定律：一是帝国主义亡我之心不变，二是资本家赚钱的本性不变。他曾经对一个朋友感慨地说：“有一首歌叫《让世界充满爱》，依我看，这个世界不可能真的充满爱。美国人民是友好的，但美国的政客们讲意识形态斗争，想遏制社会主义中国的发展，亡我之心不死，帝国主义分子并不友好。”在美国的时候，曾经有一位美国人向黄瑞松挑衅：“台湾想独立有什么不好？”黄瑞松立即反问道：“夏威夷要独立，美国答应不答应呢？”

这一夜，黄瑞松思虑万千，联想了很多，他久久无法入眠。

在严峻的国际形势下，国家对“Y2”等重要装备的渴望变得异常强烈，要求尽快拿出产品。

2000 年 1 月，“Y2”第一枚助推弹飞行试验成功，新年伊始就爆出一个开门红，这极大地鼓舞了研制队伍。黄瑞松当然也很高兴，一切都在按他设想的路径行进。这一发助推弹更多的是验证性的，因为之前已经做了“火箭橇”试验，地面试验充分而扎实。本次助推弹飞行试验和之前的“火箭橇”试验相互印证，结果令人欣慰。黄瑞松决定不再进行助推阶段的飞行试验，直接进入下一个环节：自控弹飞行试验。

经过大半年的精心准备，2000 年年底，试验队开赴海军第一试验基地，吹响了第一次自控弹飞行试验的号角。试验队有 200 多人，浩浩荡荡。这是东北最寒冷的时节，寒风吹在脸上犹如针刺刀割，但严寒并没有冻结住试验队员的热情，他们情绪饱满，斗志昂扬，志在必得。

黄瑞松自信而沉着，有条不紊地部署着飞行试验的各项工作，组织技术阵地测试，协调好海军试验基地方面的各项支援保障。按照试验规范，在进场试验的时候，基地官兵是一岗，研制人员是二岗。官兵们实际操作，研制人员技术把关，双方协同负责。所以，进场后，首先就要组织对基地官兵进行操作培训。还要组织技术人员进行导弹外观检查，单元检查，综合测试，封舱，装发

黄瑞松（右二）在型号定型会上讲话

射筒，射前检查等一系列工作，然后等待飞行试验时间，也叫发射窗口。导弹的发射需要由一组条件来共同决定，包括时间、天气、气候、海情、导弹自身的技术状态，等等，非常复杂，有时为了一次飞行试验要等待好长时间。在发射前，还要由官兵们进行禁航禁渔通告，派军舰到海上导弹飞行区域进行细致的侦察和清理，也称“扫海”，否则容易出现安全事故。

发射当天下午 2 点左右，离发射还有两个多小时时间，黄瑞松早早就来到了发射指挥所。他身着一件深色的长呢子大衣，里面套着一件大红色的羽绒坎肩，仪容整齐，精神抖擞。这是他的一个固有习惯，在飞行试验的时候，总要穿一件大红色的衣服。有时将红衣服穿在大衣里面，有时是一件里外两种颜色能两面穿的。红色意味着喜庆，也预示着好兆头。飞行试验成功后，他就会脱掉外面的大衣露出红色的衣服，或者将衣服红色的一面翻过来穿在外面。所以，若要知道试验是否成功，不用听报告，直接看黄瑞松从指挥所出来穿的衣服是什么颜色的就行。

离发射倒计时还有 2 个小时，试验各节点上的人员陆续就位，发射阵地也传来报告，阵地准备完毕。发射阵地距离驻地有三四个小时的车程，他们早早就出发了。还有 1 个半小时，导弹开始第一次通电检查。接着，1 小时准备，30 分钟准备。15 分钟准备时，导弹开始供电。5 分钟准备，发射阵地完成射前检查。1 分钟准备时，从发射阵地上，一枚耀眼的信号弹腾空而起，飞向高远的苍穹，打破了海湾的宁静。

发射时间越来越近，众人的心都提到了嗓子眼儿。指挥大厅里响起了一串沉稳的口令："10、9、8……"这沉静的口令，却犹如声声重鼓，敲击着每个人的神经。

零时逼近！

"……3、2、1，发射！"

发射阵地上，只听"轰"的一声巨响，静静的发射筒里猛地朝后喷出一团巨大的火龙，一枚乳白色的导弹稳稳地飞出发射筒，犹如蛟龙出海。导弹破空而起，拖着长长的火舌，向茫茫大海飞去。时空仿佛凝固了，众人屏气凝神，目不转睛地注视着导弹越飞越远，他们的心跳也越来越剧烈。

指挥所里，有条不紊地传来报告：

"导弹飞行姿态正常！"

"导弹遥测信号正常！"

"导弹跟踪正常！"

然而，就在这时，报告里传来了令人惊悸的声音："导弹飞行姿态异常！"

黄瑞松太阳穴上的神经猛地跳了一下，仿佛遭遇了一记重锤。

"导弹失控！"

"遥测信号消失！"

黄瑞松心里喊出一声"完了！"他的脑海中出现了这样一幅场景：导弹凌乱地打了几个滚儿，不可救药地滚入冰冷的海水，一声"咣"的闷响，导弹不见了，一团海浪猛地溅起，水珠四散，又归于沉寂。

众人的脸都黑了。顿时，一股沉闷凝滞的空气，弥漫了整个指挥所，这不愉快的气氛简直令人窒息。黄瑞松嗫嚅了一下，想说什么，却一句话没说出来。其他人也没说话，默默地陆续从战斗位置上离开，他们经过黄瑞松座位的时候，礼节性地点了点头，也有个别比较熟的基地领导拍了拍他宽厚的肩膀，说："黄总，想开点儿，保重。"

指挥所的人全走了，黄瑞松还孤零零地坐在座位上想事情。他在想回去怎么安抚大家，怎么动员队伍振作起来，继续后面的试验工作？他一直坐了很久才走出指挥所。天色已经暗了下来，薄暮的云气将天空压得很低。夜风渐起，海浪更大了，拍打着岸边，发出单调而空阔的声响。黄瑞松下意识地紧了紧身上的衣服，仰起头，朝天空长长地吐了口气。他心里有点儿难受。只听有人喊："黄总！我们正到处找您呢，太冷了，赶紧回去吧。"黄瑞松循声望去，原来是试验队的同志来找他，来陪他了。他努力挤出一丝微笑，感到了一丝莫名的温暖。

吃晚饭的时候，大家都无精打采的，饭吃得很沉默。黄瑞松打起精神对大家说："谁都不是神仙，失败是成功之母，大家要振作起来，我不希望看到大家这副沮丧的模样。"

8. 连遭重创

队伍撤回院里后，加紧排查故障。经分析，找到了原因，由于尾翼未能展开到位，导致飞行试验失败。

经过改进的“Y2”导弹，进行飞行试验又提前入水了。经过再次改进，几个月后再次进行飞行试验，导弹飞行一段时间后再次跌入海水中。

连续三发重创，给研制队伍带来沉重打击，也让黄瑞松跌入了苦难的深渊。困惑和不安的情绪在型号队伍中蔓延，来自方方面面的冷言冷语、批评、指责一波一波地涌向黄瑞松，重压着他已经 64 岁略显苍老的身躯。在“强国弹”飞行失利的时候，他是总指挥，好歹还有总设计师姚绍福和他一起扛。但“Y2”导弹的总设计师和总指挥都是他，对这些不满和发泄，他只能照单全收。接下来黄瑞松去海军汇报了多次，汇报一次海军批一次，还说你们这个黄瑞松，是屡战屡败，屡败屡战！个别人员更是出言不逊，甚至说出“要换总师”这样刺人的话。对此，他虽然能做到不理会，但要说一点不受影响那是假的，他又上火了，满脸长包，满嘴起泡，血压也升高了。

尤其是不久后，黄瑞松得到了一个确凿的消息，更是让他五内俱焚。原来，海军已经等不及了，准备弃用这个老扶不上墙的型号，换装刚刚定型的“强国弹”！这对他无异于当头一棒。这个型号从预研开始已经辗转走过了十多年的历程，虽然艰辛，虽然波折，但已经一步一步走到了今天，一发比一发飞得远，容易吗？怎么能半途而废呢？投了那么多钱，花了那么多精力，几百人的队伍熬了这么多年，他怎么向大家交待？怎么向历史交待？这可是天大的事儿。这已经不是简简单单的飞行事故了，眼看着即将演变成一场灾难！

黄瑞松没有办法，只好又来海军做工作，向海军首长检讨、求情。他向石司令员说：“这三次虽然都掉下来了，但一次比一次飞的时间长，有进步啊，我们已经找到问题了，是颤振问题，我们能解决好，只不过请您给我一点时间，请您再给我们一次机会。”

石司令员是飞行员出身，飞机上有时会碰到颤振，也最怕碰到颤振，他知道这是一个世界性难题，对黄瑞松说道："颤振这个问题我了解，可不是一时半会儿就能解决的，3年能解决就不错了。"

黄瑞松苦笑道："我都等不及3年了。要那么长时间，您还不早把我们枪毙了？！"他信誓旦旦地打包票："我向您保证，给我一年时间，我一定解决，请再等我们一年。"

石司令员看着他，严肃地说："老黄，我理解，你这是立下军令状了，可是，你要知道，军中无戏言哪！"

黄瑞松一听司令员这话，看来还有一线生机！他连忙郑重地点了点头，心中也暗自松了一口气。于是，他为已濒临绝境的"Y2"争取到了一年的宝贵时间。

短短一年时间，他能搞定"颤振"这个"罪魁祸首"吗？

9. 罪魁祸首

在航空领域，颤振是一个由来已久的问题。但在飞航导弹领域，颤振这还是头一次遭遇。甚至之前很多人根本没听说过颤振这个词。用黄瑞松的话来说，自己也是"老兵遇到了新问题"。黄瑞松之所以判定出了颤振问题，主要有两点原因。一是他对颤振这个概念早就有所了解，总体设计部有一个姓陈的老同志，编了一本《飞航导弹气动弹性论文集》，里面谈到了颤振，黄瑞松曾经读过，并记录进了他的小本子中。黄瑞松有一个特点，他兜里揣着一个小本子，记录着研制队伍里或遇到的许多人的姓名、学历、专业、脾气、秉性，甚至谁正在积极要求入党、谁处在热恋之中、谁想考研深造、谁有什么困难和想法，等等，他都清清楚楚，了如指掌。二是黄瑞松搞了大半辈子总体，总体研究是跨系统、跨专业之间的系统工程，对不同专业之间的区别与联系、对立与统一有着极佳的敏锐度。“Y2”的方案早期不是黄瑞松牵头论证的，他接手后，就认真研读论证报告，查看了吹风数据，发现了气动方面一些潜在的问题和隐患，提出要改，但有关领导说方案都审查通过了，不同意改。黄瑞松只得要求控制系统要采取措施，规避气动存在的风险，增强导弹飞行控制的鲁棒性，所以在飞行试验过程中才一发比一发飞得远。

黄瑞松带着试验人员用了几天时间，认真分析3发导弹飞行的遥测数据，发现尾翼（全动舵）的颤振边界偏低，于是初步将颤振对象锁定在尾翼上。之前对尾翼做地面试验的时候并没有遇见颤振，为什么一上天就接连出现颤振了呢？在院外专家的启发下，为了进一步复现故障，黄瑞松决定做一次自由状态的全弹振动试验。当时三院还没有全弹振动的试验条件，于是黄瑞松带队来到某军工单位做了全弹振动试验，进一步印证了他的猜想。人证、物证，逐渐形成一条完整的证据链条，指向了颤振这个“罪魁祸首”，证据环环相扣，相互印证。按照航天质量问题“双归零”中“技术归零”的五条标准“定位准确、机理清楚、问题复现、措施有效、举一反三”，目前前三条已基本确定，接下来是要找到解决措施并举一反三。黄瑞松深知，必须吃透技术，摸清颤振规律，从根本上采取有效措施方能治本。他意识到，导弹的结构必须要动一次大手术，不大改不行了，再也飞不下去了。而按照常规工作规程去办，搞清颤振规律、吃透技术、重新论证总体和结构方案、风洞吹风、设计、重新生产、全弹振动试验……这一大套规程，没有三年时间根本不可能完成。可是，他却只有短短一年时间！

时间，时间！必须争分夺秒，要和时间赛跑！

这一次，必须打破常规！

10. 四个主动

这种常规首先从一次会议开始打破。

黄瑞松主持召开了一次规模较大的型号会议，参加会议的有院领导及型号研制人员等。他没有像往常主持会议一样，先组织讨论，充分发扬技术民主，让大家发表意见，他再归纳总结。这次，黄瑞松开门见山地说："我让大家看了三天遥测数据，我自己也关起门看了三天，今天不讨论，今天大家就听我讲。"黄瑞松一口气讲了两个小时，他讲的主要内容是："通过飞行数据分析来看，不敢再飞了，要再失败一次，军方肯定不会再要我们了。现在这个型号在中央军委那里都挂号了，成了重点户了，要再飞不成，我们三院就完了，大家也完了。从目前种种情况看，不能修修补补，必须釜底抽薪，我们要痛下决心，'Y2'必须要大改，要彻彻底底地动一次大手术。这么重的任务，我们只有一年的时间，我们把吃饭、睡觉的时间都搭上，一年时间都够呛。我们必须要分秒必争，我们现在是在和时间赛跑，全系统、各参研单位、所有人，都要充分认识到我们当前面临的危机和困境，分系统之间要换位思考，牢固树立‘一盘棋’思想，不要计较小单位得失，更不要扯来扯去。各单位要严格落实责任制，不要想着把问题都往上交，一层一层报，一次一次开会，鸡毛蒜皮的事儿都得开会来定，我们没有这个工夫了。所有人，都要发挥主观能动性，主动思考，主动想问题、想办法，心往一处想，劲往一处使，不扯皮、不推诿，雷厉风行。对决定的事，就要快干、干成、干好！”最后，他说:“为此，我提出‘四个主动’和大家共勉：有问题主动协商，有困难主动克服，有余量主动相让，有风险主动承担。”

这“四个主动”是在黄纬禄院士“四共同”（有问题共同商量，有困难共同克服，有余量共同掌握，有风险共同承担）的基础上提出来的，应该说，既是一种继承，又是一种创新，更加符合当前研制队伍的实际状况，对队伍建设更有针对性。从此，“四个主动”就成为“Y2”队伍的工作准则，大家逐渐深化对这一准则的认识，变成一种自觉行动。有时，大家在工作中难免崩不住了争吵起来，每当这时，黄瑞松就说:“请大家不要忘了‘四个主动’哦！”常常一句话将争吵消于无形。

对于“四个主动”，黄瑞松自己更是身体力行。基层一有问题找他，他就马上奔赴一线。本来单位有公车，他可以要车前往，但往往等车的工夫都没有了，马上叫上李国春处长就走。李处长是三院科研部的“Y2”型号主管，从头至尾一直负责这个型号，立下了汗马功劳。那时买私家车的还不多，他买了一辆松花江牌面包车，但黄瑞松并不在乎乘坐是否舒适，根本没有心思和工夫想这样的事儿。于是那一年，只要李处长的小面包一出现，大家就知道，黄总来了。

黄瑞松的“四个主动”也给自己带来了一个“负面”后果，或者叫“麻烦”。不是有问题主动协商吗，不是不必层层上报吗，于是，经常是一个技术人员操起电话就给黄瑞松打电话:“黄总，遇到难题了，您能来一趟吗？”黄瑞松二话不说，拔腿就走，他经常这样被呼来唤去。

不过，在“Y2”这个型号中，黄瑞松很早就开始了“一竿子插到底”的做法，这是由当时的特殊背景决定的。当时由于“Y3”全面提速、“强国弹”插曲等原因，一些经验丰富的人员被抽去干别的型号了，也有不少老同志退休，于是，“Y2”只能上一批新人。黄瑞松不得不“一竿子插到底”，直接抓到设计源头去，手把手地教，一个一个地带，管得非常细，当然也更累人。这个型号的一个显著成果，就是培养出了一大批年轻技术骨干，他们后来都成了各个型号挑大梁的人。

如何解决头疼的颤振问题，黄瑞松面临艰苦攻关，他是搞控制出身的，颤振并不是他的专业。虽然对颤振早有了解，但还远远谈不到系统和深入了解的程度。黄瑞松找来《飞航导弹气动弹性论文集》，这本论文集用 A4 大开纸编印，有 300 多页厚。老陈虽然在颤振理论上很有建树，但没有任何实战经验——毕竟这是导弹上第一次遭遇颤振。黄瑞松只好自己钻研，从头开始看，一点点儿啃，还找了其他相关书籍来看。黄瑞松总是说“学问学问，先学再问”，要是连最基本的原理都不明白，怎么去跟别人讨论措施呢？凡是书上重要的内容，他先勾画下来。对于一些疑问或自己的看法，他随时用蝇头小楷在页边上写下来，经常密密麻麻地一写就是几百字。往往，一本书被他看完，别人就没法儿再看了，花得不成样子了。看完后，他会把重要内容系统地、分门别类地摘抄到另外的笔记本上。黄瑞松一直以来就有作读书笔记的习惯，几毛钱一个的横格小本子，他总共记满了几百个。有一次搬办公室，秘书张利帮他整理出了几大箱，蔚为壮观，张利很是震撼，她对当时的院长宋欣说：“真该找个机会把黄院士的这些笔记拿出来展览展览，让大家，尤其是现在院里的年轻人都知道，一个院士是究竟怎样炼成的！”

当然，也不能光靠自己钻研，时间不够用！一“管”不行，他多“管”齐下，找到了另一“管”——一位姓管的院士。管院士是航空系统大名鼎鼎的颤振方面的专家，黄瑞松辗转找到并拜访了他，并请他来院里帮助做分析。管院士来总体设计部看了试验数据，了解相关情况后，说：“你们这情形跟我们飞机上的情形很相似，这肯定是颤振，但要进一步做振动试验来印证。”于是就有了去做全弹振动试验的事。管院士连续来了三次，帮助准确定位了颤振问题，但对于“Y2”应该采取什么样的措施，管院士很幽默，说他只能介绍解决颤振的通常方法，“具体如何解决请老黄你自己定！”

黄瑞松能理解，人家也只能帮到这个程度了。于是组织了一个专门攻颤振的小组，又和在这方面有经验的航空某所和某高校合作进行攻关。黄瑞松带着总体设计部年轻的技术员小潘等与他们多次商谈、探讨，一步步细化技术措施。航空某所的气弹室主任恰好是小潘的校友，很年轻，可黄瑞松虚心地称他为“老师”。该室主任私下对小潘说：“你们黄老总在这方面虽然不是行家，但他思维深邃，那么钻，那么用心，你们的型号必定能成功！”

“Y2”的排故全面展开，黄瑞松是“5+2”“白加黑”，忙得四脚朝天，简直透不过气来。不光型号上的事，还有别的事也在牵绊着他。比如，在这段时间，他还见缝插针地赶编了一部皇皇巨著《飞航导弹工程》。这部几百页的著作是中国飞航导弹技术及经验的系统总结，是一部集大成的作品，意义重大，时间紧迫。他是主编，必须要亲自操刀，白天没时间，都是利用晚上干，每天都熬到很晚。

如此大的工作强度，这么多操心的事儿，别说已经六十多岁的人，就是青壮年也吃不消。他病倒了，血压又升高了，脸上也失去了光泽。有时由于跑动得太过频繁，以致身子一沾着椅子就半天起不来。心跳加快，气息变粗，身体已经透支到了极限。这段时间，老伴儿杨韵茹的日记里便出现了这样的记载：“他管的事儿太多了，本来就没有得力助手，事事都要操心”“他现在常为工作的事儿生气，我希望他有一颗平常心，真担心他的身体”“他说不太舒服，下午话讲多了，有些激动，血压上来了”“压力对他影响确实太大了，看他样子神情有点

在庆祝建国50周年阅兵式上，飞航导弹接受检阅

儿不正常，我真担心”“中午他又没回来吃饭，晚上兴东（儿子）回来了，两人见了面就谈工作，他现在真是着魔了，不知什么时候就蹦出一句来”……

院领导见状，实在是于心不忍，于是决定给他减负，也让他有足够的精力来攻颤振这个难题。于是，黄瑞松不再担任三院科技委主任；接着不再担任“Y2”总指挥职务，由副院长于世元接过了总指挥的担子，院领导让他全力以赴做好总设计师工作。

黄瑞松和于世元配合得非常默契。对黄瑞松的技术决策、技术路线，于世元非常尊重。另一方面，身为院总调度长的她，充分发挥调度系统的优势和管理方法，加强了型号调度，强化了技术决策的执行，组织周例会，及时协调处理工作中的各种问题。

同时，黄瑞松也将昔日总体设计部培养的第一个研究生、担任另一重要导弹型号主任设计师的冯姓女同志调到身边当助手，那时，该导弹的岗位系数津贴比别的型号都高，但在“Y2”面临困境急需人才、更在老领导的亲切召唤下，冯主任义无反顾地投身到这个“前途晦暗”的型号中，成为了黄瑞松的总师助理，直接组织技术决策的落实和实施，并负责技术管理工作。

通过加强型号顶层力量，型号管理和技术决策的执行都得到了极大加强。

11. 卧薪尝胆

在这段时期，黄瑞松的技术决策风格变得格外犀利。没有时间充分酝酿、广泛讨论、深入论证，但他做了大量的决策。支撑他快速决策的，完全就是凭这半辈子在多个型号中摸爬滚打所积累的经验。

犀利的黄瑞松，常常又富有温情。“Y2”研制队伍中有很多年轻人，年轻人遇到挫折不免会产生气馁和畏难情绪，黄瑞松以自己的乐观情绪和必胜信心，感染和鼓舞着大家，他说：“遇到失败，重要的是决不能趴下，决不能自己打倒自己！”他甚至刻意组织了集体舞会，让队伍“把痛苦统统忘掉，只要记住肩上的使命和责任！继续顽强拼搏，胜利一定属于我们”。他还给负责攻颤振的小潘写下了“不断学习，勇于实践，善于总结，勇往直前”的勉励箴言。

保持乐观固然可以减少一些负面情绪和消极因素，但真正的工作却一件也没有少。经大量建模和分析计算，最终搞清了颤振规律。借鉴其他型号的成熟经验，大胆对弹体布局进行了改型，加大了控制裕度。由于弹体布局作了大改动，其他相关方面也进行了一系列适应性更改。

为了提高研制生产效率，黄瑞松果断决策，使用了新颖的“虚拟装配技术”。按传统工艺生产方法，通常是设计出图纸后，下到生产厂，由生产厂购买原料进行生产加工，在生产加工过程中经常要反反复复修改和磨合很多次，有时甚至会颠覆设计。这个过程属于设计和工艺之间的协调性问题，属于典型的理论和实际结合的问题，也是一种技术实现层面的博弈。比如设计很理想，但工艺上做不出来；或者工艺上实现了，但又不能满足技术指标。这个过程往往需要花费大量时间去解决。而虚拟装配技术是充分利用计算机技术，设计数字化三维模型，在电脑上进行模型装配，在虚拟装配的过程中发现工差等问题，直到装配完全协调一致后才形成图纸下厂，实际的生产装配就能一次成功，不会反复。这一新技术的应用，极大地提高了生产加工效率。黄瑞松在 20 世纪 90 年代初就开始主持总体设计部与导弹总装一厂实施计算机辅助设计与辅助制造（CAD/CAM）一体化工程研制，开始积累技术打基础，现在终于有了用武之地。三院导弹的数字化装配技术首次使用并获得了成功，为实现“Y2”一年内进行飞行试验，立下了汗马功劳。

这真是忍辱负重、卧薪尝胆的一年。小小的尾翼，惹出这么大的风波，实在是一大教训，也实在是一笔宝贵的财富。在后续的型号中，由于有解决“Y2”颤振问题的成熟方法，后来的型号再也没有出现过因为颤振导致飞行失败的事。

有了合适的气动布局和尾翼，“Y2”是否能够展翅飞上美丽的蓝天呢？

12. 又掉链子

经过整整一年的日夜奋战，2002 年年底，黄瑞松、于世元带领试验队向海军第二试验基地进发。

到了试验基地后，紧锣密鼓地开展技术阵地的测试工作。测到激光捷联惯导系统时，大家一下子惊呆了。因为陀螺信号输出不正常，陀螺有问题！这可又是天大的事儿！陀螺有问题，控制系统就会瘫痪，导弹的控制系统就好像人的大脑和神经网络一样，人的神经网络要是出了问题，那定是非死即残。这真是按下葫芦浮起瓢——一波未平，一波又起啊！

这一下大家都急眼了。姑且不说能否归零，到年底必须完成任务，时间已经非常紧张了。现在哪怕只是耽误一小时，都太要命了！另外，马上就到封海的时节了，一旦封海，半年也进不了场，今年的责任令将成为泡影，对海军、对各级领导的承诺就无法兑现。正当大家躁动不安开始责难导航控制技术研究所的时候，黄瑞松平静的话语响了起来"请大家牢记四个主动啊。"他顿了顿，继续平静地说："颤振那么大的事儿咱们都解决了，没事儿的，大家先不要着急，他们会解决的，给他们点时间。"大家见总设计师都这么淡定，也渐渐安定了下来。数十年来，经过一次一次的挫折，一次一次的风雨，一次一次的打击，一次一次的摧残，黄瑞松已经渐渐养成了一种安如磐石的心境。这心境显示在他对任何困难和问题都不再大惊小怪，都能保持冷静和淡定，都充满必胜的信心，都能宠辱不惊，当然，也辐射给其他人一种安然的力量。

当天正在下大雪，导航控制技术研究所邱主任等人捧着激光陀螺连夜顶风冒雪从基地赶回北京归零。在故障定位的时候，陀螺装置却跟他们捉起了迷藏。因为要找到故障，必须要加监测设备去监测，但监测手段上去后，故障又不出现了。有一两次，勉强抓到了故障特征，经试验人员分析，将故障定位于某个元器件接插点接触不良，这反过来也能解释为什么上了监测手段故障就消失了。

因为陀螺工作的时候，其温度、振动应力不断增加，达到一定程度后才会激发出故障，但当监测手段都上去后，实际上是改变了应力故障的边界条件，所以出故障的几率就变小了。这么严重的事态，如果说只是一个元器件接触不好，这个观点很难说服人。在如此兵临城下的重压下，没人敢轻易拍板说故障就是它。导航控制技术研究所向两总系统紧急报告，看这种情况下能不能归零？

大部队还在前线焦急地等待，而导航控制技术研究所的归零已经过去了整整7天7夜还没有结论，大家真的急死了，坐卧不安，饮食无味，心如乱麻。这时，黄瑞松接到了导航控制技术研究所的报告，他当机立断回院里一趟，亲自主持归零。前文已说过，“Y2”使用激光陀螺正是由黄瑞松力排众议拍的板，现在他又是型号总师，安能置身事外？

家里，老伴儿杨韵茹也在焦急地等待着前方的消息，因为她知道这一次试验非比寻常，比过去——不，比有史以来的所有试验都要让人牵肠挂肚、担惊受怕。她不知道，他已经精疲力竭备受摧残的身躯，还能不能承受再次失败的重压？这天上午11点多，杨韵茹突然接到了冯助理打来的电话，说她和黄总、于世元副院长回来了，已经下飞机了，让她立即准备中午饭，黄总吃了要赶紧去开会。杨韵茹一听到这个电话，当时就懵了，她知道准又出事儿了，否则不会在这个紧要关头从试验队赶回来的！她失魂落魄地放下电话，忐忑不安地准备午饭。中午 1 点多，黄瑞松风尘仆仆地回到了家，她才知道是导航控制技术研究所的产品出问题了。黄瑞松狼吞虎咽地吃了饭，连陪老伴儿说会儿话的时间都没有，就又匆匆地走了。千言万语无从说起，老伴儿只简单地说了一句“你可别太着急了啊，注意身体。”黄瑞松嘴里“嗯”了一声，就头也不回地走出去了，留下了老伴儿在那儿怔怔出神。

黄瑞松仔细听了导航控制技术研究所的汇报，并认真查看了试验数据，组织召开了归零会。院里对这次归零会也非常重视，高红卫院长等高层领导也参加了。经过认真的讨论，黄瑞松认为导航控制技术研究所对问题的定位是准确的，机理是清楚的，措施是有效的。在他的主导下，会议通过了归零评审！

此时，导航控制技术研究所邱主任已经 7 天 7 夜没有回家睡过觉，上火上的嗓子都说不出话来了。见在关键时刻黄总亲自回来听取他们的汇报，对他们如此信任、支持，在重大责任问题面前敢于如此担当，一种温暖的感动冲击着他的肺腑，心里对黄总充满了由衷的敬佩之情。

13. 飞向辉煌

这一年日历翻得太快、太快，厚厚的日历飞快地由厚变薄，最终，日历的最后一页也即将翻过。

2002 年年底的一天，飞行试验的日子终于来临了。这一天，试验基地当地的天气预报是这样记载的：

天气状况：晴 / 多云

气温：-6℃ /-10℃

风力风向：北风 6-7 级 /5-6 级

对东北的寒冬时节来说，这的确是一个不可多得的好天气！

这是一个非常适合导弹飞行的天气!

这是一个昭示着光明前途的天气!

蛟龙腾空，须有风云际会。

冲出苦难，必定托起辉煌。

清晨，黄瑞松为即将赶赴发射阵地的试验队员送行。一如往常，他收拾得干净利索，外穿深色长棉服大衣，内着鲜红的运动衣。他目光平和，神情坚定、刚毅而又平静。他与即将奔赴发射阵地的同事、战友们一一握手告别，一位，然后，接着，下一位……他高大的身躯缓缓地经过他们面前，对每一位都轻声嘱咐，千言万语都在平时说尽，此时此刻，他对他们只剩下简单却又凝重的叮咛：辛苦，正常发挥。路上小心。等你们好消息……

试验队员们即将出发，黄瑞松仍笔直地站着，向队员们微笑着挥手致意。

一声出发的喇叭声响起，庞大的发射车队在初露的晨曦中渐渐远去，黄瑞松还在向他们挥着手。冰凉的海风拂面而来，吹动他满头直立的银发。这些银发在寒冷的海风中起伏不平，却总是倔强直立，就如同他坎坷不平却铿锵激昂的人生。

他一直目送他们远去，直到他们的背影完全消失。

远方传来一声喇叭的鸣响，余音回荡在空中，久久不能飘散……

中午11时许，黄瑞松、于世元、冯助理以及三院党委书记韩玉民等来到海边山头上的指挥所。这是一次极其重要的发射试验，三院科研厂所的主要领导都到了试验基地。高红卫院长原定也要前来，但因为临时接到通知要接待中组部有关领导，遗憾未能成行。2002年他以中国航天科工集团公司副总经理身份兼任三院院长时，正好是“Y2”型号最为困苦艰难的逆境时期，这一年来，他也承受着来自各方面的巨大压力。他留守在三院，焦急地等待着前方试验的消息。从发射前两个小时的射前准备开始，一直到试验结束，在这两个多小时的时间里，他接收不到任何信息，将会面临很长一段的信息真空。他只能等待，度时如年地等待！

此时，海军新试验靶场刚好竣工，本次“Y2”试验是新靶场第一次投入使用。新靶场在建设过程中，从方案论证、选址、项目考察到设备选购等，黄瑞松都全程参加并协助王司令员开展了大量工作。为此，王司令员特别感谢黄瑞松，说：“如果没有你们的支持，我们不会有这么好的靶场！”

这一次，黄瑞松将在自己亲自参加建成的靶场上指挥发射。

14. 英雄有泪

张利是一个很细心、很会体贴人的女孩子，在这关键时刻，她更是将黄瑞松照顾得无微不至。她把黄瑞松送到了指挥中心的指挥大厅，便和其他人在指挥中心旁边的一个小会议室等待。进入指挥中心的时候，按要求都交了手机，手机统一锁进了电磁屏蔽柜里，这也是家里人在试验期间接收不到信息的原因。

发射时间越来越近，众人都紧张起来。

原定的发射时间是12点10分，但后来因故临时推迟了半个小时至12点40分发射。

就是这半个小时的延时等待，让所有人备受煎熬。

12：40，导弹按照指挥中心命令准时发射！

导弹发射在小会议室引起一阵不小的骚动，有人兴奋地轻声喊道："打了！打了！"

在小会议室，张利他们只知道导弹打出去了，但导弹具体飞行过程看不见。他们按捺不住，立即往旁边的指挥大厅跑，不能进去，但透过指挥大厅门框上部的一块小玻璃窗，能看见里面的大屏幕。于是大家屏住呼吸，踮着脚尖，挤在一起向大屏幕观看。

只见大屏幕上，导弹一直稳定地在飞，在飞，在飞……

屏幕上的理论弹道曲线和导弹的实际飞行曲线完美地重合在一起。

如此美妙的曲线，在屏幕上延展，在时空中穿梭，简直带有一种穿越时空的梦幻感！

飞行曲线越来越长，导弹在飞，在飞，仍稳稳地在飞……

从地狱，终于到了天堂。

当张利他们看着那条梦幻一般的曲线一直飞行时，早已控制不住眼泪，个个泪流满面。旁边的邱主任等几个大男人已经哭出了声。楼道里，科研部李国春处长这个大老爷们儿也已经鼻涕眼泪全都出来了，他曾说："这个型号太不顺了，干这个型号我差点就干死在上头了……"

无与伦比的圆满，动人心魄的辉煌。

指挥大厅里响起异常猛烈的掌声和欢呼声！

军方领导过来，和黄瑞松紧紧拥抱在一起！

黄瑞松的眼里也涌出了动情的泪水。他本是一个刚强的人，这一辈子几乎没怎么哭过，但此情此景，他百感交集，真忍不住了。

这是幸福的泪水，这是英雄的泪水。

他们一个个哭得稀里哗啦，哭成了泪人儿。

让他们尽情地哭一次吧，无论他们哭得多么难看，他们都是最可爱的人，都是这个国家当之无愧的英雄。

此情此景，让我们重温一下伟大领袖的嘱托：为了反对帝国主义的侵略，我们一定要建立强大的海军！

此时此刻，让我们重温一下航天精神：自力更生，艰苦奋斗，大力协同，无私奉献，严谨务实，勇于攀登！

此生此世，他们义无反顾地扛起肩上的责任，心向红旗，坚韧不拔，用心血铸出一柄柄锋利的长剑，捍卫着国家的强大，守卫着世界的和平与安宁。

面对一次次挫折，他们顽强拼搏，从不言败。其实，他们也累，他们也脆弱，他们也是血肉之躯。他们顽强，只因为肩负着那份神圣的使命；他们不言败，只因为心中那个萦绕一生的强军梦。

光辉的理想照亮了他们奋斗的道路，神圣的使命让他们一次次冲破逆境。

无论这个世界多么浮躁和喧嚣，总有那么一群甘于寂寞，却卓越着、优秀着的人。

或许，卓越者的一大优点，就是在一次次的困难和挫折面前百折不挠。

或许，那些优秀的人，只有通过坚韧的付出和默默的奉献，才能得到欢乐！

试验成功后，黄瑞松（前排中）与试验队队员合影

试验成功后，一名队员与黄瑞松（左）抱头痛哭

黄瑞松（左五）与试验队队员合影

15. 圆梦之后

“Y2”与黄瑞松长达十多年的同呼吸共命运，已经成为了他心中的一个梦，一个情结。他早已计划好，梦想成功之时，就是自己功成身退之日。为了实现这个梦想，他付出了巨大心血，他顶着常人难以承受的压力，他为这个型号苍老了很多。

“Y2”从此一路高歌猛进，表现优异。

“Y2”众望所归地获得国家科技进步奖一等奖，国防科学技术奖特等奖，国

在人民大会堂领取国家科技进步奖证书时，黄瑞松（右二）与李立新（左一）等合影留念

试验闲暇之余，黄瑞松（前排右四）与队员同游

在庆祝建国60周年阅兵式上，“Y2”导弹威武地通过天安门广场

防科技工业武器装备型号研制金奖，黄瑞松均排名第一，并被国防科工委授予一等功。

这一年，中央军委主席江泽民、军委副主席曹刚川等前来三院参观时，黄瑞松向首长们自豪地介绍了这型导弹。江主席大为赞赏，听说他当选为中国工程院院士时，握着他的手高兴地说：“我也祝贺你！”

2009年10月1日，在庆祝建国六十周年阅兵式上，“Y2”作为新装备接受了检阅。黄瑞松也收到了参加国庆阅兵典礼的邀请函，但因身体原因却未能参加，他在家里全神贯注地观看了实况转播，异常激动和兴奋，也为未能到现场观礼而感到遗憾。

黄瑞松毕生追求的事业似乎就此划上了一个圆满的句号。“Y2”的后续发展型，已由冯助理接过总设计师担子，带队继续前行。

但是，他真能如愿以偿地安心休息了吗？

不，祖国的航天事业还不舍他的离去。

一个更加高远和超乎寻常的梦想，正在前方对他翘首以待。

梦想没有休止符。

那是一座新的高峰。

他需要重新出发……

黄瑞松

黄瑞松院士传记

Academician Huang Ruisong's Biography

第八章

基础当先　人才为重

黄瑞松在导弹技术领域是一位大家，在人才培养、系统工程、规划预研、基础技术等重要的基础性、先导性、前沿性工作方面，也不遗余力、建树颇丰。

1. 广育英才

在被问及飞航导弹持续发展的关键因素是什么，黄瑞松目光坚定地回答："关键因素就是人才、创新、预研，其中，人才是关键！"

1983年，黄瑞松担任总体设计部副主任，当曹柏桢主任征求他对工作分工的意见时，他说："您安排干啥我就干啥，我只有一个建议，能不能把预先研究和人才培养工作交给我？我愿意在这方面多做些工作。"其实，曹柏桢原本就想把这两项工作交给年富力强的黄瑞松来负责。因为在班子里他最年轻，技术底子扎实，而且早在1978年就当选为总体设计部第一届科技委副主任，那时黄瑞松还只是二室副主任，以这个身份当选为科技委副主任，足以说明大家对他的技术能力、学术水平的充分认可，他担任科技委副主任以来，已积累了必要的科技工作管理经验。另一方面，当时总体设计部人才现状堪忧，人员流失严重，青黄不接，人才状况必须改善，正需要黄瑞松这样既年轻、又有很多新想法的人来抓。见黄瑞松主动请缨，曹柏桢二话没说，便把这两项工作交给了黄瑞松。

针对人才断层、后继乏人的问题，黄瑞松把人才培养当成单位一项重要基础建设来抓。他对人才培养与开发实行"两手抓"的原则，一手抓现有人才的培养、使用，一手抓优秀人才引进。本着以中年技术人才为骨干、以青年技术人才为主力、以老年技术人才为后盾的用人原则，安排好现有人才培养；对优秀人才大量引进、大力栽培、大胆使用。经过几年的努力，总体设计部人员结构、人员素质、人才状况有了一定改观。

但是，机构臃肿、人浮于事、干部能上不能下等一些积弊问题不可能轻易就消除，黄瑞松深刻认识到，不进行一次全方位的人事改革，这种局面不可能根本改变，难以形成充满活力的人才成长和使用机制。经过几年的充分酝酿和深入思考，20 世纪 90 年代初，他主持启动了总体设计部有史以来最大的一次人事制度改革。通过人事制度改革，要破除“铁交椅”，举贤纳能，使有才干的人才脱颖而出。通过健全、完善设计师系统和精简合并机构，加大设计师队伍力量，减少行政干部，使干部队伍年轻化；民品企业的干部实行逐级聘任制，企业的主要领导（厂长、经理）由部聘任，副职干部由正职提名或直接聘任；处以下干部逐步实行聘任制。这项大胆超前的人事制度改革，当时远远走在了三院其他单位的前列，具有深远的示范意义。

同时，黄瑞松认识到，一个单位状况的好坏，领导班子是关键。他要求班子的建设要贯彻层层抓的原则，每级两位一把手对本班子的建设负主要责任，一定要把自身的建设抓紧抓好，包括思想、作风、协调配合、干群关系等。他强调，抓班子建设时还要注意三点，一是要抓青年后备干部的培养，要有专人负责，并应提供实践机会，做到先培养后使用；二是要抓好班组建设，发挥工程组长、班组长的作用；三是领导干部要下到一线蹲点，深入现场了解研制情况，解决实际问题。黄瑞松作为总体设计部主任——领导班子的“班长”，带头以身作则，经常深入一线。

黄瑞松的另一个促进人才成长成才的法宝是“岗位责任制”，在主持总体设计部工作及在他所负责的各个型号中，他都坚定不移地推行这一制度。这是一套明确单位及型号中各个岗位职责、权限，并按照规定的工作标准进行考核及奖惩的科学制度，以任务定岗位、以岗位定人员，责任落实到人，各司其职、各负其责，达到事事有人负责的目标，改变有人没事干、有事没人干的无序状态。他说到做到，在岗位责任制的前提下，敢于奖罚分明，不怕得罪人。比如，在他当总体设计部主任期间，为了加强军民结合，成立了一个负责民品项目的部门。黄瑞松对部门领导说："民品项目是个新生事物，风险很高，咱们经验又不足，经营工作一定要谨慎稳妥，力戒贪多冒进，请你们一定按照部领导确定的意见去干，出了问题由我们负责。"但在项目开展过程中，该部门并没有按照部里决策去办，果然出了比较大的纰漏。黄瑞松说："咱们之前可是有言在先的，不处罚说不过去。"于是，对多名部门领导进行了处分。

黄瑞松的人才培养思路可以归纳为几点：重思想，严要求，搭平台，压担子，有格局。

重思想。黄瑞松非常注重思想教育，经常给年轻人讲航天的光荣传统，讲航天精神，讲"三老四严"作风。他对人才的要求是"德才兼备、以德为先"，他对年轻人的培养教育也是本着"树人先树德"的原则进行。对他的研究生，给他们上的第一堂课基本上都是思想教育课。一个人技术能力再强，但如果没有良好的思想品德是不能重用的。中国的航天事业之所以走出了一条与众不同的光辉道路，就是因为数十年来都讲无私奉献，讲大力协同，讲艰苦奋斗，一个人没有良好的德行，是不可能真正去奉献、去协同、去艰苦奋斗的。

黄瑞松经常给年轻人讲他的座右铭：“不断学习，勇于实践，善于总结，勇往直前。”这四句话本身就是他从自己的奋斗历程中归纳出来的，每一句话都内涵丰富、意蕴深远，每一句背后都有讲不完的故事。因此，他在给大家讲的时候，经常结合自己的经历娓娓道来，通过亲身经历的许多生动鲜活的事例，带给他们潜移默化的熏陶和启迪。

严要求。黄瑞松是一个典型的“完美主义者”，对自己要求很严，对别人要求也很严，这也让刚和他接触的许多人感到不适应。从 1985 年起，他陆续招收了多名硕士研究生。总体设计部有国家教委认可的硕士研究生学位授予资格，因此每年院内外报考总体设计部研究生的人有很多。报考黄瑞松的研究生，除了笔试外，还必须参加他亲自主持的面试环节，经过严格苛刻的遴选后才予录取。他把传道授业、为航天事业培养人才当作自己的责任，为了让研究生基础教育更严谨和扎实，总体设计部联合国防科技大学、哈尔滨工业大学、北京航空航天大学等高校与总体设计部进行联合培养。主要做法是，在基础课教育阶段，由合作高校完成，在专业技术实践阶段，由总体设计部完成。黄瑞松不仅亲自制定研究生培养计划，而且基础课的课程也由他亲自推荐，在基础课程学习阶段，他还会定期去合作高校考察监督他们的学习情况。对毕业设计选题，他无一例外地要亲自把关。在毕业设计过程中，更是严格要求，手把手指导。由于选题本身就是导弹研制需要，毕业设计又是在导弹研制单位现场进行，兼有黄瑞松的言传身教，因而，他带的研究生的毕业设计质量都相当高，甚至成果直接用于导弹研制工程上。

他的第一位研究生曹建国（曾任中国航天科工集团公司总经理）回忆说：

“（黄老师）亲自过问我在哈工大、国防科大的学习、做课题有关事项，帮助联系哈工大的姚老师和国防科大的黄教授，对我要求非常严格。”他的研究生魏毅寅（现任中国航天科工集团公司副总经理）回忆说：“尽管工作繁忙，（黄先生）还是会抽出时间询问我的研究进展，关心我在研究室里的表现，提醒注意事项和解答问题。我的学位论文成稿的时候，黄先生作了全面审阅把关。不记得是什么原因了，先生的脚受伤不能走路，脚腕上打着石膏。记得他把我叫到他的家里，靠在一把椅子上，受伤的脚架在一条凳子上，逐段讨论我的论文。”他的研究生张红宇回忆说：“黄老师治学严谨、精益求精，他平常工作非常忙，只有在春节期间批改我的论文，他把我也留在北京，有问题随时让我去他们家讨论修改。他改得非常认真，甚至一些措辞都斟酌再三并注释修改，我的论文经过两次修改后，黄老师才最终认可。”严师出高徒，如今，他的几个学生都已成为中国国防事业的柱石。

搭平台。黄瑞松经常充当“铺路架桥者”和“舞台设计者”，为人才成长铺平道路，让人才在飞航事业这个舞台上获得实现自身价值的机会。上文提到，黄瑞松在担任总体设计部主任期间进行的人事制度改革，其实就是为了改造更好的人才使用环境，这样的例子不胜枚举。

压担子。年轻人需要机会，需要锻炼，需要在风雨中磨砺成长。黄瑞松通过多种方式给予年轻人实践锻炼的机会，不断使年轻同志丰富工作经验，开阔视野，提高素质，增强能力。对年轻干部，他促其自我加压，也常给他们施压，越是优秀的年轻人越是会多给其压担子，把他们推到第一线，让他们在实践中挑重担、受考验。在压担子这件事上，他首先敢于压，除了敢于压也善于压。他兜里总是揣着一个小本子，记录着研制队伍里或遇到的许多人的专业、特长、经历、表现，等等。因此，在需要各方面人才的时候，他往往能信手拈来，量才委用。

有格局。科学研究是探索未知，黄瑞松主张，科技人员既要有严肃、严密和严格的作风，又要有敢想、敢干和敢闯的精神，二者缺一不可。因此，科学研究过程中必须建立起一种宽容失败的环境。如果没有这样的环境，科研人员必然畏首畏尾，不敢创新，不敢尝试，不敢“勇往直前”。只要大方向没有问题，黄瑞松就放手让年轻人去干。2015年7月，在一次重要飞行试验前夕，三院副院长张红文来向黄瑞松汇报，黄瑞松叮嘱他说：“一颗红心，两手准备。有可能成功，也有可能失败。如果试验失败了，凡是没有认识到的问题，请你们不要处分人，因为这个项目难度实在是太大、太大了，认识需要一个过程，我们这么快能走到这一步，已经非常不易了，要以鼓励为主。”对于人员的处罚处分，黄瑞松既视之为必要手段，但又很慎重。他历来主张，对于没有认识到的规律或事物，出了问题不要惩罚人；如果已经认识到了，由于责任心没有做到位则要惩罚。因为人的认识是有限的，是不断深化和发展的，否认这一事实而不敢担负失败是“违心主义”。

黄瑞松以自己丰富的经历告诉大家，不要怕失败，不要怕挫折，失败是成功之母，担当失败是一种自我修炼和必备素质。有的年轻人非常有闯劲儿，也很有想法，有时自认为非常正确，因而在讨论的时候就显得比较固执己见——即便黄瑞松指出来后。这种情况下，黄瑞松并不是用自己的职务或权威强压于人，他以非常包容的态度说："你们可以试一试，看结果，用结果来说话。"事实证明，黄瑞松的意见常常是对的。但他不强压于他们，觉得年轻人有好奇心，有闯劲儿，应当鼓励，有时即便预判可能有问题，但也还是鼓励他们试一试，如果真错了，这就是必须要交的"学费"，交了"学费"学到的东西完全不一样。如果没有这种包容的态度，就不会有研制中的百花齐放。

在航天大系统级人才的培养上，黄瑞松有一个鲜明的观点，就是要立足于中国自己培养，在实际工作中培养。20 世纪 80 年代的时候，组织上要安排黄瑞松去攻读博士研究生，但黄瑞松没有去，他认为在工作中能学到的东西可能更多。有一次，他去某发达国家考察访问学者学习的情况，听了相关情况的介绍后，黄瑞松摇摇头，不无感慨地说："你们学的这些东西，面太窄了，回去后远远不能适应所需要的工作啊。"他深知，发达国家对我们派过去的人，一定会进行技术封锁，绝不可能会把你培养成大系统级的人才，不会把大系统级的知识传授给你。他深切地说："在我们航天这样的特殊领域，大系统级的高级人才必须要由我们自己通过实践来培养！"这，或许就是在高级人才培养方面的"自力更生"，或许，这也正是黄瑞松为什么不遗余力地推动人才培养的最好注脚。

2. 系统工程

黄瑞松的观点非常鲜明：航天大系统级人才的培养，必须立足于我们自身的实践，尤其是系统工程的实践。

幸运的是，黄瑞松从一参加工作就到了总体设计部，开始接触系统工程的思想。从一开始，系统化观念就是导弹工程的重要指导思想，根据钱学森的倡议，在航天系统组建了总体设计部，飞航导弹起步的初期最先成立的也是总体设计部。总体设计部是处在技术工作顶层的工程技术组织，起着两种重要的作用：一是与军方的接口作用，完整准确地弄清军方的需求，保证设计出符合要求的产品；二是在整个工程组织内部的技术抓总和协调作用，通过对军方的要求进行分析，将其要求转换成具体的系统设计，通过优化综合平稳过程，将系统级的设计要求合理地分配给各分系统，最终集成一个满足军方使用要求的导弹武器系统。

黄瑞松长期在总体部和“两总”系统工作，并于 1983 年担任总体设计部副主任，1988 年担任总体设计部主任，长期深入推行系统工程的理论与方法。总体设计部的工作方法是基于系统论的方法，在空间上是自顶向下的，即先考虑和处理系统级的问题，而后再逐级考虑和处理分系统的问题；在时间上是全寿命周期的，即从系统存在和系统开发的全过程考虑，并处理系统在每一个生命周期阶段的问题。系统论的方法主要包括结构化系统分析方法与系统综合、系统组织及系统集成的方法。前者用于把一个复杂的难以管理或难以处理的工程对象或工程问题，转化成易于管理或易于处理的工程对象或工程问题；后者用于将分立的系统成分，在逻辑上或物理上连接成一个协调的整体，并使所得到的系统在整体上达到或接近最优化。

后来建立的“两总”系统，也是航天系统工程的一个重要管理举措。对于以科研主导型的导弹工程，仅仅依靠行政领导是不够的。技术上具有综合性、复杂性，属多学科、高科技的系统工程，采取跨部门、跨地区、跨建制的协同研制方式，需要技术指挥系统大力发扬民主，适时高度集中和严格的责任制，要求强有力的指挥决策系统。1962 年，国防部五院“七十条”(《国防部第五研究院暂行条例》) 就确立了技术责任制，建立了两条指挥线，树立了敢想、敢说、敢干和严格的要求、严肃的态度、严密的方法的“三敢三严”作风。1984 年 4 月，国务院、中央军委发布了《武器装备研制设计师系统和行政指挥系统工作条例》，对加强研制工作技术责任制、提高研制管理效率、缩短研制周期、节约研制经费、保证质量、加强我军武器装备一体化建设起到了重要作用。

飞航导弹系统工程能够发展成一个科技门类，成为航天系统中一类大型系统工程，凝聚了包括黄瑞松在内的几代人的努力。由于在多个型号中担任过总设计师、总指挥，黄瑞松在系统工程控制中的基本功是不言而喻的，也很有心得。他将自己基于系统工程的五十年飞航导弹研制管理经验归纳为五句话:“设计是基础，状态要控制；制造是实现，工艺是关键；试验是手段，务必要充分；质量是第一，抓好可靠性；管理是保证，务必落实处。”大道至简，通俗易懂。黄瑞松有一种出色的化繁复为简明、化深奥为平易的本领。1989 年，他当选为中国系统工程学会军事系统工程委员会委员。在1999年由宇航出版社出版的《飞航导弹系统工程管理》中系统性地总结和阐述了飞航导弹系统工程的思路、方法和成就，本书由姚绍福担任编委会主任，黄瑞松等担任编委会委员，本部皇皇巨著凝结着黄瑞松的大量心血。2004年，黄瑞松主编的《飞航导弹工程》由中国宇航出版社出版，在本书中他对系统工程作了进一步的深入阐述。

黄瑞松在系统工程方面的长期实践，使他在飞航导弹发展规划和预先研究领域如鱼得水。

3. 规划预研

聂荣臻针对航天型号研制工作曾经指出："科研单位没有预先研究、没有技术储备是不行的，应当按照预先研究、型号研制、批量生产三步棋安排工作、组织队伍。"把预先研究工作放到了很重要的地位。对此，黄瑞松深有体会，他说："不能只低头拉车不抬头看路，否则以后没有前途。"即使在最繁忙紧张的时期，黄瑞松也时刻抬起深邃的眼睛，遥望着前方广阔的地平线。即使在把眼睛盯着大地的时候，他那超群的目光仍然保持着凝视朝阳的能力。

在担任总体设计部领导的"七五""八五"期间，因为总体设计部在型号规划和预研方面发挥着牵头作用，因此，黄瑞松领导总体设计部协助院里抓了较长时间的型号规划和预研工作，使飞航导弹由20世纪80年代初期的以海军使用为主、数量稀少的状况，至90年代中期时已经发展到面向海军、空军、二炮，发射平台涵盖陆、岸、舰、潜、空，射程覆盖远、中、近程的良好局面。

到院里工作后，黄瑞松主管全院技术工作并担任总研究师，他更是将型号规划和预研放到了头等重要的地位。

在"九五""十五""十一五"期间，黄瑞松科学地提出了飞航导弹各个阶段的总体发展思路和目标，为了配合各阶段中长期规划的落地，在全力主持开展型号研制的同时，黄瑞松加大型号预研和基础技术投入的力度，加紧进行技术储备，促进技术能力的更新换代，以满足越来越高的、多变的军方需求，以应对国防形势的新挑战。而且，对于一些重点预研型号，他亲自抓，如第二代超声速反舰导弹，20世纪90年代前期的预研工作和方案研究都是他亲自主持下完成的。

通过一系列的规划、预研、研制、生产，至2010年“十一五”收官时，中国飞航导弹已经基本形成了较为完备的装备体系，飞航导弹家族硕果累累，欣欣向荣。

4. 基础技术

近代科技发展的一个突出特点，就是在学科与学科之间的交叉面上，常常可以找到新的生长点。

飞航导弹系统是一个多学科、高技术的综合体，涉及到电子学、光学、材料学、微波技术、自动控制技术、计算机技术、高能化学、空气动力学、飞行力学、喷气推进、环境科学，以及地球物理等若干科学领域，因而是一个十分复杂的知识密集型的“巨系统”。针对这个复杂“巨系统”的导弹研制活动，除了导弹技术本身，还涉及应用到大量的基础性技术，比如仿真、计算机辅助设计与制造（CAD/CAM）、计算机网络、信息化、可靠性、计量技术、标准化等等，基础性技术也可以理解为支撑导弹技术的技术，这一技术可以提升导弹研制水平和效率。

视线中，一群群动物成群地呼号狂奔，手机信号中断，迎面吹来阵阵狂风，忽然间地动山摇，在一声声巨响中四处陷落，冷风夹杂着雨滴吹打在脸上，周围都是惊恐的尖叫声，恍如末日来临。几辆急行的汽车被强烈的地震波冲翻后爆炸，四周陷入一片火海……这是在沈阳科学宫体验馆内出现的一幕，体验馆正在放映一部全仿真的地震科普4D电影《灾难警示录》。影片中的画面，都是用灾难真实画面数字模拟而来。许多观众观后表示，平面的新闻和图片对人的冲击，和这种身临其境的仿真电影真是不可同日而语，经历了这场“仿真地震”，对灾难的认识和感受更加深刻了，对防震自救的正确措施也留下了难以磨灭的印象。

这里提到的“仿真地震”只是仿真技术的一种典型应用，它是由一系列复杂而精巧的软硬件技术来实现的。仿真技术发源于军事领域，曾广泛应用于军事科学研究、武器装备研制、部队训练和作战模拟等军事领域，备受宠爱，被视为“军队和经费效率的倍增器”。发达国家如美、俄、英、法、德等，一直把仿真技术列为国防关键技术和战略性首选技术。如美国，在20世纪90年代提出的面向21世纪的21项国防关键技术中，仿真技术被列为第6项，一直把它作为未来科技发展战略的关键推动力。目前，仿真技术已发展成为集计算机科学、计算技术、图形/图像技术、网络技术、控制技术、人工智能、信息技术、系统工程以及软件工程等多学科于一体的综合性高新技术。

2008年，解放军在朱日和基地开展了“砺兵-2008”的大型军事演习，此次演习，首次组织了两个团进行激光仿真对战，来自36个国家的110多名军事观察员观摩了战斗，仿真军演效果出众。当前，除了军事领域外，仿真技术已在机械制造、航空航天、交通运输、船舶工程、经济管理、工程建设、医疗卫生及教育娱乐等众多领域掀起了应用的高潮。

仿真（模拟）是以相似原理、信息技术、系统技术以及应用领域相关的专业技术为基础，以计算机及专用设备为工具，利用系统模型对实际系统或假想的系统进行动态试验研究的一门多学科综合性技术，已成为21世纪认识世界和改造世界的重要手段。根据仿真过程中所采用计算机类型的不同，仿真技术的发展大致经历了模拟机仿真、模拟－数字混合机仿真和数字机仿真三大阶段。20世纪50年代，仿真主要采用的是模拟计算机；60年代后，串行处理数字计算机逐渐应用到仿真中，但难以满足航空、航天等大规模复杂系统对仿真的要求；到了70年代，采用模拟－数字混合计算机的仿真曾一度被应用于飞行器、卫星和核反应堆等众多高技术研究领域；80年代后，随着并行处理技术的发展，采用数字计算机的仿真才最终成为主流。

中国飞航导弹研制领域的仿真技术应用，起步于20世纪60年代。1964年，国防部五院一分院四部从苏联引进了第一台模拟计算机，主要任务是进行弹体动力学和控制系统的数学模拟，用以选择设计方案和优化参数等工作。1965年，三院总体设计部成立了模拟实验室，购置了国产的FM-8模拟计算机，用于弹体动态分析、控制系统设计。除引进的1台苏联模拟计算机、购进的1台国产模拟计算机外，20 世纪 60 年代，又从国外引进了 5 台模拟计算机，总体设计部分到了 1 台。通过这些设备，除完成型号研制的数学模拟试验外，还着手探索控制系统的半实物模拟试验问题。

从在哈军工学习制导控制专业以来，黄瑞松就对仿真技术特别关注，认识到它是研究制导控制技术的重要手段。因为制导控制系统中有非线性问题，导弹飞行过程中的末制导段、制导控制回路中的参数跟外界的飞行状态密切相关，是一个非线性时变系统。研制过程中涉及到人量复杂的计算，靠传统的计算手段解算起来非常困难，即便方程写出来了，某些情况下也无法解算。因此，复杂状态下的制导控制回路研究，必须要借助仿真手段，并将导弹制导控制部件实物接入仿真系统开展半实物仿真试验，可求得更加真实的试验结果。

有道是“工欲善其事，必先利其器”。从 1965 年起，总体设计部三室控制工程组组建了一个团队，专门从事仿真技术研究。后来，随着飞航事业的发展，仿真技术必须同步发展，总体设计部以这个团队为基础，于 1971 年组建了专门从事仿真技术研究与试验的研究室（总体设计部七室）。

飞航导弹仿真技术在起步阶段发展比较缓慢，原因主要有两点：一是经费奇缺，缺乏必要的投入；二是当时我国的仿真技术总体上刚起步。那时的仿真模式主要是模拟式，采用模拟计算机，而且水平不高。在操作过程中首先要进行数学建模，再用仿真设备来实现这个数学模型，然后就是控制系统的数学模拟。因实物的状态存在差异，如何才能得到更真实的模型呢？黄瑞松开始尝试把制导控制系统的实物接入到仿真系统中去试验，这样一来，环境和状态就更加真实了，就开始推行“半实物仿真”，但要增加许多仿真设备才行。仿真试验存在一个置信度的问题，就是说仿真结果的真实度一定程度上取决于模型的真实度。导弹的飞行动力学模型要依据“吹风”吹出来的气动数据，受风洞、实物尺寸、吹风条件等影响，也不一定很真实。最好的办法是采用导弹上天飞行试验的数据，来检验原模型的真实度，即“模型辨识”，通过模型辨识来提高模型的真实度，从而提高仿真结果的可信度。

一些有条件的高校也在积极开展仿真技术研究。为了学习借鉴学校的先进仿真成果，同时也为了更好地培养仿真专业人才，20 世纪 80 年代起，黄瑞松决定招收仿真专业方向的硕士研究生。采用与高校联合培养的方式，将人员送到高校学习仿真技术，再回到总体设计部参加仿真试验工作。通过这种方式加快了对仿真技术人才的培养速度，也快速推动了仿真技术在工程中的实际应用。1985 年，黄瑞松招收的首位硕士研究生曹建国，专业方向就是制导控制与仿真。1992 年招收的最后一位硕士研究生张红宇，专业也是制导控制与仿真。鉴于高校在仿真理论和技术研究层面的优势，黄瑞松从工程应用角度提出项目思路和要求，由高校按此去研究、去实现，进而将研究成果应用到导弹研制工程中。通过这种方式，与国防科技大学、哈尔滨工业大学等高校建立起良好的“产、学、研”结合的新模式，为飞航导弹仿真技术的发展发挥了重要作用。

黄瑞松不仅选拔一些优秀同志加入仿真行列，也自己带头，动员家人从事仿真事业。1972 年，爱人杨韵茹从西安调到总体设计部三线建设办公室工作。她的大学专业为工业企业电气化与自动化，但黄瑞松极力劝说她去搞当时还是“冷门”的仿真。夫唱妇随，杨韵茹听从了黄瑞松的建议，投入到仿真技术研究中，从此，她和仿真事业结下了不解之缘，并于 1979 年正式调入总体设计部仿真研究室。她过去没有从事过仿真工作，就从头开始学习、摸索、钻研，逐步成长为一位优秀的仿真技术工作者，还担任过仿真总体工程组组长一职。

在“海鹰二号”导弹的研制过程中，黄瑞松开始在制导控制系统的研制中积极应用仿真技术。当时总体设计部没有仿真条件，黄瑞松主持“海鹰二号”制导控制系统的设计，利用三院和空气动力研究所的条件，进行了制导控制系统的数学仿真试验，选择了系统的参数。为该型号首发飞行试验即命中目标，进而为其在经过很少量的飞行试验就达到定型试验的要求发挥了积极作用。

进入 20 世纪 70 年代后，三院型号任务日渐扩充，“海鹰三号”“鹰击一号”“鹰击六号”“鹰击八号”等进入了全新的自行设计阶段，制导控制系统设计的难度越来越大，要求也越来越高，仅依靠模拟式数学仿真已经不能适应制导控制系统的设计要求。为了保证新研制型号飞行试验成功，总体设计部在模拟式仿真的基础上，逐步开展了制导控制系统半实物仿真试验研究工作。虽然此时已研制了单轴电动转台、二自由度雷达目标模拟器、模拟计算机加数字计算机的混合计算机系统等设备，但尚不完全具备进行完整的半实物仿真试验的条件。于是，这一时期以自有设备为基础，借助院外单位的仿真设备条件，开展了大量制导控制系统方面的半实物仿真试验工作，进一步扩大了仿真试验研究范围。比如，1972 年，在南京航空学院（现南京航空航天大学）进行了“海鹰三号”控制系统实物模拟试验；在海军试验基地,1976 年对“鹰击一号”、1978 年对“海鹰三号”、1979 年对“鹰击八号”开展了半实物仿真试验。通过半实物仿真试验验证，完善了设计，保证了飞行试验的顺利进行，使型号研制少走了弯路，提高了效率。在某型导弹批产检验过程中，按产品设计要求，需在每批产品中随机抽取一套自动驾驶仪进行动态特性检查。在采用半实物仿真方式进行动态抽检过程中，黄瑞松发现该产品动态特性不满足要求，存在自振荡现象。而在之前对该类产品批次进行检验时，从未发现过自振荡现象。通过半实物仿真试验，充分暴露了产品的问题。为此，承制单位对产品重新进行装配调试，最终达到了要求，保证了该型号批检飞行试验的顺利进行和产品交付。

随着仿真技术应用效果的逐步显现，从20世纪70年代开始，仿真技术在型号的飞行试验故障分析中也开始了应用。例如，某型号新体制的导引头在飞行试验中，从遥测信号分析中，发现导引头工作不稳定，受弹体运动的影响很大，有耦合现象。黄瑞松组织进行仿真试验，确实发现导引头系统的参数在这种状态下产生耦合运动现象。通过调整导引头的有关参数，消除了耦合运动现象，实现了导引头的稳定可靠工作，保证了飞行试验的成功。

20世纪70年代初期到80年代中期，仿真技术应用推行仍存在诸多困难。除了基础薄弱、技术难度大、经费欠缺等因素，很多人由于对它不了解，因而对其并不“感冒”。于是，在每年年初，杨韵茹等人的身影就会频繁出现在各个研究室，宣传推广应用仿真技术，让研究室尽量多安排一些仿真任务。因为只有广泛应用，仿真技术才能得到快速发展，同时在型号研制中发挥更大的作用。

黄瑞松1978年担任总体设计部科技委副主任，1983年担任总体设计部副主任，1984年又担任三院仿真工程副总设计师，都下大力气抓仿真技术发展及应用。由于型号任务的大规模上马，研制的成本、周期、质量等问题和矛盾日益显露。比如导弹飞行鉴定，传统的方式是靠打靶来评判，如“几发几中”等。但是，20年来的型号研制经历，让黄瑞松深深意识到，导弹的性能与可靠性完全靠飞行试验来验证是很有问题的。因为飞行试验消耗的人力、物力、财力很大，周期很长，组织实施复杂，涉及面很广。企图完全通过飞行试验来暴露武器系统的问题，既不经济，也不现实。从统计学的观点上讲，每一次飞行试验，仅仅是一个典型个例。因此，要得到统计意义上的命中精度或杀伤概率方面的性能数据，完全依靠飞行试验来获得是不可能的。必须依靠系统仿真，也只有通过仿真手段才能真正完成和解决好型号研制、设计、试验、使用中的一系列重大性能和技术问题。

黄瑞松不辞辛苦地上下奔走，到处宣传介绍仿真技术的作用，在各种场合现身说法，在自己主管的型号研制过程中带头应用，逐渐引起了大家的重视，也争取到了上级领导的认同和支持。早在 20 世纪 80 年代，航天工业部拟在北京永定路地区建立一个航天仿真中心，并要投入一大笔经费。黄瑞松深知导弹的设计、研制、试验等都离不开仿真，只建一个仿真中心是满足不了那么多单位的巨大需求的。于是，他向航天工业部领导建议，除了仿真中心外，应该在三院、五院等主要型号研究院建几个仿真试验点。几经努力，航天工业部于 1983 年 11 月对三院总体设计部上报的《飞航导弹仿真试验室设计任务书》进行了批复，总体设计部通过这个项目获得 913 万元经费，这也是飞航导弹仿真发展史上首次获得的、也是最大的一笔经费支持。经过多方努力，飞航导弹仿真技术的发展驶入了快车道，总体设计部迅速建立起了具有相当规模的实验室，并完成了若干具有开拓性的仿真试验，编制了有关试验规范并开展了若干难度较大的仿真技术预先研究工作。

一系列建设计划随之拉开序幕。

首先是因陋就简改造设备。比如，原有的单轴电动转台为国内 70 年代产品，测量元器件为电位器，控制柜采用模拟线路。原有的二自由度雷达目标模拟器采用模拟校正网络。这两台设备精度都不高，当时有人主张将其淘汰，但一贯节俭的黄瑞松没有这样做，而是组织对转台和目标模拟器进行了数控化改造。再比如，20 世纪 60 年代进口的 NADAC-100 模拟计算机，由于元器件经常出问题而备件有限，总体设计部从其他单位捡回不少淘汰下来的元器件重新使用，对其加以改造后，使它先后与 PDP-11 计算机、CASPER286 微机组成数 - 模混合仿真系统，继续在型号研制中发挥“余热”。

由于当时从国外引进高性能仿真计算机受到限制，引进一套设备往往要花费几年时间，且售后服务及零件的供应存在诸多问题。黄瑞松果断调整思路，决定尽可能采用国产设备。他组织人员多方考察和调研后，于 1986 年引进了国防科技大学研制的银河仿真机 YH-F1，从订货到交付验收仅仅用了 14 个月。机器安装后，不到四个月时间，总体设计部就完成了“YH-F1 仿真机 +C611D 自控段三通道实物仿真”技术基础课题研究，这一课题成果获得 1990 年航空航天工业部科技进步奖二等奖。

在自主仿真设备的研发上，黄瑞松更是不遗余力，陆续组织研制了三轴液压转台、线加速转台、高度台，以及数字仿真机与三轴转台组成的仿真系统，射频制导仿真系统等一大批先进设备。计算机图像生成系统（CIG）在当时属世界级尖端技术，发达国家对中国一直进行严密的技术出口限制，中国没有办法，只能自力更生。一天，《光明日报》发表了一篇报道，立即引起了国内外轰动，这篇报道的内容是总体设计部和哈尔滨工业大学合作自主研制出了全国首套计算机图像生成系统（CIG）。这着实让国人扬眉吐气了一把。CIG 研制成功后，进一步研制出了以新型仿真计算机、CIG、三轴仿真转台和五轴仿真转台组成的可见光成像制导仿真系统，为光学成像制导武器系统的仿真试验提供了有利条件，并成功应用于我国第一代电视制导的空地导弹仿真试验中。其中，三轴仿真转台由总体设计部联合上海航天 803 所研制，实现了数字化控制；五轴仿真转台由总体设计部联合哈尔滨工业大学共同研制，为全国首套五轴转台。CIG 系统于 2003 年获得国防科技进步奖二等奖。此外，黄瑞松还领导总体设计部开展了仿真软件、仿真语言、气动辨识、环境特性等技术研究，积极建设飞航导弹仿真工程数据库、气动算法库和气动数据库。

从 1983 年起，特别是 20 世纪 90 年代，仿真设备逐渐配套，仿真人才不断充实，在飞航导弹研制的各个阶段都进行了大量仿真试验，包括方案论证阶段仿真、初步设计阶段仿真、飞行试验前的动态仿真、飞行试验后的故障分析仿真、统计打靶仿真，等等。多年来，军方导弹部队期望三院提供能编制导弹战斗使用方面的一系列统计数据。这项工程难度本来很大，但有了仿真手段就变得相对简单了。例如，对已装备的某舰舰导弹，通过总体设计部与部队合作，开展了“某导弹计算机统计模拟打靶”课题研究，为该导弹的战斗使用提供了大量的可信数据，有效地提高了部队对战术导弹的运用能力。

逐渐地，仿真的地位也来了个大逆转。从原来的“不受待见”，变成了一个供不应求的“香饽饽”，为了能安排上仿真任务，各个研究室每年都早早来到仿真室争取任务资源，呈现出一派欣欣向荣的景象。仿真促进了研制，研制反过来牵引仿真技术发展，形成了良性循环。黄瑞松因势利导，安排了大量仿真技术的课题，不断向仿真技术的高峰攀登。比如，1991 年，他安排了 15 个仿真课题的研究，主要包括飞航导弹飞行力学建模与模型校验研究，飞航导弹试验一体化设计研究，可见光成像仿真光学系统研究，飞航导弹武器系统仿真技术研究，CIG 计算机成像系统研制等等。

随着仿真技术的效果越来越突出，黄瑞松高瞻远瞩、与时俱进，提出建设三院仿真试验楼的计划，并于1990年获得航空航天工业部的批复。之后他又上下协调，多方筹措建设资金，于1991年开工建设，1993年建成占地面积3600平方米的仿真试验大楼并顺利投入使用，为后来三院仿真技术的跨跃式发展奠定了坚实基础。

黄瑞松1993年调任三院副院长后，继续担任三院仿真工程总设计师职务直至1999年，他继续积极倡导和推行仿真技术的发展和应用。经过包括他在内的众多人的心血付出，三院目前已建成以仿真试验大楼为核心、广泛分布的实验室群，试验用面积近10000平方米，三院的“海鹰仿真中心”也达到了国内一流、国际先进的水平，其中光学成像制导仿真系统在国内军用仿真领域别具特色，仿真资源供全院调度使用，也为其他系统的相关单位服务，创造了良好的经济效益和社会效益。

通过仿真技术应用，在飞航导弹研制中缩短了30% ~ 40%的研制周期，提高了40%以上的飞行试验成功率，节约研制经费30% ~ 40%。

黄瑞松对仿真技术几十年的倡导与坚持，使三院的仿真技术走在了全国前列。

1994年，黄瑞松当选为中国系统仿真学会理事。

电磁兼容实验室

仿真 CAD 实验室

仿真是以计算机技术的快速发展为推动力的，另一项以计算机为依托的技术，即 CAD/CAM，也成为飞航导弹研制的重要基础性技术。

CAD/CAM（Computer Aided Design /Computer Aided Manufacturing，计算机辅助设计及制造）技术产生于 20 世纪 50 年代后期发达国家的航空和军事工业中，随着计算机硬件技术和计算机图形学技术的发展而迅速成长起来。1989 年美国国家工程学院将 CAD/CAM 技术评为当代（1964–1989）十项最杰出的工程技术成就之一。事实上，在今天，它不仅在工程设计制造中，在电影、动画、广告等娱乐领域也大显身手，如《星球大战》《侏罗纪公园》《泰坦尼克号》等电影的拍摄中都大量应用了这一技术。

1983年，总体设计部七室张志义提出了《飞航导弹计算机辅助设计与计算机辅助制造（CAD/CAM）的课题论证报告》，黄瑞松等领导对这一前瞻性的课题给予了大力支持，并经三院批报至航天工业部。尽管当时CAD/CAM在中国的探索还刚刚起步，但航天工业部对这一深具前景的先进技术非常重视。1983年，航天工业部组织了以总工程师梁思礼为团长的CAD/CAM考察团，专门赴某发达国家考察。考察团对该国航空、汽车、电子及机械领域中CAD/CAM技术的应用，CAD/CAM硬、软件公司进行了广泛而深入的考察，全方位了解了CAD/CAM发展的现状，深化了认识。

1983年年底，黄瑞松组织张志义等论证提出了引进该国某公司的CAD/CAM硬、软件系统设备的申请报告。经多方努力，得到了航天工业部和三院的大力支持。后经与外商谈判后，签订了购货合同，并决定以参加北京展览馆举办的计算机应用展览会展品的方式进货。1984年年初，这套设备终于安装在正在筹建的三院计算站，这是航天工业部引进的首套较为完备的CAD/CAM硬、软件系统，随后，三院培养出了第一批CAD/

CAM 硬、软件技术人员，多项 CAD/CAM 课题获得了航天工业部科技进步奖。

此后，三院各单位分别引进了 CAD/CAM 硬、软件设备，组织开展了以导弹总装一厂为主的“3871 工程”，建立了试验车间。通过 3871 工程，引进了多台先进的数控加工设备及计算机工作站，建立了车间级 CAM 中心，基本上实现了单台机床的数控加工。但计算机编制的数控加工程序不能与机床直接通信与数据传输，各设备间信息传输不连续，属于离散的生产方式，形成了许多自动化加工“孤岛”，生产管理也只能沿用原有的模式，致使数控设备利用率低，生产结构不合理，不能适应批量生产的需要。

经过几年的摸索，总体设计部在 CAD 方面已经具备了一定条件，黄瑞松抓住时机大力推进 CAD 在型号设计中的应用。比如，1989 年，他要求利用已有的几套 CAD 工作站，尽快开通投入运转用于型号设计，着手建立总体设计部分布式 CAD 网络；考虑到 CAD 和 CAM 的集成应用趋势，他要求抓好飞航导弹 CAD/CAM 一体化研究课题。为了尽快在型号设计中全面应用 CAD 技术，黄瑞松组织开展了大量 CAD 课题深化研究工作。比如，1991 年他安排了 AVIDM 系统 4 个软件包的通用化和标准化改造、ORACIE 数据库建设应用等 10 个 CAD 领域课题。

随着 CAD/CAM 的应用，产生了大量的电子化技术文件和产品数据，这些电子化数据的管理就提上了日程。航天技术文件和产品数据管理是一项严格、严密而严肃的管理活动，涉及到工程电子文档包括报告、图纸、图表的流转、签署、分发和版本控制等。1991 年，黄瑞松决定与航天系统工程研究所共同开发航天产品集成设计制造系统（AVIDM），利用系统工程理论和现代化管理工具、方法，对航天产品的研制、工程管理和过程进行控制。

黄瑞松调任三院技术副院长后，仍坚持不懈地抓 CAD/CAM 技术深化。从

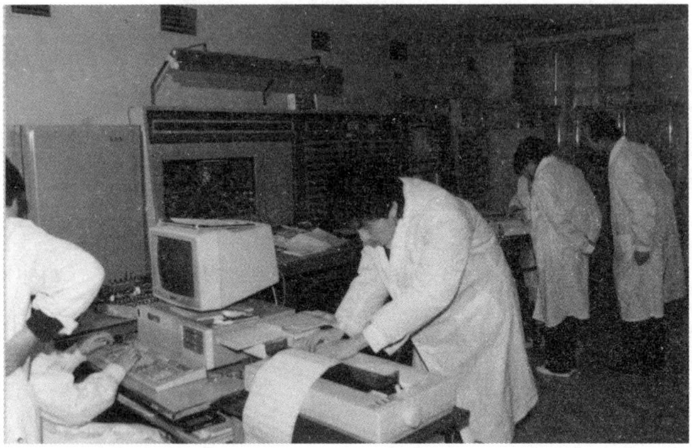

仿真实验室

1994年开始，他主持总体设计部与导弹总装一厂实施CAD/CAM一体化工程建设，确定了“飞航导弹CAM单元集成技术”等课题的研究，开展了一系列研究项目，对消除设计、制造之间的隔离状态，提升导弹设计制造的一体化发挥了重要作用。

CAD/CAM一体化工程的建设和实施，率先在航天工业总公司范围内实现了CAM单元的集成，提供了从工程工作站到加工机床及测量机、绘图机的集成环境，数控机床实现了分布式控制，缩短了数控加工设备之间的信息流程，大大提高了信息传输的可靠性，改善了生产管理效能，在飞航导弹的数字化设计、制造方面立下了汗马功劳。例如，某导弹尾舱原镗床加工定额工时达110小时，实际加工时间达8~10天，一班制作业全年只能加工30件，应用CAM单元集成系统后，可将工时缩短为三分之一，而且可以实现两班或三班作业，全年单班可生产 90~100 件，大大提高了效率，并且产品质量有了很大改观。再如，通过涡喷发动机“X-2”“X-4”静子三级叶轮 CAD/CAM 技术攻关，成功解决了传统加工无法解决的技术难题；再如，通过“Y2”导弹的数字化装配实施应用，首次在飞航导弹的组合件装配中应用 CAD/CAM 技术，生产装配效率和质量显著提升，促使“Y2”在 2002 年一年的时间完成了三年的工程量，为实现飞行试验的圆满成功发挥了重要作用。

5. 高超新篇

飞得更快、更高、更远，是人类永恒的追求。在人类的飞行史上，共出现了三座里程碑。

1903 年 12 月 17 日，莱特兄弟驾驶的“飞行者 1 号”从美国北卡罗来纳州基蒂霍克山岗的一块沙地上起飞，虽然在空中停留时间只有 12 秒，飞行距离也只有 36 米，但却是人类历史上第一次展翅蓝天，也是人类飞行史上的第一座里程碑。

第二座里程碑是突破“声障”。当飞行器的飞行速度接近声速时，就会逐渐追上自己发出的声波。声波叠合累积会造成震波，进而对飞行器的加速产生障碍，这种因为声速造成提升速度的障碍称为“声障”。突破声障进入超声速飞行后，从飞行器前端起会产生一股圆锥形“声锥”，在旁观者听来有如爆炸一般，故称为“声爆”，强烈的“声爆”对飞行器本身会带来震动并造成破坏。当飞行速度接近声速时，空中解体等事故不断发生。为此，科学家改进了飞行器的外形，将机翼做成了薄的菱形或三角形，同时将机身和机翼前缘做成尖形，并使机翼后掠，整个飞行器变成箭头形。

1947 年 10 月 14 日，一架在弹舱中装着“X-1”飞行器的“B-29”轰炸机飞上了蓝天。“X-1”的外形很像一枚炮弹，前头尖尖的，且整个机身流线型极好，驾驶舱与机身完全融合为一体，以液体火箭发动机为动力。当“B-29”爬升到7600米时，“X-1”被投放到了空中并点火，它爬升到11600米高空后俯冲加速，随着马赫数上升，它的震动也加剧，突然间停止了震动，这意味着越过了“声障”，驾驶员看见速度指针，指向了马赫数1.02！这是人类首次实现超声速飞行。自此以后，一些超声速的军用、民用飞行器相继投入使用，但主要是军用战机，最快的速度能达到2~3倍声速。在民用飞行器方面，美国研制了多种飞行器但都中止了，空客公司曾经研制出“协和”号超声速飞机而名噪一时，但在飞行过程中遇到了各式各样的事故，最终于2003年11月停飞，退出历史舞台，这也宣告了超声速客机以失败落幕。

第三座里程碑是高超声速巡航并突破“热障”。高超声速飞行器一般指的是飞行马赫数大于5的飞行器。所谓“热障”，指的是飞行器高速飞行时所遭遇到的极高温。当飞行器在稠密大气中作超声速飞行时，受激波与机体间高温压缩气体的加热和机体表面与空气强烈摩擦的影响，飞行器蒙皮的温度会随马赫数的提高而急剧上升。当飞行马赫数为2时机头处的温度会超过100℃。当马赫数为3时温度则升至350℃左右，已超过了铝合金的承载极限温度。而当马赫数为5时，发动机内燃烧温度将超过

2000℃，这大大超过了当前最耐高温的常用结构材料钛合金的极限温度！“热障”造成的危害会使蒙皮和结构变形，仪表设备失灵，燃料蒸发或燃爆等。气动加热温度很高，发动机燃烧温度更高，这给飞机和发动机都带来了很多新的问题。要解决这些问题，需要突破多项技术难关。但巨大的困难没有吓退人类高速飞行的梦想，一大批科技精英为此做出了艰苦卓绝的努力。终于，2004 年 3 月 27 日，美国国家航空航天局（NASA）研制的“X-43A”飞行器在太平洋西海岸试飞成功，首次实现在吸气状态下的高超声速动力飞行，以每小时 8000 公里的速度创造了飞行时速的世界纪录。

从 20 世纪 50 年代起，国际航空航天界就开始关注吸气式高超声速飞行技术，其关键技术是超声速燃烧的冲压发动机、高升阻比气动外形、机体与发动机一体化设计、防热结构与材料、制导控制等。

涡喷发动机飞行器，可以工作到马赫数 3 左右，在更高的速度下，涡轮叶片就会因受热而损坏。亚燃冲压发动机飞行器虽然可以飞到更快的速度，但当马赫数大于 5 时，这种燃烧室中流动亚声速气体的冲压发动机就不再适用了，其主要原因是气流由高超声速滞止到亚声速，带来的进气损失，可引起发动机性能急剧下降，气流滞止，还会导致气体温度过高，超过燃烧室能承受的极限。另外，高温引起的气体离解，也会消耗很大一部分化学反应热。所以，马赫数 5 差不多是亚燃冲压发动机的工作上限。

为了突破这个上限，人们提出了在燃烧室中流动超声速气体的超燃冲压发动机。这种发动机利用由飞行器头部产生的斜激波和飞行器前体压缩来流气体，使其速度降低，温度升高，到达燃烧室后仍为超声速流动。这种发动机成功地避免了气流温度过高的问题，但也带来了类似在飓风中点燃一支蜡烛般的巨大困难！

20 世纪 60 年代以来，国际上广泛开展了超声速燃烧冲压发动机等一批关键技术的研究，但发展迟缓。比如，由于技术不成熟，美国设计航天飞机时不得不仍然选用风险小得多的火箭发动机。1986年，美国的“国家空天飞机计划”上马，被人们称为“高超声速技术的复苏”。然而，1995年这个耗资超过30亿美元的计划却因种种原因被迫下马，失败的主要原因有技术过于先进、超燃冲压发动机技术还不成熟、所需资金过大、过分依赖于流体力学计算而忽视了飞行试验等。美国认真吸取了教训，继续执行了一项规模较小的飞行演示验证的“Hyper-X”计划，为后续高超声速飞行发展打基础。这个计划下的“X-43A”飞行器虽然飞行获得了初步成功，但其技术水平仍与实现空天飞机有很大差距，美国放弃了后续的以空天飞机为目标的“X-43B”和“X-43C”计划，转入了基础研究。2001年，美国提出“国家航空航天倡议”(NAI)，建议协调、有序地发展吸气式高超声速技术、进入空间技术和空间技术等三大技术，最终实现远程打击、进入空间和控制空间的目的，规划了美国高超声速飞行器分三步走的战略：近期致力于高超声速巡航导弹，中期集中于发展高超声速飞机，远期瞄准重复使用的航天器。2007年，美国国防部推出了《国防部高超声速计划路线图》，进一步明确了其高超声速计划的目的是为美军提供三项未来的作战能力：打击/持久作战能力，空中优势/防御能力，快速进入空间能力。并提出了一系列研制计划：一是吸气式高超声速飞行器，如空军的“X-51A”、海军的“HyFly”等；二是高超声速助推滑翔飞行器，如空军的“HTV-2”，陆军的“AHW”等，以及小型无人航天飞机“X-37B”等。2013年5月，美国进行了第四次“X-51”验证机飞行试验，在1.8万米高空飞行速度达到5.1马赫。此次试验成功，表明美国在高超声速飞行器方面取得重大突破，走在了世界前列。

有专家认为，超燃冲压发动机技术对航空航天的影响，不亚于当年从螺旋桨时代跨入喷气时代对人类所产生的影响！

发展高超声速飞行器的战略意义远超其本身。一是将推动航空史第三次推进技术革命，高超声速飞行器航程远、速度快、性能卓越，将对未来战争和军事变革产生极其深远的影响。二是将突破现在所有空天防御系统。三是将使未来作战方式发生重大改变，届时，人类可能将要真正面对“星球大战”。

谁占领了高新技术的制高点，谁就取得了新的主导权。美国已经提出了“全球快速打击计划”，这一计划的核心是美军要在一个小时内打击世界上任何一个目标。在未来国家安全形势的重压下，世界各国也竞相开始研发高超声速飞行器，目前世界上开展研究的国家，除美国外，还有俄罗斯、法国、德国、英国、日本、澳大利亚、印度等众多国家，但其发展水平都与这个领域的领先者美国有着不小的差距。

我国高超声速飞行器技术研究始于20世纪80年代。为了深化高超声速飞行器技术的研究，一个专门研究团队被要求系统地研究高超声速飞行器技术的发展。该研究团队由黄瑞松担任组长，刘兴洲、曹建国、乐嘉陵担任副组长。刘兴洲主攻方向是动力技术，曹建国主攻方向是仿真技术，乐嘉陵主攻方向是空气动力学技术。

黄瑞松虽然参与并主持完成了中国第一代超声速反舰导弹的设计，主持了第二代超声速反舰导弹预研和方案设计，但高超声速飞行器技术对他而言，几乎是一个全新的课题，他义无反顾地扛起了这副新的重担。在首次会议上，他诚恳地讲道："我是一名航天战线的老兵，但在高超声速飞行器技术领域，我又是一名新兵，需要向在座的各位学习，请大家对我全力支持和帮助。"

为了尽快进入角色，黄瑞松除了听汇报、到相关单位调研了解外，还找来了几乎能找到的所有关于高超声速飞行器技术的文献资料，像当初攻克"Y2"导弹的"颤振"问题一样，开始从头学习和钻研。他一边学习，一边记笔记，密密麻麻地记了有几大本笔记。有时为了弄懂一个问题，他拔腿直奔技术人员那里，一次次地向年轻的技术人员们虚心请教。由于白天忙于会议和其他的工作，许多文献资料都只能晚上抽时间看。高超声速飞行器技术难度太大，机理太复杂，这绝对称得上是当今世界上最艰深的科学技术之一，即便走得最快的美国，也还只处在演示验证阶段。黄瑞松保持着既锐意进取又务实稳健的一贯风格，要求大家必须"吃透机理、吃透规律、吃透技术"。他总是说"好饭不怕晚"。为此，他组织了一系列全国性的调研和研究，有时忙到周末、深夜还在开会。由于频繁的会议和巨大的工作量，他的颈椎和腰椎开始折腾他了，有时不能久坐，只能躺着。即便躺着他也不闲着，照样把资料举在头顶上看。

由于研究过程中遇到了不少技术难题，时间长了，一些同志不免产生畏难情绪，有的小伙因为经常连续加班，工作压力大，有时不免要点小脾气。一位同志回忆说："这时，黄总表现得总是很宽容，同时循循善诱，给大家宽心，给大家打气。面对非常艰巨的任务，时间又如此紧迫，难度极大，黄总经常用一句话来鼓励大家，就是'事在人为，关键在为，只要敢为，一定大有作为'。总之，在年轻人眼里，黄总既和气又严厉，既宽容又严格，风格真是非常鲜明。黄总尽管在工作上那么忙，要考虑的事那么多，但在生活上却热心帮助年轻人。在研究任务最繁重的阶段，加班加点，长年累月，几乎没有休息日。有一个年轻人小徐，是队伍中的技术骨干，忙得没时间找对象。黄总对这事非常上心，他主动表示关心，对小徐幽默地说：小徐，我给你下一个找对象的‘责任令’，你必须完成哟！不久，黄总甚至主动帮忙牵线搭桥，最终帮小徐找到了对象，帮助他解决了人生大事。”

在黄瑞松的带领下，研究团队夜以继日地开展研究，一项项技术关键得到了突破，研究工作有序地进行。在技术研究、人才培养等方面，他提出了诸多建设性意见，具有很强的前瞻性和科学性。

在开展研究之初，反对的声浪相当高，尤其是一些航空航天领域的资深专家也非常反对。一位姓刘的同志回忆说：“20 世纪 90 年代，我们专门只干一件事，就是去宣讲高超声速飞行器技术发展的重要性，让各方面了解、重视起来，让大家明白对国家科学技术长远发展的巨大带动性。我们当时做了很多的 PPT 啊，去相关部门，一次次去给他们介绍，有很多人表示质疑，认为我们这个想法根本不靠谱，就是来瞎忽悠钱的。”

因此，黄瑞松必须说服这些反对人士，统一思想。不仅要求他这个负责人自身要有深厚的技术功底，做到以理服人（而不是以组长的权威强压别人，更不能靠倚老卖老）。而且，在一些高端的会议上，还要有丰富的控制场面的技巧，也就是说要能“镇得住场子”。否则，这样的会议根本开不下去。

逆风的方向，更适合飞翔。知识渊博、长期担任航天大系统工程“两总”领导职务、而且又当过行政领导的黄瑞松，自然是久经沙场，在说服不同意见、统一大家思想方面，可以说起了决定性作用。一位姓汤的同志回忆说：“黄总牵头组织研究的优势在于，他能镇得住这个场面，他有这种气势。有时我们争论半天，没效果，他说，‘你们把问题整清楚，把话说给我，我到会上去说’，效果顿时不一样。黄总敢说、敢于担当、敢于负责，比如，有一次某部门反对我们做的研究方案，准备不让通过，黄总镇定地说‘技术上是我们技术专家说了算'，他据理力争，在他的坚持下，方案终于获得通过。他说话表情比较激动，有感召力。把他多年工作的经验，编成富有哲理的口头语，对我们很有启示，例如他说对于高超声速飞行器技术要重点关注六个方面的问题，'气动是基础、动力要先行、材料是支撑、制导控制是保证、一体化是关键、基础设施是保障'，这六个方面总结得既简洁却又含义丰富，讲得很到位。"于是，凡是复杂棘手的会议，都由黄瑞松出面主持，一般都能比较顺利。

由于参加研究的人员很多，来自全国许多单位，黄瑞松提出"大力协同"的思想，并提出了一个具体的行动倡议："共同目标，共同协商；共同策划，共同攻关；共同计划，共同保障；成果共享，为国争光。"起初，有些同志不怎么理解，经过多年工作的磨合，大家逐渐取得了一定的共识。

为了取得共识，黄瑞松还亲自带队去许多单位走访，以他的亲身经历讲大力协同，讲航天精神，讲系统工程，希望大家继承发扬航天精神，大力协作，共同完成研究任务。最终，通过他个人丰富的资历、诚恳的态度、卓越的风范，逐渐说服和感召了大家，凝聚意识进一步加强。对航天系统内部人员，他也经常告诉大家要有"海纳百川"的胸怀，不要抵触其他单位的参与，要充分发扬航天精神，要带头大力协同，作出表率。

“随风潜入夜，润物细无声。”最终，通过卓越而高效的工作，黄瑞松以他非凡的人格魅力，坚韧的品性，实干的态度，负责的精神，带领研究团队圆满地完成了研究任务，为中国高超声速飞行器技术的进一步发展作出了重要贡献。

人生重要的不是所在的位置，而是所朝的方向！

在黄瑞松一生不懈追求的事业中，无论何时，他都保持着一种向前的凝视，永远向着那个朝阳升起的方向。而浓缩于他高大身影后的家庭，似乎他对此也显得心无旁骛。但在他的内心，他其实一直都明白，身后这个默默的存在，是他永远的依靠，是他永不枯竭的力量之源……

黄瑞松

黄瑞松院士传记

Academician Huang Ruisong's Biography

第九章

平凡家庭　甘苦与共

黄瑞松和杨韵茹共同走过了半个世纪的历程。平凡的家庭，共同的志趣，简单的爱，一点温暖，很多安宁，幸福不过如此……

1. 一见钟情

在哈军工六年多的大学学习生涯，黄瑞松无论是知识还是心智，都得到了很大的成长。一个青涩的农村孩子，经过六七年的磨砺，已经变得更加成熟、更加聪慧、也更富于进取。哈军工犹如一位慈爱的胸怀宽广的母亲，毫不保留地给予了他们这些天之骄子和共和国赤子无尽的力量和关爱，也把他们严格地塑造成了科技精英和工程专家，最重要的，是把军人的素养深深地融入了他们的血液——无论将来他们是否继续穿着军装，这是一种特别的机缘，也是难得宝贵的人生经历。这段特殊的经历将永恒地照亮他们前行的道路，并以一种已经深深地注入灵魂中的勇敢和坚韧，时时激励他们排除万难、勇往直前。冰城之行，让黄瑞松收获颇丰。但是，他的收获远不止这些，他还收获了美好的爱情。冰城，表面上听起来有种冰冷的感觉，但冰城在黄瑞松心中，一直是道温暖的风景。

在黄瑞松即将毕业的1962年，她未来的妻子——杨韵茹，不经意地走进了他的人生。说到这里，就不能不提到黄瑞松的一位同班同学——宁延儒，为他们牵线搭桥的人。由于国防事业急需人才，上级便要求哈军工接收了一大批“插班生”，这些插班生从清华大学、北京航空学院、哈尔滨工业大学等全国重点高校抽调，他们一般在原大学读完了二年级或三年级，被选送至哈军工，从一名地方院校大学生成为了一名军校生。1960 年，哈尔滨工业大学山东籍学生宁延儒就是在这一背景下，来到了哈军工导弹工程系，成为了黄瑞松的同学。

宁延儒和黄瑞松十分投缘。他们两个人同年同月同日出生，宁延儒来到哈军工后，二人成为上下铺。由于宁延儒在哈尔滨工业大学学的不是导弹专业，和所有从地方重点大学选来的同学一样，突然被选到哈军工来，不仅在军事素质上无法马上跟上黄瑞松这样高中毕业就考入哈军工的学员，而且由于很多课程不一样、不同步，一时间很难跟上学习的步伐。而黄瑞松在学校成绩一直名列前茅，自然而然，两人就成了“一帮一、一对红”的搭档。很快，两人就成了无话不谈的好朋友。

在宁延儒的介绍下，黄瑞松和杨韵茹相识了。

1937 年 7 月 2 日，杨韵茹出生了，她父亲在外地工作，很少回家，她十六岁那年父亲就离开了人世，所以杨韵茹从小就缺少父爱。从她还未懂事起，全家人就生活在被日本侵略者占领的城市里。母亲黄希孟一个人在北京带着她和姐姐、哥哥过着十分苦难的日子。尽管生活艰难，母亲还是坚持让三个孩子上学。

黄瑞松（右）与同窗好友宁延儒（左）合影

她深知知识对孩子未来发展的重要性。母亲的辛劳结出了硕果，后来，尽管姐姐哥哥没有上多少学，但他们在那个年代仍然是有文化的人，姐姐是老大，只上到高小，家中实在无力负担才回到家中帮助母亲带弟弟妹妹。但高小毕业的姐姐不仅认识很多字，还能从事会计等工作。哥哥则从未停止过人生的追求，坚持自学成才，后来成为国内知名的昆虫专家、中国农业大学的教授。

杨韵茹或许因为长期营养不足，个子一直不大。但是，她从小就聪明过人。正常情况下，杨韵茹和黄瑞松不应该会有什么交集，但他们俩的结合，不能不说缘分这个东西真的很奇妙也很神秘。杨韵茹上小学早，6 岁就上了小学，但家境的变迁让她在小学多读了两年。1957 年高考前夕，因为得了流感她又被隔离了两三个星期，使成绩一直优秀的杨韵茹高考分数没有达到第一二志愿北大、清华的分数，被第三志愿哈工大录取了。于是，阴差阳错她就来到了冰城哈尔滨。正常情况下，她应于 1962 年大学毕业。但是，其间因为国家要教育大发展，她被抽调出来当哈工大的“小老师”，一年半以后又再次回到原专业继续上学。但由于原专业功课落下了不少，必须要补课，再加上毕业设计，这样就推迟了半年，到 1963 年春毕业。就这样，1962 年四季度，她便和黄瑞松认识了。如果 1962 年就离开了哈尔滨，他们俩就应该是另一种可能了。

两人于1962年10月在哈尔滨动物园见了第一次面，见面后相互更加倾心。尽管这次见面互相并没有表白，但已认定对方就是自己要找的人生伴侣。由于两人行将毕业任务繁重，直到毕业，总共见了三次面。对此，杨韵茹后来在回忆中写道：没有花前月下，也没有莺歌燕舞，鸿雁传情，倾诉着心中的秘密。第二次见面时，黄瑞松请杨韵茹去看了场阿尔巴尼亚的新电影《雄鹰》，在看电影过程中，两人很自然地聊到了各自生活、理想、兴趣爱好等方面的事情，相谈甚欢。第三次见面的时候，黄瑞松送了一套《红岩》给杨韵茹，她非常喜欢。

杨韵茹比黄瑞松早2个月毕业。1963年1月，她毕业分配到西安东方机械厂工作。临行前，她来到哈军工和黄瑞松告别。黄瑞松像一个兄长一样嘱咐她到西安后要照顾好自己。当时她母亲住在姐姐家，杨韵茹大学毕业时，要将在哈尔滨呼兰县姐姐那里的母亲送回北京。而当时，学校给的路费只够杨韵茹一个人从哈尔滨到西安的，母亲的路费没有着落。黄瑞松立即掏出20元钱给杨韵茹，这可是黄瑞松一个月的津贴费，杨韵茹感动极了。听着他深情的叮咛，杨韵茹坚定地想，不管未来如何，眼前这个军人，就是自己托付一生的人。

杨韵茹在回忆录中感慨：一个是英姿飒爽农民家庭出身的军官，一个是从小生活在城市里充满幻想的女学生。是什么让我们走到了一起，无数的偶然成为日后的必然。这是月老早就为我们安排下这终身的谜底。

2. 爱的守望

1963年3月，黄瑞松大学毕业分配到了国防部五院一分院四部工作。

到单位报到的事情安排停当后，黄瑞松便迫不及待地给杨韵茹写信，告知她已经顺利到工作单位报到，让她不要担心。尽管对刚刚离别的校园还有一丝依依不舍的留恋之情，但当一个全新的环境和事业拥抱了他后，一种莫大的新鲜感和亢奋感便在他心里占据了上风。在信中，他的兴奋之情溢于言表：“十多年的寒窗苦读，如今终于走上了工作岗位，报效祖国的时刻终于来临了，心情好激动。家里也特别为我高兴呢！我们都要努力工作，学以致用。让我们继续互相鼓励，共同战斗吧！”在信中他没提及单位及工作的具体情况，这是保密纪律的规定，甚至单位地址也不能提，信封上只留了一个数字信箱号。他展望了他们的美好未来，表露了对她浓浓的思念，并俏皮地写道：“尽管我们还不能在一起，但毕竟离得更近了。从哈尔滨给你寄信需要十天以上，而现在，最多只要一个星期……”

从北京到西安，一千公里的距离。令人尊敬的邮递员似乎也懂得恋人之间的思念之苦，马不停蹄，一个星期后，便准确无误地把信送到了另一个日思夜想的人手中。

尽管杨韵茹来自北京，但她从哈工大毕业后，却被分配到了远离北京的西安。那个时代，社会管理规则简洁有效，人的思想也很单纯。对工作分配这样的事，很少关心你从哪里来，只关心哪里需要你，你往哪里去，你适合干什么。组织上不需要征求本人意见，本人也从不会去过问，组织上安排去哪里就去哪里，听党的话，无条件服从。个人就是一块砖，哪里需要往哪里搬。

杨韵茹的工作分配在五机部的西安东方机械厂，该厂1952年成立，是国家“一五”计划期间156项重点建设项目之一，主要负责炮弹引信装置的生产。这个厂和黄瑞松单位还有点儿关系，是“海鹰二号”导弹的战斗部机械引信的协作单位。杨韵茹1963年1月到单位报到正式参加工作。在这两个多月的时间里，她一直等着黄瑞松的信。收到他从北京寄来的第一封信后，她高兴极了，立即给他回信。从此，他们频频地“鸿雁传书”，一个月要写好几封。两人在哈尔滨的时候总共也没见过几次面，从参加工作到结婚也没机会见面，但两颗互相倾慕的心，却靠得越来越近。一封封甜蜜的信传递着矢志不渝的等待和美好的期许，工作上的劳累和生活上的清苦，似乎都不值一提了。

杨韵茹一到单位，就被分配到辛苦而又重要的机动科，从事全厂的机床维修和动力维修工作。此时，国家刚刚结束三年困难时期，工业生产开始缓慢恢复，百废待举。厂里的设施设备没钱改造，出了故障，就靠修修补补地尽量维持。所以，杨韵茹她们的工作相当辛苦。但刚刚参加工作的杨韵茹，心气儿很高，又不怕吃苦受累，她以火一般的热情投入到工作中去，多次得到领导的肯定和表扬。

不久，全国开始了持续多年的轰轰烈烈的“社会主义教育运动”，在农村以及城市的企业、学校等广泛开展“四清”运动。当时知识分子要下放劳动锻炼，杨韵茹由机动科下放到工具车间的电工组。对于组织上的安排，杨韵茹什么也没说，默默地来到了电工组。从此，她就背上工具包，包里装着常用的绝缘钢丝钳、尖嘴钳、扳手、电工刀、螺丝刀等俗称“电工五大件”的一套工具，成了一名电工师傅。

这一干就是几年。她在工作上不挑不拣，任劳任怨，所以组里的师傅们都很喜欢她。她从工业电气专业毕业，有扎实的技术功底，并接受过良好的专业训练，因此，组长就把整理机床电气图纸这样的任务交给她。她毫不犹豫地接受了这个光荣的任务。她很用心，心思又细密，图纸整理得又快又好，像一件件精雕细刻的工艺品，这更是赢得了师傅们的尊重。其实在最基层的质朴的工人师傅这里，他们并不因为你的“出身不好”就轻贱你。他们用什么样的眼光看待你，他们能否接纳你，只取决于一个同样质朴的事实：你是怎样对待劳动的？这个出身名牌大学的从首都那种大地方来的小女孩儿，这么朴实、用心、能干，师傅们又怎能不对她打心眼儿里尊敬和喜欢哪？杨韵茹很快就融入到了这个新的集体里，成为师傅们的好伙伴、好朋友。后来，直到回北京后的很多年里，厂里的师傅们只要来北京，都要来家里看望她。

3. 美满姻缘

从 1964 年下半年起，黄瑞松和杨韵茹开始办理结婚的各种手续。黄瑞松是军人，而且是保密单位，个人结婚也不是那么简单的事，需要组织批准，而且需要办理一系列的手续，尤其对另一方要进行严格政审。主要审查家庭出身是否可靠，政治历史是否清白，社会关系是否复杂，是否有海外关系，等等。由于家庭出身的因素，杨韵茹非常担心能否通过政审。她忐忑不安地接受了一次又一次的调查、审查，最终，于 1965 年 1 月顺利通过了政审。杨韵茹一颗忐忑不安的心才坦然落地。她从单位开好了证明，又按要求去第四军医大进行了婚前体检，1 月 27 日，买好了回北京的火车票后，就立即给黄瑞松打了电报，电报上说她将于 28 日晚上到北京。

坐了一天一夜的火车，1 月 28 日晚，杨韵茹回到了阔别已久的北京。火车在北京站停下了它那激昂的喘息，而杨韵茹的心却怦怦地跳得更厉害了，马上就要见到朝思暮想的心上人了，她的心情怎能平静呢？然而，当她站到了月台上，在人群中反复搜寻，却没有见到那个熟悉的身影。直到月台上的人都走光了，她也没有见到黄瑞松。她微微有些失望，心想他要么没收到电报，要么肯定是有什么事绊住了。华灯初上的北京城散发着熟悉亲切的气息，在欢迎她这位游子的归来，她的心情很快就高兴起来，走出车站，一个人乘车前往农科院哥哥的家。

黄瑞松是 28 日晚上才收到电报的。因为四部调整为三院总体设计部，四部人马整体调整至三院，从 1 月 22 日起，搬迁至三院所在的丰台云岗，直到 28 日才完成搬迁。

在搬家过程中，黄瑞松收到电报的时间不巧晚了一些。等他收到电报一看，愣住了，一看时间，火车早就到北京了，心中急得要命，直叹气。

因为在之前的信中，杨韵茹说回北京后会到哥哥家。翌日清晨，黄瑞松早早就乘坐头班车赶到农科院，接上杨韵茹回云岗。两年来，此时第一次相见，两人欢喜的心情无法用语言来形容。在开往云岗的公共汽车上，两人紧紧地牵着手坐在一起，有说不完的话。杨韵茹会心地打量着英气勃勃的黄瑞松，一想起马上就要成为他的妻子，脸上不禁升起了两朵红晕。公交车越开越偏僻，杨韵茹新奇地四下打量。车到了朱家坟，她看见路边立着一块醒目的警示牌，上面用中英文写着：外国人未经允许不得入内。她心中一动，问：“是不是快到了？”黄瑞松微笑着点了点头。杨韵茹顿时感到了几分森严和神秘。

市区公交车到了朱家坟就到终点了。两人转乘了远郊公交车，继续前行。

公交车拐了一个方向，驶上了一条更加狭窄的道路，又开了二十多分钟后，杨韵茹眼前顿时一亮，前方出现了一处开阔之地，零零落落的几座建筑映入眼帘，路上的马车也多了起来。杨韵茹一眼就看见了一座耸立在高处的古塔，忍不住问："那是什么塔？"黄瑞松说："那叫镇岗塔，是云岗的标志性建筑呢。"

镇岗塔和云岗本身的历史一样古老，始建于宋朝时期的辽国。民间传说该塔所在地是一条龙脉，惟恐龙脉塌毁，当地人便建塔镇之，故称镇岗塔。

镇岗塔

镇岗塔高21米，周长24米，底座为八角形，塔身有精美古朴的浮雕。西北面有两武士、两文官和大鹏金翅鸟，线条有力，面部表情生动鲜活。塔身上有一层须弥座，密布佛龛相错环绕而上，龛内佛像神态庄严，因此亦是一座佛塔。中国现存的佛塔大多建于明清时代，而镇岗塔作为12世纪初的建筑，国内独此一处，已有长达八百多年的历史。

1957年，国防部五院启动了507秘密工程，在云岗地区建设空气动力研究基地，这儿后来也成了航天三院的总部所在地。当历史进入到21世纪时，神秘的云岗航天城才逐渐广为人知，这里就是中国飞航导弹的摇篮！正所谓“作始也简，将毕也钜”。但在20世纪六七十年代，云岗的基础设施还相当落后，由于这里偏远闭塞，被戏称为北京的“小三线”。三院老同志、原副院长孙述廷曾写了一首诗生动形象地描写了那时候三院的生活状况：

一家三口一张床，未敢翻身已碰墙。

煤炉黑烟熏四壁，沙尘黄土落八方。

夜半枕边常窜鼠，日中碗畔总飞蟑。

滴水成冰非三九，顶风冒雪奔茅房！

单位没有像样的住房给黄瑞松成婚，临时性地安排了云岗北区19号楼四层的一间几平方米的空房作为他们的新房。房间内陈设简单，只有一张双人床，一张三屉桌和两条凳子，除此别无他物。但这丝毫不能阻挡两个年轻人幸福快乐的心情，他们兴高采烈地忙着收拾屋子，采购结婚用品。最终，他们采购了“丰盛”的结婚用品：一条橘红色喜庆的被面，一条床单，一只暖瓶，和一些水果糖。1月30日，两人到民政局完成了登记。当黄瑞松把一块早已准备好的上海牌女表和一件深海军蓝的呢子上衣作为结婚礼物放在杨韵茹的手中时，她幸福得流下了眼泪。而她，没有任何嫁妆，也没有给他买任何礼物，她从西安千里迢迢地回来嫁给他，什么都没带，只带给他一颗矢志不渝的心。

1965年1月30日，黄瑞松和杨韵茹终于走进了神圣的婚姻殿堂。没有大红喜字，没有婚纱，没有鞭炮，没有宴席，双方的亲人也都不在现场。黄瑞松把几个要好的同事和同学请到了住处，拿出水果糖给大家吃。大家开心地喝着白开水，吃着喜糖。黄瑞松唱了一首歌，杨韵茹朗诵了一首诗。大家热烈地鼓掌。就这样，一个简单的婚礼仪式结束了。夫妻二人收到的唯一一件贺礼，是黄瑞松的两个同乡同学联合赠送的一对红胶皮日记本，上面用金色的线条勾勒着雷锋的肖像，旁边印着毛主席题写的铿锵有力的词句“向雷锋同志学习”。

婚礼后的第三天便是除夕，黄瑞松却还得照常去上班。春节放了3天假，黄瑞松夫妇才得以看望岳母、韵茹的兄嫂和在北京的亲戚们，给他们拜年。黄瑞松对岳母非常孝顺，岳母也非常喜欢他，对他视如己出。她住的地方离云岗很远，去来要坐四个多小时的车，但黄瑞松从此以后每年都要去看望老人家好几次。

看望完亲戚们后，两人回到云岗的小屋，寸步不离地呆在一起，度过了短暂而又美好的春节。春节过后，杨韵茹就要回西安上班。新婚燕尔，却马上又要分别，两人都恋恋不舍，每天都聊到深夜才休息。夜色祥和而安宁，环绕在他们四周的宇宙在夜色中低声吟唱。爱之交替犹如花香弥合，自然融

黄瑞松与新婚妻子杨韵茹

会，没有痕迹。在这一对新人眼里，世界是如此柔美多情，生活是如此美好，未来充满希望。

4. 喜得爱子

新婚燕尔，黄瑞松连婚假都没休，两人也还没有来得及一起度蜜月，却不得不分别，各自投入到紧张的工作中去。杨韵茹从北京回到了西安。从此，两人开始了长达 7 年的两地分居生活。

1966 年 4 月，黄瑞松担任了总体设计部新三室制导与控制工程组组长，勇挑重担，负责组织研究飞航导弹的制导控制技术，并研制空舰型号的制导控制系统。

杨韵茹仍在电工组。原本预料“四清”结束后她的境遇会有所改观，但孰料随之而来的“文化大革命”，令她的状况不仅没有改观，复又受到了新一轮的冲击。但她依然尽力保持着乐观向上的心态，踏踏实实工作，老老实实做人。在孤独苦闷时，她就用记日记的方式来排遣她对丈夫的深切思念，用写信的方式来驱逐现实的疼痛和心底的阴霾。他们依然频频地通信，写信给他、等他回信，这已经成了杨韵茹一种重要的心灵寄托。

黄瑞松只要往西安方向出差，就去探亲。无论是事前告知，还是不期而至，当丈夫的身影出现在杨韵茹面前时，她的一切烦恼就立马抛到九霄云外，欢喜得无以复加。他总是给她带来一些令人振奋的消息，比如，他担任了工程组组长，担子更重了。再如，他的工作取得了重大进展。又如，集体转业后，他由正排级转定为行政21级，每月工资62元。这些消息尽管如此令人振奋，但却远远敌不上他哪怕只出现在她面前一秒钟重要！这种牛郎织女式的生活，使他们的情感常常大起大落，相见的时候欢天喜地，而分别的时候又愁肠百结。

有一次，在丈夫离开的时候，她告诉他："以后我们相见更困难了，因为我要走了。"

黄瑞松诧异地问："走，去哪里？"

杨韵茹说："三线。"

黄瑞松愣住了。

在风起云涌的三线建设中，杨韵茹的人生又一次出现了重大转折。

随着国际形势风云变幻，我国周边出现了严峻的局势。在东面和南面，美国纠结反华国家结成同盟，对中国进行孤立封锁和军事威胁，美国制定了秘密战争方案，准备对中国伺机而动，在台湾海峡多次举行以入侵中国大陆为目标的军事演习。1964

年8月，越南北部湾事件爆发，美国驱逐舰“马克多斯号”挑起事端，然后出动第七舰队125艘军舰和600余架飞机，悍然对越南民主共和国进行轰炸，导致越战全面升级，并将战火延烧到中国南部地区；西部，以印度为首的反华势力在美国的唆使下，也跃跃欲试，虽然中印边境战争结束时间不久，但印度一直伺机反扑；在北部，面临苏联的巨大压力，继1960年苏联单方面撕毁合同、撤走苏联专家后，中苏关系一直持续恶化，两国长达7300公里的边境线，出现了空前紧张的局势。战争一触即发，中央进行重大战略决策，决定开展三线建设。当时我国的工业、国防工业等绝大部分都分布在东北、华北一带，一旦发生战争，东部南部屏障薄弱，十分危险，因此，中央决定要将一线、二线重点工业力量转移到三线。

作为军工单位，西安东方机械厂也在湖南邵阳建设了一个三线工厂。邵阳由于其独特的地理环境，成为三线建设的重要基地。从1965年起，拥有2500年古老历史的幽静古朴的邵阳，一下子热闹起来，从全国各地陆续搬迁而来的大中型工厂有20多个，纷纷在邵阳周边的山沟、山洞和深山老林里安家落户。黄瑞松和杨韵茹虽然结了婚，但杨韵茹的户口和工作单位在西安，无法调往北京和黄瑞松团聚，事实上，两人依旧过着“单身”的两地分居生活。于是，像杨韵茹这样的“单身”的没有家庭负担的青年职工，自然成为了派遣去支援三线建设的不二人选。

杨韵茹不能做任何讨价还价，又一次无条件服从了组织安排，打起背包收拾起行囊，启程前往地处穷山恶水的邵阳东方机械厂，去接受更为艰辛的新工作和新生活。几天后，她们乘坐的火车到达长沙，在这里下了火车，将从这里转乘汽车去邵阳。从长沙到邵阳还有近200公里的路程，坐车还要大半天时间。到了长沙，杨韵茹却再也无法继续前行了。因为她怀孕了，出现了强烈的妊娠反应，恶心，呕吐，食欲不振，水米难进，头晕眼花。同行的同事们没法儿等她一起走，见了她的状况也劝她留在长沙休息两天等身体好了再去邵阳，同事们马不停蹄地走了。她一个人在长沙留了下来，举目无亲，只能自己照顾自己，咬紧牙关，勉强拖着沉重的身体前往医院检查。此时正值严冬，南方阴冷的寒气扎透她薄薄的衣衫，直透入骨，而身体的极度衰弱让她似乎连对寒冷的感知能力都没有了。连续的凄冷的寒风，催着冷雨匆匆而过，吹打着她这个同样凄冷的外乡人。她甚至连走路的力气都没了，走一会儿，就要靠在路边的树上歇一会儿喘口气。缩着身子匆匆而过的路人们向她投来诧异的目光。

到了医院，医生检查后说，你脱水太严重了，必须输几天液。从此，杨韵茹每天都得去医院输液，吃不了饭，只能靠输液支撑着她极度虚弱的身体。在一位好心的护士大姐的关怀和照料下，她的身体略有好转。护士大姐人非常好，对她关怀备至。她给杨韵茹普及怀孕和妊娠的相关知识，陪她说话解闷，宽慰她。她亲切的话语缓解了杨韵茹的忧虑。而且，由于杨韵茹带的衣服不足御寒，护士大姐还将自己的毛衣给她防寒保暖，杨韵茹感动极了。可惜，她从医院走的时候，没有见到这位好心的护士大姐，也不知道她的姓名，就此断了联系。后来，她常常想起那位可亲可敬的护士大姐，对她感念不已，在心中默默地祝福她好人一生平安。

杨韵茹已经无法前往邵阳工作了，她就给单位和北京的丈夫打了电报。几天后，黄瑞松风尘仆仆地来到了长沙，将她接回了北京。此时“文革”正如火如荼，全国许多单位、机关、学校纷纷停工罢课闹革命，搞大串连，人们像洪流般络绎不绝地涌向首都北京。黄瑞松携着寸步难行的妻子，好不容易才挤上火车，在疯狂喧嚣的人群中紧紧护卫着她，一路胆颤心惊地回到了北京。

不知为什么，杨韵茹的妊娠反应出奇剧烈，不仅无法继续工作，最严重的时候甚至生活都无法自理。黄瑞松工作繁忙，而且当时七机部的组织基本已经瘫痪，单位乱得像没有蜂王的蜂窝，派系斗争更是严重，可以说名震全国。黄瑞松根本没有时间也没有条件照顾妻子，只好把岳母接来，由年迈的老母亲照顾韵茹的起居。

母亲见女儿遭受了这么大罪，心疼不已，在母亲的细心照料下，妊娠反应逐渐过去后，杨韵茹变得特别能吃，身体也像加了酵母一样不断膨胀。原来的衣服全都穿不进去了，便让丈夫取来他的衣服穿。黄瑞松的衣服尺码都很大，但杨韵茹穿在身上仍然显得紧绷绷的。

十月怀胎，一朝分娩。

终于，杨韵茹熬到了分娩的这一天。1967 年 6 月，她在三院 731 医院顺利产下了一个男婴，喜悦之情顿时驱散了长久以来所遭受的痛苦。黄瑞松更是高兴得不得了，连忙打电报给老父亲报喜。

黄瑞松给孩子取名为兴东，寓大兴毛泽东思想、东方兴旺之意。同时，老家是宜兴，儿子的名字也有对家乡的纪念之意。名字是天下父母满怀热望的刻痕。婴儿平安降临在这个世界，夫妻二人的喜悦之情更是难以用语言来形容，他们用巨大的热忱和欢乐迎接了他那华丽的初啼，然后，辛苦地拉动一个初生儿的船纤，让他开始了人生的初航。

但在短暂的喜悦之后，他们就面临一个新的难题：孩子怎么带？黄瑞松不可能带，老母亲早已过世，已古稀之年的岳母也无法照料这么幼小的孩子，这是个问题。商量来商量去，只能由杨韵茹带去西安，一边工作一边照看他。兴东刚刚满月，黄瑞松就顶着酷暑，冒着“枪林弹雨”，把母子二人匆匆送到了西安。此时“文革”武斗全面升级，各地都有大规模的武斗，一些军工厂的造反派甚至动用了枪炮。黄瑞松将母子二人草草安顿好后，就又风尘仆仆地返回了北京的工作岗位上。

5. 痛失亲人

1967 年 6 月对于黄瑞松来说，悲喜交加。喜的是，可爱的儿子来到了这个世上。悲的是，他突然接到了老父亲去世的噩耗。真是月有阴晴圆缺，人有悲欢离合，世事古难全啊。自从去年父亲重病以来，虽然对这一天早有心理准备，但当它到来时，还是让黄瑞松心底泛起巨大的悲伤。或许，能稍微给父亲带去一丝安慰的是，他已经知道小孙子黄兴东出生，他这一支后继有人了。

去年老人病危的时候，家里接连发来了 5 封电报。黄瑞松向单位请了一周的假，带着妻子回了趟老家。这是杨韵茹第一次见到公公，也是唯一的一次。

小的时候，黄瑞松曾经对父亲有较大的意见，因为那时的父亲思想老旧，不同意黄瑞松读书，而要他回家务农继承家业。在开明的母亲的坚决支持下，黄瑞松才能继续上学并最终上了大学。为此，母亲还跟父亲大闹了一场，离家出走了很长时间。但是，随着黄瑞松在读书路上越走越好，进而读了军校，分配到了北京参加工作，而且从事的是光荣的事业。父亲的心念已经逐步转变，随着年龄的增长、老伴儿的离世、儿女的长大，他对子女们的人生道路和生活选择已经变得出奇地超脱，黄瑞松和父亲之间的隔阂也早已化为乌有。

黄瑞松带着妻子回家，父亲非常高兴。他们离开家的时候，老父亲对他说："你们这次回来看我，我已经很知足了。我这样子是活不长了，等我死的那一天，你就别回来了，离得那么远，工作又那么忙，不要再折腾了，也不要再为我分心，好好干你们的事业吧。我看你媳妇挺好，我也就放心了。"黄瑞松的鼻子陡然一酸。

父亲逝世的时候，黄瑞松没在身边。母亲去世的时候，他也没在跟前。他知道，父母亲去世的时候，心中一定在深切地呼唤远方的儿子。可是，他却无法回答。

母亲逝世的时候，黄瑞松还在哈军工上学。等他接到大哥的电报紧急赶过去时，母亲已经火化。母亲走得太早了，太突然了，之前没有一点征兆。他连母亲最后一面都没见着，至今想起来仍然痛心不已。

黄瑞松大哥田心（原名黄庆华）在沈阳空军工作，由于军务繁忙，没有时间带孩子，于是就让母亲去给他带。田心的儿子身体不好，常年住院，都是由母亲陪床，在病床前一汤一水地照顾。母亲患有高血压病，但之前并没有犯过急性病。孰料，1960 年 9 月，她在陪孙子住院时，突发脑溢血，抢救不及，猝然离世。母亲去世的时候才 61 岁，走之前，她已知道最小的儿子盘松考上了师范大学。或许，她看到一直坚持的让儿子们读书成才的愿望有了比较圆满的结果，多多少少有些欣慰吧。黄瑞松和大哥商量，暂时不要告诉家里人，等春节的时候他回家再当面跟大家说。

1961年春节的时候，黄瑞松带着母亲的骨灰回到了家。他单独把弟弟盘松叫来，说母亲已经去世了，她的骨灰我带回来了，就在旅行袋里。一听到这个惊天噩耗，盘松“嗷”的一嗓子就哭了起来，打开袋子捧出母亲的骨灰，泪如泉涌。黄瑞松连忙说：“你别再哭了，妈都已经走了，哭也哭不回来了。大家还要过年呢，先不要让家里任何人知道！否则大家年都过不好。等我从家里走的时候，我亲自给大家宣布这件事。在宣布之前，一切还按母亲在世对待。”在黄瑞松的连说带劝下，盘松才止住了哭泣。如今的确还不是哭的时候，母亲已去，父亲年迈多病不能主事，家里能主事的就他和哥哥两个男人了。人死不能复生，这个时候，必须坚强起来，把责任扛起来，首先要让一家子人过个快快乐乐的春节。

在吃年夜饭前，按照老家习俗，要给家里每位亡人摆放上一副碗筷来祭奠他们。按理说应该给母亲也摆放一副，但没法儿摆。触景生情，盘松又躲到屋子里哭去了。黄瑞松赶紧说：“你别再哭了，再哭大家就知道了！”盘松这才停止哭泣。

一家人团聚在一起吃了年夜饭。黄瑞松兄弟二人都从学校回家过年，家里的父亲、二姐一家人都非常高兴，二姐做了许多好吃的，但黄瑞松和盘松都吃不出滋味。二姐一家人早在几年前就回娘家生活了，二姐黄凤珍和二姐夫史祖福都是地地道道的农民，家里孩子多，日子过得紧巴巴的。黄瑞松还在上高中的时候就明白他们三兄弟既然读了书，就不会再回来了。当时大哥已经从英士大学参军走了，他和弟弟成绩都不错，未来上大学指日可待。但家里没人不行啊，尤其是父母年纪渐大，身边没人照顾也不是办法。于是，他想到了二姐。黄瑞松父亲在家排行老二，命最苦；黄瑞松二姐也是家里最苦的，因为是个好劳力，没机会念过一天书，嫁得也最晚，二十四五岁才嫁人。黄瑞松对二姐说：“二姐，你在我们家最辛苦、贡献最大，你和姐夫搬回来过活吧，这样也有人照顾爸妈了，要不然我们在外面不放心。”二姐一家人同意了，便搬回来和父母一起生活。原本，父亲按他们三弟兄每人一间置办了三间房屋，他们三兄弟用不上，即便二姐全家过来，也能住得下。

在返校离家之前，黄瑞松去了大姐和三姐家，然后，大姐三姐也和他一起回娘家来看望。快到家的时候，黄瑞松突然停了下来，说：“大姐、三姐，我现在要给你们宣布一个重大的事情。”她们见黄瑞松如此严肃的神情，愣愣地说：“什么事？快说嘛？”黄瑞松缓缓地说：“其实妈妈在去年 9 月份的时候就去世了，我和大哥商量，没有告诉你们。这次我把妈妈的骨灰带回来了，怕你们过不好春节就没告诉你们，现在可以跟你们说了……”两个姐姐一听到这里，顿时大哭起来，一路哭着到了家。黄瑞松从旅行袋里取出骨灰，这时一家人都知道了，顿时，这个家庭陷入了巨大的悲痛之中。

家人把母亲的骨灰放进了棺材，但没有立即下葬。父亲静静地说：“等我走了，一块葬吧。”家人遵从了父亲的意愿。没想到，这才短短几年时间，这一天就无情地到来了。

家人将父亲的骨灰放入棺材，和盛放母亲骨灰的棺材一起，合葬在了一处。

子女们在自家地里给二老选了一处墓地，让他们在此入土为安。20 世纪 60 年代的时候搞园林化，便将坟墓深埋了，连墓碑都没有，只是知道一个大概的位置。

父母都过早辞世，这不能不说是一种遗憾。父母辛辛苦苦地操劳一生，尽管家境贫寒，但咬紧牙关把他们兄妹六人拉扯大，而且兄妹六人中除二姐一字不识外，其他几人都多多少少读了些书，尤其是三个儿子，更是学业事业有成，对当时那样的家庭来说，实属不易。或许正是太过操心，过度操劳，病魔才无情地夺去了他们的健康和生命。“树欲静而风不止，子欲养而亲不待。”二老都没能好好享到黄瑞松的福，这成为他此生最大的遗憾。

如今，父亲终于也追随母亲而去，带走了他的一切沧桑过往，留下了亲人们无尽的思念。或许，父母终于携手团聚，彻底告别了前世牛马一般的劳苦，同往极乐世界享福去了吧。

6. 两地分居

七机部的“文革”动乱直到开始实行“军管”后，才稍稍得以平息，各个研究院的科研生产开始逐步恢复。到 20 世纪 60 年代末 70 年代初，三院的型号任务有了较大增加。此时岸舰导弹“海鹰二号”即将研制定型，空舰导弹“风雷一号”正在研制，“海鹰二号”改进型、“海鹰三号”“鹰击一号”两型超声速反舰导弹的研制工作已经提上日程。本来已经下放到军垦农场劳动的黄瑞松，尚未劳动期满，就被紧急召回单位，参与“鹰击一号”的研制工作。

黄瑞松全身心地投入到了新型号研制中，但浩繁的工作量仍然填塞不满他那孤寂的意识空洞，千里之外的亲人们的一颦一笑时时将他的脑海占据。一家四口人，却辗转分处于三个地方，他这个父亲、丈夫，怎能不牵肠挂肚？

1968 年下半年，杨韵茹怀上了老二。她身体一直就不太好，怀孕后自顾不暇，无法再继续照看兴东。黄瑞松就把儿子送到了三姐黄再祥家，由她代为照看一段时间。1969年，杨韵茹面临生产，但北京没有房子住，黄瑞松和好几个人还挤在总体设计部“红楼”的单身宿舍里。妻子没地儿坐月子，怎么办呢？黄瑞松再次想到了亲人们，他决定把妻子送回老家生产。杨韵茹马上就要生了，这个时候长途奔波，要面临很大风险，但实属无奈之举。于是，夫妻二人千里迢迢地奔赴宜兴。杨韵茹的身体状况越来越糟，坐了一天一夜的火车才到了无锡，还要再坐两个小时的汽车才能到家。此时的她已是全身浮肿，行动困难。开汽车的师傅见她这种情况，死活不让二人坐车，主要是怕路上一颠簸出点什么事儿，担待不起。黄瑞松好说歹说，最后央求说：“您就让我们上车吧，我让媳妇坐我腿上，颠不着，有我照看着她，没事儿的，即便出了事儿，跟您也没关系。”师傅见状，只好摇头苦笑，勉强让二人上了车。

村里没有接生条件，镇上有个卫生所，条件也不怎么样，但黄瑞松不可能有太高的要求了，妻子马上就要生产，没得选择了，便把她送到了镇卫生所，在这里生下了女儿黄兴梅。

杨韵茹在黄瑞松老家坐完了月子，便把兴东从三姐家带回西安，把刚生下来的兴梅留在了三姐家，由她代为抚养。朴实的三姐二话没说，收留下了嗷嗷待哺的小兴梅。亲人的最大作用或许就是，他们能让你在这个世界上，永远相信自己不会彻底孤单。

但三姐最小的孩子早已断了奶，没有奶给小兴梅吃，她只能吃煮烂的米糊糊。所以，在兴梅会走路后，三姐发现她走路总是歪歪扭扭的，觉得可能是营养不良，便也没当回事儿。直到兴梅3岁时，走路还是瘸瘸拐拐的，三姐才觉得不对劲儿，在镇上医院也没瞧出个所以然来，便给黄瑞松打了电报，让他回来看看孩子，共同商量怎么办。

1972年春节，黄瑞松回到了宜兴，见了兴梅的情况，意识到必须抓紧带她回北京诊断治疗。

杨韵茹在西安的生活，过得相当艰难，但是因为有工人师傅和同事的关心和帮助，她并不孤单。

生下兴梅后，她带着幼小的兴东回到了西安。厂里安排给杨韵茹居住的是一间只有半扇窗户的大约 8 平方米的小平房，条件十分简陋。四条长凳，两块床板，一只木箱，在路边买的一个廉价小柜子，就是杨韵茹全部的家当。当然，厨房、卫生间这些更是一种不切实际的奢望。走道里放了个可移动式的小煤炉，做饭、取暖主要靠它。她们住的这个平房，是由一个大牛棚改造的母子间，一间一间很狭小，住很多人。走道只有一米宽，两边堆的全是自行车、煤炉等杂物，几乎没有下脚的地方。屋里没有水龙头，还经常停水，于是，经常是杨韵茹在外面的水龙头打水，端到小窗户那儿，递给屋里的儿子，儿子接来装在一个桶里。母子二人就这样相依为命，度过了几年漫长的时光。曾经有一段时间，兴东一回到家就生病，喘不过气来，脸发青，但一出门就好了。杨韵茹意识到，可能是孩子煤气中毒了，于是在另外一位女同志的帮助下，连忙带兴东去医院看病。果然是煤气中毒。原来，房间很小，窗户也小，不通风，走道的煤气漏进小屋里，很容易造成中毒。

在这个窄小的屋子里，留下了杨韵茹难以磨灭的印记。这里既有望眼欲穿的等待煎熬，也有夫妻短暂团聚的甜蜜。既有在孤灯下一边写日记一边掉眼泪的酸楚，又有懂事的儿子依偎在自己身边时的温馨。随着儿子越来越懂事，杨韵茹最害怕他问的一个问题就是爸爸什么时候才来？至今，她还清楚地记得，1970 年，丈夫来看望母子二人离开的那个晚上，儿子那撕心裂肺的哭喊声，让母子房的每间屋里都有人低声啜泣。

在西安的日子虽然困难，但杨韵茹从未沮丧、彷徨。虽然家庭出身带来很大的压力，但她坚信周总理的话：出身不能选择，人生的道路是可以选择的。她有坚定的信念，暗下决心，永远严格要求，充满力量，积极向上！

7. 阖家团圆

为了全家人的团聚，解决生活困难，黄瑞松很早就在四处奔走，想办法解决全家分居三地的问题。西安东方机械厂也觉得他们夫妻二人这样长期异地分居不是个办法，便对三院总体设计部说："他们的问题总得解决呀，要么你们把黄瑞松给我们，要么我们把杨韵茹给你们，让他俩在一处工作。"但"鹰击一号"等型号研制工作已经开始，黄瑞松作为技术骨干，总体设计部不放他走。限于当时的实际情况，要调杨韵茹到北京工作又有诸多困难，尤其是北京户口的事很难解决。

那一时期，总体设计部正准备要在四川达县包建一个三线科研单位，而且已经比较明确，黄瑞松所在的研究室将来要搬迁去三线。总体设计部领导便对黄瑞松说："你爱人的户口在北京实在不好解决，你反正将来要去三线，不如由总体设计部先把杨韵茹调往三线工作，她的户口迁往重庆。三线不还在筹建嘛，她人暂时不用去三线，直接来北京，在总体设计部三线筹备办公室工作，这样你们就能团聚了。等三线那边建设差不多后，你们俩一起去那边工作。你看如何？"这是一个虽然并不圆满，但和过去相比来说已经好很多的方案，时下也没有更好的办法，黄瑞松便接受了这个方案。

于是，总体设计部给杨韵茹办理了工作调动事宜，把她的人事关系调到四川的三线基地。户口落在重庆，人到北京的总体设计部三线筹备办公室工作。通过这种方式，在分居两地长达7年后，夫妻二人终于得以团聚！

黄瑞松从单位借了一间小平房暂住，一家人便搬到了这间只有12平方米的房子，总算是有了一个“家”。平房是工棚改的，3户共用一个门，有个小小的门厅，几家就放个小炉子在这里做饭。杨韵茹从西安回北京的时候，把能带走的家庭财产全部带着走了，包括几块笨重的蜂窝煤。她舍不得扔，装进了她唯一的一个大木箱子里，一起带到了北京。

不久以后，总体设计部盖了几处新的平房，便借给黄瑞松一间带里外间的14平方米的小平房，条件得到了少许改善。一家四口基本能住下了，但兴东和兴梅只能睡上下床，兴东睡上面，兴梅睡下面。1976年唐山大地震的时候，云岗地区有明显震感，小平房不时出现一阵抖动，窗户、家具、锅碗瓢盆等发出令人惊悸的响声。当时黄瑞松远在试验基地，母子三人非常害怕。为了防震，晚上睡觉的时候，兴梅就睡到妈妈从西安带回来的大木箱里，兴东则爬到床底下去睡，这样战战兢兢地过了好几天。

1972年上半年，把家安顿好后，黄瑞松就赶紧把兴梅从三姐家接到了北京，带她去731医院看病。

经过检查，兴梅被诊断为先天性髋关节脱臼。这是一个十分难治的疾病，医院采取的措施是保守治疗。给她打上石膏，固定她的关节部位，看时间长了能不能慢慢地长好？于是，从 1972 年开始，兴梅就开始了漫长的治疗生涯。她的童年过得很痛苦，黄瑞松夫妇二人也折腾得很疲劳，为了给兴梅治病，经常跑医院。连 731 医院的大夫都说，我们医院的绑带用得最多的就是你们家姑娘了！就这样一直治了好久，但效果并不明显。医生们很过意不去，黄瑞松却反过来安慰他们说：“没关系，我是搞工程的，允许失败，后续措施做好就行了。”于是，731 医院请来了北京儿童医院的专家，进一步诊断分析后，专家说，必须要做手术。

于是，兴梅做了手术，大夫从她身上别的地方取下骨头片儿，补在她髋关节脱臼的地方，使关节不至于从关节窝里脱出来。当时这样的手术技术还不太成熟，但兴梅的手术总体上还是成功的。

在黄瑞松的主张和努力下，从 1972 年起，杨韵茹在总体设计部开始从事仿真工作，工作是临时性的，因为她的身份还是三线职工。在北京，没有户口，生活面临诸多困难，当时买什么都需要票，没有户口就没有票。日用的东西多点少点还可以凑合，但孩子上学的事却是个问题，那时孩子的户口只能随母亲走。

转瞬间，兴东已经到了上一年级的年纪了。云岗地区只有一所小学，即云岗一小。黄瑞松找到云岗一小的校长，提出让孩子入学就读。但校长说不行，因为孩子户口不在北京，而户口是一个硬杠杠，说什么也不行。黄瑞松没有办法，回家和妻子一商量，决定先由妻子在家里教，回头再慢慢想办法。于是，兴东就这样在家里上起了“一年级”。杨韵茹找来一年级课本，手把手地教儿子课程，这样持续了整整半年。

黄瑞松知道这不是长久之计。倒不是担心妻子教不好，只是一方面，她的工作本身也很忙，另一方面，孩子必须要走进学校这个大环境去成长。不融入同龄人中去，他就会缺失很多东西。这时，弟弟盘松出了个主意。他已经从师范学院毕业分配在老家一个学校当老师，他想法从老家那边的学校开了一个转学证明，证明孩子在那边上了一年级，因为随父母到北京，转学至云岗一小借读。这样，兴东才到云岗一小上了一年级。结果，兴东特别争气，在学校成绩特别优异，老师、校长都非常喜欢他。等兴梅该上学的时候，这次校长主动说："你们家兴东成绩这么优秀，让他妹妹也来吧！"于是，妹妹沾了哥哥的光，也顺利入学了。

杨韵茹的户口没有解决，黄瑞松又是单位集体户口，所以很长时间内，他都没有资格分房，尽管他 1977 年担任了总体设计部研究室副主任职务，已经是一个中层领导干部了。在这几年，为了户口的事，黄瑞松可以说是绞尽脑汁，想了很多办法。

当然了，像黄瑞松这种情况的不只他一个人。他们研究室就有一个吴姓同事的情况和他类似。他的妻子在南京工作，为了解决夫妻团聚问题，也采取黄瑞松的方案，妻子的户口从南方迁到了重庆，而妻子先到总体设计部三线筹备办公室工作。吴同事的妻子是一个林业专业的高才生，搞航天工程，她实在是不适应。于是两个人就想一起调回南方工作。南京的农业科学院非常愿意接收他们夫妻二人去工作。黄瑞松知道这个情况后，立即跟他商量并报给单位，提出利用吴同事的北京户口对换，即把杨韵茹在四川的户口迁到北京来，而把吴同事在北京的户口迁到四川去，吴同事和妻子再把他们二人的户口从四川迁到南京。但这个政策只针对工人，因此不得不先把双方的身份变成工人身份。当时，黄瑞松已经知道不会去三线了。四川三线那边已经多次向总体设计部要他，让黄瑞松赶紧过去工作，但总体设计部领导明确拒绝放他走，因为部里已经对他委以重任，而且准备把他列为重点培养对象。去三线的计划有了变化，黄瑞松只得想法将妻子往北京调了。

1979 年，通过两家户口对换，杨韵茹的户口关系终于迁到了北京。同时，她也正式调入总体设计部仿真研究室（总体设计部七室），成为了总体设计部的一名正式职工。她的户口从北京迁去哈尔滨，又从哈尔滨迁去西安，再从西安迁去重庆，最后从重庆又回到了北京。绕了一个大圈子。户口的事如此周折和辗转，折射出了她前些年像浮萍一样漂泊不定的生活。

随着户口入京，杨韵茹重回故土北京，从此在航天三院扎了根。可能这就是所谓的好事多磨吧。不知这是不是冥冥之中上天对她的一种考验？她经受住了考验。在家庭出身问题的一次次打击面前，她挺住了；在含辛茹苦拖儿带女的困难面前，她克服了；在夫妻长期分离的孤独无依面前，她坚守住了……苦尽甘来，经历了人生的坎坷和风雨，在前面迎接她的，必定是绚丽的彩虹！

8. 平凡家庭

兴东的成绩一直很优秀，父母没怎么操过心，父亲只是在学习方法上偶尔指导一下，从没亲自辅导过他的功课。1985 年，黄兴东以优异成绩考入清华大学。1990 年大学毕业时，清华大学本来要留他任教，并给他保留了研究生资格。他正为何去何从犹豫不决时，母亲的腿不小心摔骨折了，卧病在床。母亲身边没人照顾，父亲又长年出差不着家。他就决定回三院工作，顺便照顾受伤的母亲。

在那个“搞导弹的不如卖茶叶蛋”的时期，三院人才流失十分严重，能招来一个清华大学的学生很不容易。刚开始院里把黄兴东分在了一个特别重要的研究所，他大学学的是自动控制，专业上也特别对口。但该所见他保留了清华大学研究生的资格，觉得他迟早要远走高飞，既然必定留不住，干脆就不接收。

总体设计部三室主任刘庆楣相中了黄兴东，见此情景，就以总体设计部的名义把他要到了总体设计部。谁知道这事儿让时任总体设计部主任的黄瑞松知道了，他找到刘庆楣，说：“感谢你把孩子要来了，但抱歉，不能让他去你们室。”刘庆楣说：“人是我辛辛苦苦要来的，凭什么不去我那儿？”但黄瑞松就是不同意。因为在当时总体设计部的各个研究室里面，三室的效益是最好的，科研任务饱满，又搞军贸任务，且那时军贸的效益很不错，当时的三院也主要靠军贸任务来支撑，全院2万多名职工，国家每年拨的科研经费总共才几千万元，维持都很困难。关于科研经费，那时在航天口还流行着一句顺口溜：五院不要就给，一院要了就给，二院不给就要，三院要也不给。三院的处境可见一斑。如果黄兴东分到了三室，当然很不错。但黄瑞松却认为，孩子刚刚走出象牙塔，不能一参加工作就去那种收入最好的地方，必须要到最艰苦的环境去接受磨炼。况且，他是总体设计部主任，也不想让别人说闲话。刘庆楣再三要求，但黄瑞松就是不同意，最后他一锤定音，让儿子去了刚成立不久的十一室。

在父亲的安排下，黄兴东到了十一室工作，从最艰苦和最基础的工作干起。两年后，按照计划，黄兴东将返回清华大学攻读硕士研究生。此时黄瑞松已调到院里工作，总体设计部领导找到他商量这件事。黄瑞松说:“你们要是放他走，他到清华读了研究生，十有八九回不来了，所以你们别放他走。研究生这个事嘛，看能不能和清华大学商量一下，把他的研究生资格转到总体设计部，如果可以的话，就在总体设计部读研究生吧。”

于是总体设计部找到清华大学商议此事。当时清华大学的老师特别感动，说:“他们这个班的同学基本上都出国留学深造或去有钱的大公司了，他是唯一一个在老国有企业一线工作的。”学校同意办手续。最后通过北京市教委将他的研究生资格转到了总体设计部，就这样，黄兴东在总体设计部读了研究生。

黄瑞松语重心长地对儿子说:“不让你走这是我的主张，谁叫你是我黄瑞松的儿子呢！让你去读书，就是等着有一天你回到这里来工作。”黄瑞松的做法正应了航天系统里广为流传的那句话“献了青春献终身，献了终身献子孙”。

由于爱人、儿子工作都和黄瑞松在同一个单位，因此，他对他们工作上的事就会过问得相对较多，盯得就比较紧。儿子留在三院工作，是因为他；爱人退休后早早就回家，也是因为他。杨韵茹作为一名优秀的仿真工作者，又有高级职称，按照通常的做法，退休后可以再返聘几年。1994 年，当总体设计部准备要继续返聘她一段时间时，让黄瑞松给否了，于是，她便退休回家了。黄瑞松之所以这样做，是因为他力主大力培养使用年轻人，如果老同志退休了还不走，必然会影响年轻人的发展空间。他是副院长，必须要带好这个头，作好表率。

黄瑞松夫妇和儿女们在一起

黄兴梅由于小时候长期患病，学习受到影响，虽有母亲帮她指导复习功课，但成绩还是不太理想。初中快毕业的时候，她对父母说："我不想上高中、上大学了，我想考个职高算了。"父亲沉吟片刻，郑重地说："小梅，这件事你可要考虑清楚，不要一时心血来潮。你最终决定走哪条路，我和你妈妈都会充分尊重你的选择。你自己深思熟虑了再做决定，将来就不会后悔。"最终，黄兴梅还是报考了职高，上班后进修了一个成高大专文凭。夫妻二人都干着普普通通的工作，过着普普通通的生活。对于儿女的婚姻，黄瑞松夫妇从不干涉，顺其自然，尊重他们的选择，只要他们自己觉得幸福就好。

黄兴东由于聪明、能干，而且一表人才，乐观活泼，很快就有了意中人。韩莉是三院子弟，父母都在三院工作。她于 1991 年大学毕业后分配到总体设计部，从事导弹测试软件开发等工作。由于她和黄兴东两人都是各自研究室的团支部书记，在一起活动的机会比较多。黄兴东是一个活跃分子，舞跳得好，又会弹电子琴，组织了很多丰富的活动，还经常组织年轻人到家里玩。就这样，韩莉和黄兴东接触就更多了，双方也逐渐加深了了解，自然而然地走在了一起。

1994 年，黄兴东和韩莉喜结良缘。两人订婚的时候，杨韵茹送给了韩莉一套梳子作为礼物。就这样，一切从简，两人就结婚了。婚礼也很简单，黄兴东在三院的第二招待所订了一桌饭，骑着自行车把韩莉驮到了第二招待所，就像去参加一个普通的朋友聚会。两家人聚在一起吃了个饭就当成结婚仪式了，两个家庭对那些世俗礼节都不太在意。

黄瑞松虽然在这些礼节问题上不拘小节，但他对子女们的家庭教育却非常严格。而且对兴东、兴梅两人一视同仁，绝不因为兴梅身体不好，就对她有所放松和娇纵。从子女的角度去看，二老都是从革命年代一步一个脚印走过来的人，他们的身上自然地折射出一种严格的素养、质朴的生活范式以及良好的习惯，这对子女们来说，就是一种潜移默化的言传身教，胜于一切华丽的大道理。比如，二老生活非常俭朴，洗菜用过的水、洗衣机里的水，都要一桶一桶地盛好，冲马桶的时候再用；他们用过的药盒、废纸、矿泉水瓶、纸盒等，都要收集整理好，定期拿去废品回收站卖掉；什么东西放哪儿，特别有规矩；有一把水果刀还是 20 世纪 70 年代的，尽管外面的镀层已经褪掉了很多，但他们一直使用至今。杨韵茹曾经在诗歌中表达对勤俭的看法：“只勤不俭无底洞，只俭不勤水无源。一分一厘不算少，愚公能把大山搬。”

勤俭是一门人生课程，更是一种宝贵的品性，而黄瑞松夫妻二人更是身体力行了一辈子。杨韵茹特别爱好诗歌，当家庭有重大喜事，她一般会写诗歌来纪念。逢年过节，儿女们的生日，结婚纪念日，等等，家里从不会安排那种铺张的宴席，也不会买贵重的礼物，但杨韵茹常常会写一些诗歌赠送他们留念。既别致，又很有纪念意义。比如，儿子 40 岁生日之时，她就送了儿子一首诗歌，祝贺、勉励之情跃然纸上。还是一首藏头诗，每句诗的第一个字连起来就是“祝小兴东生日快乐”，读来饶有兴味。诗歌如下：

祝单位荣登金榜，
小松树已成栋梁。
兴事业需靠兵将，
东风劲鹰翔海疆。
生龙活虎领头闯，
日新月异新风扬。
快马加鞭搏激浪，
乐于奉献好儿郎。

儿女们的工作越来越忙，早出晚归，他们也都有各自的家庭和生活，全家要真正团聚在一起也不是那么容易的事儿。夫妇二人对儿女们都特别理解，在家庭事务上很少要求他们。两位老人的事情基本都自己解决，遇到困难都自己克服，不轻易干扰他们。即便身体不舒服了，一般也不会告诉他们，省得他们分心。甚至有时住院之后，儿女们才知道老人病了。由于特殊的工作和经历，他们都形成了一种独立自主和自力更生的生活习惯，养成了一种超乎常人的隐忍性格，在他们眼里，能自己解决的事从不轻易麻烦别人，即便面对的是家人。

不管在不在身边，儿女们无时无刻不牵挂着两位年龄越来越大的老人。父母们辛劳了一辈子，忙惯了，让他们停歇下来什么事也不干，显然是不现实的。他们只能尽可能地给二老营造一个舒适点儿的环境，多从健康和心理上关心呵护他们，让他们有一个健康的身体，愉快的心情，安度晚年。每当逢年过节，或者孩子上学回来，一家老小都要回二老身边小聚，陪他们吃吃饭，和他们唠唠嗑，向他们汇报汇报工作方面的情况，只是这些，老人就很高兴了。现在条件好了，但二老一贯节俭，反对铺张浪费，在吃穿住行方面要求很低，想在这个方面表表孝心也常常难于着手。他们搬新家的时候，黄兴东在客厅装了一套家庭影院，带投影的，音响效果也不错，酷爱听音乐的父亲很喜欢。二老年岁越来越大，黄兴东从云岗调到中国航天科工集团公司总部工作，身边没个人总归不是办法，好在黄兴梅又调回云岗工作，便能和他们一起生活了。有她照顾二老的起居，黄兴东夫妇也能更安心地忙工作了。俗话说“女儿是父母的贴心小棉袄”，黄兴梅的回来，让二老脸上多了笑颜，让这个家有了更多欢乐。

由于家庭团聚的机会不多，和儿女们一起吃饭的时候说说话就算是一种最常见的交流了。但即便在饭桌上，黄瑞松和儿子两个男人之间谈的几乎也都是工作。于是，父子俩的谈话经常被杨韵茹打断，说：“哎呀，你们爷儿俩就别老提工作了，好不容易聚一次，真是的！”

似乎，黄瑞松和孙子辈儿之间可说的话题更多。都说隔辈亲，黄瑞松听到小孙子叫几声“爷爷”，就高兴得合不拢嘴。小孙子是他这位总指挥的“总指挥”，让他站就站，让他坐就坐，一切唯小家伙的命令是从。一天在饭桌上，儿子小黄与父亲老黄为一个技术问题发生争执。先是和风细雨地说，后来嗓门越来越大，争得不可开交，谁也说不服谁。小孙子先是跑过去扯爸爸的衣服，爸爸不理，又跑到爷爷那儿，拉爷爷的衣袖，爷爷也没工夫理，根本没听见孩子在说什么，这下小孙子急了，站在椅子上拍着桌子使劲喊，争辩的爷儿俩只得乖乖“收兵”。

黄瑞松和孙子、外孙女都很说得来，现在他们都已上了大学。每年假期，黄瑞松几乎都要和他们作一次稍微正式点儿的谈话。黄瑞松跟他们谈理想、信念、

黄瑞松夫妇与孙子、外孙女在一起

成长、学习，以及他的学习心得，等等，同时了解他们的想法。黄瑞松很了解现在孩子们的心思，他不是以爷爷的姿态和他们谈，也不是搞灌输式教育，更不会居高临下，而是以朋友的形式跟他们平等地沟通，因此孙辈儿们都愿意和他谈心。孙子还对妈妈说："我愿意跟爷爷聊，不愿跟妈妈聊。"不管什么问题，黄瑞松也是点到即止，说清楚就行了，不会

一遍又一遍地反复唠叨。

他当顾问后，就立即转变了角色，他旗帜鲜明地说："顾问顾问，有问就顾，我不会主动去干扰你们的工作，我的看法都在会上发表。你们有问题来找我，我一定回答，采不采纳是你们的事，我绝不会有意见。如果我认为我的建议是对的，那我最多会讲三次。如果说了三遍你们还不采纳，那我就不会再提了。"在家里也是这样。有的时候，黄瑞松说的次数多了，孙子就会说："爷爷，您这是说第几遍啦？"黄瑞松明白了，是小家伙不愿意了，于是，他就此打住。

黄瑞松常常说，一个人必须要适应环境，环境不会适应你，适应了环境才能活得洒脱、活得舒心。

黄瑞松尽管工作繁忙，但依然时时刻刻挂记着老家的亲人。

二姐凤珍一家人搬回娘家来住后，由于三个弟弟都出去了，她就成了事实上的黄家的守"业"人。弟弟们每次回来，都是她照顾他们的生活，既是姐姐，又充当了"母亲"的角色。她没有上过一天学，生下来就是"土"命，一辈子面朝黄土背朝天，是黄家的大功臣。为了这个家辛辛苦苦一辈子，还替弟弟们为父母养老送终。由于终年拼命地劳作，落下了一身病。20 世纪 80 年代得过胃出血，要做手术，黄瑞松无法回去，便把做手术和治疗所需的费用给二姐寄了回去，只能用这种微不足道的方式来报答一下姐姐。她后来得了绝症，全身骨节都变了形，无法躺在床上，只能蜷卧在一个竹篮内。到南方出差，一有机会，黄瑞松都要回去看看姐姐们。在二姐逝世之前，黄瑞松最后一次回去看望她时，她已经神智不清，黄瑞松叫她半天也没有反应。但他临走的时候，二姐却突然回光返照似地看着黄瑞松说了一句"（我）无法做人家啰"——意思是无法再照顾你们了。尽管她时日无多，但在她的内心深处和潜意识里，她还挂念着这个家，以及她的亲人们。

从 2008 年起，黄瑞松的大姐、二姐、三姐、哥哥都相继离开了人世。幸运

三姊妹、三兄弟欢聚在老屋

三兄弟、三妯娌在老屋门前合影

的是，他们去世前，黄瑞松都去看望过他们。弟弟盘松一家都在宜兴，盘松从小就跟着黄瑞松，从小学到中学都是他带着弟弟并照顾他的生活，盘松考上南京师范学院还是他送到学校去的，兄弟俩的感情非常好，无话不说。盘松从师范学院毕业后先在沙洲中学任教，后来，为了能让家里有一个主事的男人，他调回家乡，一直在南新中学工作并从副校长的岗位上退休。老家有个不成文的规定——舅舅为大，外甥家的事要找舅舅评判做主，这个担子也就落在了唯一在家的盘松身上。随着姐姐们年岁的日益增大，盘松家也成了在外面的两个哥哥回老家的落脚点。

“莫怪世人容易老，青山也有白头时。”在人短暂的一生中，有许多的事情都是我们无能为力的，比如生老病死，比如光阴流逝，比如那些渐渐远去的亲人们……

9. 金婚时刻

2015 年 1 月 30 日，黄瑞松和杨韵茹迎来了金婚纪念日。没有高朋满座，没有豪华盛宴。一家人平平常常地坐在一起吃了个饭，共同祝贺和纪念这幸福难忘的时刻。走在一起是缘分，在一起走是幸福。在这金色的时刻，我们向黄瑞松和杨韵茹共同走过的这半个世纪静静凝望，不经意间，心中便会充盈着感动，这真是：

半世纪牵手，养儿育女柴米油盐，离也恩爱聚也恩爱，相濡以沫终不悔；

五十年同心，事业家庭同舟共济，艰也甜蜜苦也甜蜜，风风雨雨永相随。

黄瑞松和杨韵茹不仅是生活上的伴侣，也是事业上的伙伴。生活中相濡以沫，事业上同舟共济。对于这对夫妻，有时事业和生活很难分开。即便在家中，两人的话题也经常与工作有关。杨韵茹长期从事仿真工程，搞仿真就得深入型号，因而对型号上的事，接触了解也较多。黄瑞松工作上的情况，进展，困难，等等，回到家后常常给老伴讲一讲，向她有一搭没一搭地倾诉。杨韵茹总是注意倾听，有时也发表一些个人意见，和丈夫讨论。虽然不一定对他的工作有实际帮助，但在这种特殊的共同“志趣”培养过程中，释放了压力，促进了心灵的沟通，也增进了夫妻感情。

尽管因为出差、进场试验等原因，黄瑞松经常不在家，但无论他在与不在，都是这个家的“主心骨”。家庭的重大事务，家里人对他既尊重、又依赖。黄瑞松是家庭总指挥兼总设计师，老伴儿、儿子、儿媳、女儿等分别是主任设计师、主管设计师，等等。他是家里明确的中心，大家围绕着他各安其位，各司其职，相互补位。这个家运行得很好，秩序井然，团结和睦，相得益彰。黄瑞松就是这样一个操心的命，对于家庭事务想得非常细，在布置起来的时候也像在工作中一样，既严谨又细密，一丝不苟。

同时，如同在工作中一样，数十年来，黄瑞松和杨韵茹夫妻之间也在不停地磨合。正如杨韵茹所写的那样：“五十年风雨，五十年坎坷；五十年信任，五十年磨合。有过哭笑，有过挫折，有过悲欢离合；举案齐眉，相敬如宾那只是古代的传说，争吵过后，恩爱如初，这才是我们的真实生活。”锅勺相碰，叮当悦耳，奏出了一曲悠扬的家庭小调，使生活有了更多滋味儿。有的时候，老伴儿被黄瑞松的话“噎”得不行，好在他会主动缓和气氛，他还曾经自我解嘲地说：“老伴儿那么好，我还气她，真是不应该！”

杨韵茹有头晕的毛病，经常犯病，但黄瑞松从来没有因为她的病而请过假。在她生病期间如果回不来，他会打电话问候和关心一下。黄瑞松型号上的事一忙起来，常常难以在事业和家庭之间很好地兼顾。二者必须要做出牺牲时，其结果往往也是家庭。但在一起的时候，黄瑞松对老伴儿非常体贴。因为老伴儿身体不好，吃饭有很多忌口，如果一起去旅游，吃饭的时候，黄瑞松总要先尝。各样饭菜尝过一遍后，对老伴儿说，这个可以吃，那个不可以吃。所以，杨韵茹笑言："他对我凶起来是老虎，好起来是猫。"在金婚纪念日这天，杨韵茹有感而发而又满怀深情地写道：

"昔日冰城相会，笔墨传情二年整，终成鸾凤和鸣。又七载各守空帐，让思念似水流星；风清气朗团圆日，携手并肩踏征程，车轮飞转怨日短，雄心虽在两鬓斑，君担重任难停步，老骥伏枥胜当年。青春立志科技路，岁月磨砺保国心；耄耋今日不为老，蓝天碧海献终身；与你相伴常欢笑，碗碟磕碰是乐声；不信请问东莉梅，儿女共铸航天魂。"

然后，她笔尖温情地流淌出对夫妻情深的宣言："同床共枕五十春，冰城初见便倾心；如有来生重携手，勿忘与妻再成婚。"

黄瑞松也在她的笔记本上写道："相亲相爱五十年，结伴同行半世纪；互帮互学奋向前，业绩中有你一半！未来自长远，携手勇向前……"铁骨柔情，跃然纸上。

这也是夫妻二人的另一个共同"志趣"，一起写诗歌。有的时候，杨韵茹写了，黄瑞松作修改和润色；有的时候，她写一半，他来接续；有的时候，她写后，他另写一首来呼应。从诗人的角度说，这叫"唱和"；从他们俩的角度说，这叫"交流"；从人生的角度说，这叫"情怀"。两位都是搞科研出身，而又共同写诗歌，科学与浪漫在这里神奇地交融。诗歌的点点滴滴，记载了他们一起走过的五十多年难忘的时光，也见证了他们志同道合、相濡以沫的爱情和亲情。

在结婚五十周年之际，夫妻二人共同创作了一首最新作品。这首作品既是对他们心路历程的回忆和总结，也是对美好未来的展望和寄托：

激情年代向阳歌，
不问今生值几何。
一心听从党召唤，
进军科学战山河。

昼夜奋战在机房，
月圆又缺试验场。
酷暑严寒心似火，
冲破封锁志如钢。

消化吸收到创造，
实践真知心手巧。
自力更生创新路，
鹰击长空入云霄。

攻坚破难渡春秋，
海燕雄鹰立潮头。
蓝天碧海任驰骋，
国庆阅兵竞风流。

一生相伴航天梦，
薪火接力世传承。
神州大地风光好，
国泰民安天下宁。

和谐社会凯歌扬，
航天儿女代代强。
峥嵘岁月永难忘，
携手同心铸辉煌。

这首诗歌的名字叫《老航天人之心路》。

从这首二人“珠联璧合”共同创作的诗歌作品中，我们确信，他们所从事的，一定是一项能让人非常充实和有所寄托的事业；我们确信，共同的志趣、简单的爱、一点温暖、很多安宁，幸福不过如此。

诗歌的末尾这样落款：志同道合航天伴侣，黄瑞松、杨韵茹。

余音绕梁。

风采宛然。

《黄瑞松院士传记》编写工作侧记

凌 览

2015年5月26日，是我人生中值得纪念的一天。机缘巧合，由于《中国航天院士传记丛书》编写工作，我有机会走近仰慕已久的黄瑞松院士。这天一上班，我就到办公室拜访他。毕竟是第一次和院士谈话，我心里有些紧张，为了营造轻松的谈话氛围，一落座我就微笑着说："黄院士您知道吗，其实我们已经见过很多次了。"他微微沉吟了一下说："是吗？"我说："每次院里召开工作会这样的重要会议时，您在主会场，我在分会场，通过视频能看见主席台上的您。今天终于见到真人啦。"他不由得笑了，我心里的紧张感顿时减轻了许多。

我心怀忐忑还有另外一个原因，之前找他秘书刘志强了解航天院士传记编写工作的前期情况。志强说，在刚开始的时候，黄院士并不赞成编写他的传记，他说："不要写我，写别人吧。"他不希望突出个人，他再一次强调了他过去已经多次强调过的观点："我只是提要求、出点子，工作都是大家一起做的。"后来大家做了他的思想工作，他才逐渐"配合"。虽然听说他思想有所转变，但从传记创作的角度，我必须深入走近他的人生、家庭和生活，不知老人家能配合到什么程度？

在交谈的过程中，我谈了自己对航天院士传记编写工作的一些理解，以及对如何开展这项工作的一些初步思路和具体安排。我说："这并不单纯是为了宣扬您个人，通过院士传记可以比较全面地总结您这几十年型号研制的经验教训，供年轻一代学习和记取，从而在工作中获得更快的成长，让后来人少走弯路。当然，这也是宣传我们航天事业和飞航事业的需要，毕竟航天院士是这个领域的一个特殊群体，具有典型性和代表性，通过院士传记积极宣传航天事业和飞航事业，可以吸引和感召更多的优秀人才加入，使我们的事业更兴旺。”他对我的思路和安排基本认可。最后，我给他打“预防针”说：“那这段时间我就要经常来打扰您了。因为我没干过型号，对型号领域知之甚少，基本算是一个‘科技盲’，所以肯定要问您很多问题，而且肯定有很多问题问得很幼稚，您别嫌烦哦。”他又笑了起来，说：“没关系。你每周向院办要一张日程安排表，只要见我没会，你随时可以过来。”然后，他话语一转，正色说：“凌览，你多来了解我是对的，请你记住，我要真实的黄瑞松，而不是创作的黄瑞松。”这句话令我印象非常深刻。

这次短短的会面还是比较成功的，良好的开局让我很受鼓舞。从此，我密集地对黄院士进行了十多次采访。每次去我都带了提纲，采访进行得比较顺利，效率也很高。为了他所要求的“真实的黄瑞松”，尽管时间有限，我还是竭尽全力地搜集与他有关的资料和素材，这些材料包括对他及家人的直接采访，对三院两总系统及他身边工作人员进行了约 50 人次的直接或间接采访，对三院档案馆、总体设计部档案室的相关资料和已经出版的相关书籍进行了大量阅读，总的阅读量应该在千万字以上——当然，大部分都是粗读，取其相关，取我所需。

其实之前我对黄院士一点儿也不了解，但随着信息的不断丰富，他在我心目中的形象也越来越鲜明，最终，一个生动鲜活的黄瑞松立在了我的眼前，呼之欲出。现在回想，他从事过那么多的型号，在正常情况下将这些型号知识专门开一门课给我讲两个月，我都不一定能搞得很明白。但在 6 月、7 月这两个月，我对他所从事的八九个型号的发展脉络和基本情况有了比较清楚的了解，我终于体会到知识“爆炸”的滋味。激发我生出如此潜能的，除了进度紧张的因素外，最主要的是我获得了一种不敢懈怠、催人奋进的力量。他的成长经历、奋斗事迹、感人故事、鲜明个性、精彩人生，都深深打动了我，感染着我，激励着我。在采访和后来的写作过程中，我不止一次地潸然泪下。我用浅陋的笔触——却带着最质朴的情感，回溯了他的人生长河。我似乎和他神交已久，和他一起成长，一起奋斗，一起求索，一起难过，又一起欢笑。我越来越清醒地认识到，我稚拙的笔墨，根本无法传神地刻画他传奇的一生和非凡的人格魅力。

7月底的时候，我基本完成了基础素材的收集整理工作。我发现，如果把他所从事的型号按时间连起来，基本上就是一部中国飞航导弹的发展史。于是，在章节设计上，从第三章至第七章主要写型号，通过这一部分，中国飞航导弹如何从无到有、从仿制改型到自行设计，并最终发展成为一个庞大的导弹大家族的恢宏历史，就可以得到比较完整清晰的呈现。而把他的其他一些事迹，包括基础技术、预先研究、人才培养、家庭生活等和型号内容分离开来，单独放在后面的章节介绍。这样的布局谋篇，主要还是希望通过对型号研制工作相对独立的描述，勾画出中国飞航导弹和中国飞航事业的发展脉络。

黄院士从中国第一型飞航导弹“上游一号”肇始，参与了长达半个世纪的飞航导弹研制历程。他所从事的型号，从射程上覆盖了近程、中程、远程；从平台上涵盖了岸（陆）、舰（海）、机（空）；从速度上包含了亚声速、高亚声速、超声速、高超声速。的的确确，中国的飞航导弹就是这么由小到大发展起来的，他的型号研制经历基本上就是一部中国飞航导弹的发展史。我想，通过本传记，能让大家了解这一辉煌历程，或许也是一件很有意义的事。

在前几次采访过程中，我发现黄院士身子总是站不直，而且走路歪歪扭扭的，身体的重心往一边偏。我诧异地问他这是怎么回事儿？他说颈椎有点毛病。他身躯高大，这样一歪一歪地走，我总担心他重心失衡摔倒在地。问他：“您去医院看了吗？”他却不以为然地笑着说：“老毛病了，嗯，已经跟医院约了，近期去做个手术。”口气很轻松。

后来我才从阿姨（黄院士爱人）那里了解到，他这毛病十多年前就开始犯了，有一次跟她念叨说：“咦，我怎么发现我是平脚板啊，一只脚抓不住地，老觉得悬着。”阿姨说：“你不是啊。”其实那就是得病的征兆，之所以感觉一只脚悬着，是因为颈椎骨质增生的压迫所致，不过那会儿还不是太严重，就没怎么在意。那时黄瑞松还在一线，经常要去靶场，一待就是很长时间，去医院进行系统检查治疗的事就一拖再拖，逐渐就拖严重了。后来发展到从办公室回家虽然只有短短一里地的路程，却要中途休息好几次，情况越来越严重了，便去医院看，还找了北医三院、协和医院、北京医院等多位专家会诊，专家们各有说法，对要不要做手术意见不一，最终还是采取了保守治疗，主要是觉得他年纪太大了，手术有风险，另外，腰椎、颈椎好几个地方都有毛病，要做手术那是个“系统工程”。在保守治疗期间，针灸、按摩、拔罐、吃大药丸……什么都试过，但效果并不好。如今特别严重了，站一会儿就不行了，连洗脸拧个毛巾的工夫都坚持不了，只要站上几分钟，就必须坐下休息一会儿。这才不得不下定决心做手术。

黄瑞松夫妇二人的忍耐力都特别强，身体不舒服了一般就是忍，或者自己随便找点儿药吃，轻易不会去医院。也不会告诉子女，省得他们分心影响工作。甚至有时直到住院，儿女们才知道老人病了。所以，只要人住到医院去了，就意味着是很大的病了。近八十岁的老人，做这种伤筋动骨的手术，风险是极大的，谁都心知肚明。手术前几天，一贯乐观的黄瑞松还没怎么着，老伴儿却止不住地翻来覆去想手术的种种风险，胡思乱想多了她人就受不了，精神紧张极了。这个时候黄瑞松反过来安慰她：“没事没事，这一辈子大风大浪都闯过来了，说明我福大命大，能逢凶化吉！”

2015 年 7 月，黄瑞松如期来到北医三院做手术。当医生告知他手术可能出现的各种风险时，黄瑞松平静地说：“我是搞系统工程的，有什么风险我清楚，你们不要有顾虑，放心做就是，我相信你们没问题。”

做好了一切术前准备后，这天早上七点半，黄瑞松被护士们送往手术室，家人们陪着到了手术室的门口。进手术室的时候，黄瑞松和亲人们轻轻挥手告别，然后，又伸出一根手指，微笑着说："一小时准备！"他笑着，亲人们却笑不出来，他们的眼睛模糊了。"一小时准备"是导弹发射倒计时的重要时点，这个"一小时准备"几乎伴随了他一生。他一次次的努力，都在为这"一小时"准备着。有时为了一次"一小时"甚至要干十多年。"一小时准备"后只有两个结果，要么成功，要么失败。经历了无数次失败的黄瑞松，早已养成了一种乐观超然的心境，对任何结果都能坦然面对。可这一次大家都知道，就像他在当年"强国弹"的艰难处境一样——失败不起，没有退路，只能成功！真的，这次只能成功！

黄瑞松终于被推进了手术室，手术室门上的红灯亮起，亲人们的心都揪了起来。那是多么煎熬的几个小时啊，他们睁着红红的眼睛盯着手术室的门，希望它尽快打开，却又怕它打开。

医生和护士们有条不紊地准备着术前的最后事宜，快要给他做麻醉的时候，知道他喜欢音乐的医生忽然问他："您想听歌吗？"黄瑞松微笑着点了点头。医生便用手机给他播放《莫斯科郊外的晚上》，用音乐舒缓他的情绪。"深夜花园里，四处静悄悄，只有风儿在轻轻唱，夜色多么好，心儿多爽朗，在这迷人的晚上……”黄瑞松听着熟悉的旋律，竟安详地睡去。

手术室外，全家人紧张地等待着。

十二点半的时候，手术室的门开了，主刀医生出来，取下口罩，带着欣喜的微笑说：“手术非常成功！”

亲人们一颗悬着的心终于放下了！

在采访过程中，很多人都提到了黄院士的一个特点——喜欢听音乐，甚至酷爱音乐！我问他是什么时候喜欢上音乐的，他说：“上大学后就经常听了。”他酷爱音乐到什么程度呢？阿姨说：“只要一回到家，他做的第一件事就是放音乐。做任何事情，都需要有音乐为伴。看书学习，甚至处理文件的时候，都要听。”我有点惊讶：“处理文件也不会受影响吗？”阿姨笑着说：“不会，丝毫不受影响，文件看了后内容记得清楚着呢，没有音乐倒可能记不清楚。”我赞叹不已。黄院士喜欢听的曲子主要是中国民乐和古典音乐，尤其爱听军旅歌曲和歌唱祖国的歌曲，百听不厌。兴致要是来了，偶尔还会轻轻哼唱几句，但不是那种大声的唱。

科学与艺术的关系问题是一个非常奇妙的、令人津津乐道的话题，这二者之间是否存在着相互作用或互补性，尚无明确证据证明。但诸多事实表明，这二者的确存在某种奇妙的关联。古希腊神话中，有一位智慧女神叫雅典娜，她对森林中的阿里安德妮说：“挽起你的弓吧，向相反的方向各射出一支羽箭。当它们在飞行中相交的时候，世界就不是原来那个样子了。”这两支羽箭带着截然不同的啸声，飞越了辽阔的时间和空间，突然在一点上重新相交了。在这两支羽箭相交的地方，呈现出一片人类文明的奇花，人类射出的这两支箭就是艺术和科学。18 世纪的大数学家拉格朗日，在意大利都灵的圣保罗教堂聆听圣乐时，萌发了求积分极值的变分法念头。德国物理学家海森堡，由于受音乐理论中泛音振动的频率是基音振动的整倍数的启发，完成了原子跃迁的基频与次频的试验。英国化学家纽兰兹受音阶的启示，发现了原子递增的规律，从而创造了“八音律”表。至于20世纪两位物理学巨擘——“相对论”的创立者爱因斯坦和“量子论”的开创者普朗克——他们的小提琴和钢琴二重奏已成为科学界的美谈。音乐一直令爱因斯坦心醉，在他看来，音乐映衬了宇宙背后的和谐。钱学森非常喜欢音乐，他认为音乐引发了他幸福的联想，他说：“音乐里所包含的诗情画意和对人生的深刻理解，丰富了我对世界的认识，学会了广阔的思维方法。是音乐让我避免死心眼、避免机械唯物论，想问题更宽一点、活一点。”

关于科学与艺术的关系问题，我没有问过黄院士。我个人的理解是，喜欢艺术对一位科学家来说一定是件好事——尽管并非不可或缺。因为科学研究是一种创造，创造源于思维，离不开人脑的抽象思维，也离不开形象思维，科学思维是抽象思维，艺术思维是形象思维，分属人的左右脑，一个严密、完美的创造思维过程，一定是人脑的左右两个半球互相协调配合的结果。谁能反证，当黄瑞松沉浸在音乐中的时候，那些平常可遇不可求的科学技术的灵感，没来到他的脑海中，并随那美妙的音符翩翩起舞？

黄院士在医院仅住了一周的院，就回到了家中疗养。他住院前，我的采访任务还没有结束，待他休养了十天左右，我便打电话给阿姨问了他的身体状况，并小心翼翼地探问他当下的身体状况允不允许我去采访？阿姨说没问题，欢迎你来。我心中苦笑一下，自言自语地说："黄院士对不住您老人家啦，您还没康复，但我却不得不去打扰了，相关方面又催稿呢！"我调整了一下计划安排，把采访提纲进行了拆分，一次尽量少安排些内容，宁愿多去几次。

我来到黄院士家时，他半躺在客厅的一张椅子上，脚架在一只小圆凳上，把报纸举过头顶看。以后我每次来，他基本上都是以这个姿势在看书看报，我心中十分感佩。我探问了他治疗的情况，见他身体和精神状态还不错，心里由衷地替他高兴。这次手术开刀的伤口长达 20 公分，想起来都不寒而栗，看来他身体底子还真挺棒。

于是我在他家又进行了若干次采访，我采访时是用笔记本电脑来记录的，所以得找能架笔记本电脑和有电源插座的地方，这样一来他就必须得移"驾"。他非常配合，每次采访时，他就主动地到我采访位置的沙发或凳子上相候。我每次去搀扶他，他都坚决不让我扶，他说他没问题。时间很紧，我的采访提纲基本都是临去前一天晚上准备的，没机会提前给他过目，也没给他提前准备、回忆和思考的时间，但他的记忆力非常好，思维非常敏捷，丝毫没有受到这次手术的影响。由于接收的信息量很大，对一些内容我有时容易记混，或者模糊。黄院士经常给我准确地指出来，对以前哪些内容已经讲过，当时怎么讲的，具体细节记得非常清楚。对他这几十年的工作经历和细节，也是娓娓道来，从不含糊，就如同发生在昨天。比如，在了解仿真这一部分时，他说："1983 年，我写过一篇仿真的论文，发表在《飞航导弹》杂志上，你去三院档案馆找，肯定有。"结果我按图索骥，很快就在档案馆找到了这篇文章。跟他接触了较长时间后，我们已经成了忘年交，所以我们聊的话题也不仅限于传记的内容，而是海阔天空。我担心自己忘记采访时间，每次去都在手机上设置好闹钟。但话匣子一打开，常常超时。

黄院士穿的这件宽松的白色圆领短袖汗衫，是他亲自“设计”、阿姨“施工”完成的作品。在他做完手术后的初期，穿、脱衣服比较困难，便找来一件旧汗衫，让阿姨从侧面剪开，像钉排扣一样缝上几根短布条儿，穿上后几组布条儿对应着一系就行了，简单、实用、方便。阿姨说这体现了他爱创新的精神，这样的创新很多，“他的创新是全方位的，不光在工作上，生活上也是，比如我们家都爱吃他拌的凉菜，因为他爱创新。”黄院士跟我讲过他从小就开始做饭，那他做饭烧菜的手艺应当不错吧？对这一点，我特意向阿姨求证，她笑着说：“嗯，还是可以的，我们家第一个蒸馒头的是他，家里要是来了客人，掌勺的也是他。”

7月末我的采访工作基本收尾，并从8月1日开始正式动笔。在创作的过程中，我又隔三岔五地去找他。每写完一章，我就第一时间送到他手中请他审读并修改。他看得很仔细，改得非常认真，也非常到位，我见识了他深厚的文字功底。可能是数十年来无数次操刀各种技术方案和工作报告，经历了千锤百炼的缘故，其逻辑的严密、用词的准确、行文的简洁，都令我深深折服。比如，第九章写到他和爱人分处北京、西安两地时，我原文写的是“两人开始了长达 7 年的分居生活”，他将“分居”改为了“两地分居”，两字之差，意义迥然。这里必须用“两地分居”。“两地分居”并非“分居”，如果用“分居”，就闹大笑话了。

他写的字也比较有特点。可能是老做会议记录为了提高速度的缘故，他的字有很多连笔，也有很多简化写法，不知是他自己发明的，还是受 20 世纪 70 年代中国第二批简化字的影响，在初期好多字我确实看不大懂，看习惯了逐渐好了一些。有的字看了半天看不明白，我就放一晚上，第二天猛然一看，有时能看懂。有个别的实在看不明白时，便拍了照片通过微信发给他，请他重新给我写了发过来。对微信这类的新东西，他也能与时俱进学习使用，有时还对阿姨说：“这些新生事物你也要多接触、多了解，别跟不上趟儿，否则你就要被社会淘汰了！”

我对他的口音也有一个适应的过程。都说“乡音无改鬓毛衰”，离开家乡几十年后，他说话还带着浓厚的宜兴口音。阿姨笑言：“跟着他，我也成了半个宜兴人。有时我还要在他和儿女们之间充当翻译呢。”我忍俊不禁。在采访之前，一位院机关的领导告诉我说，黄院士口音重，你可要认真听才能听懂。的确，在采访过程中，有的话我真听不懂。没听懂我就问，我不厌其烦地问，有时老人家急脾气就上来了，说话嗓音也高了，没办法，只得拿起纸笔给我写。我做采访尽管是用笔记本电脑记录，用不着纸笔，但后来我找他采访时都带上纸笔，听不明白就立即把纸笔递过去。

8 月底的时候，有一天，我给他打电话说要找他，他说他一会儿就到办公室，让我直接去办公室找他。其实他还没有完全康复。在办公室，我忍不住劝他：“您不还没完全好嘛，干吗这么着急来单位，要没有特别重要的事儿，就在家多休息休息吧。”他说：“办公系统里的文件已经压了几百份了，还没看呢。”我一时不知道说什么好。如果这个时候从三院找 1000 个人来投票，投他回去休养

黄瑞松在办公室

还是到办公室看文件，我想结果是不言而喻的！但说实在的，他们这一代人的很多想法跟我们不一样，有的我们理解不了。我们和他们同处一个宇宙，有时却并不在同一个象限。他的秘书也怕他累着，体贴地对他说："我们把重要的文件给您挑出来吧，您先看看重要的，不太重要的先放一放。"他却摆摆手说："不用你们操心了，我自己慢慢看，你们都很忙，都忙去吧！"对于他的认真和执着，我只能在心中表示深深的敬意。

从黄院士的人生经历中，我深深地感受到了他的认真和执着。无论面临怎样的形势、困难，甚至绝境——包括在两地分居的七年时期，在"文革"混乱时期，在下放锻炼时期，在"强国弹"和"Y2"遭受重大挫折面临空前压力时期，他对导弹事业的信念从来都没有动摇过。在他人生的每一刻，都洒满了理想与信念的光辉。他一生都与钟爱的导弹技术形影不离。黄瑞松曾经从事过很长时间的行政管理工作，但导弹技术始终没有丢弃。即便在总体设计部担任主任时期，行政事务繁多，他的很大一部分精力仍然在抓技术发展。他说："别看我是总体设计部主任，但在办公室很难找到我，因为我经常去基层。经常在基层，对一线的情况和群众的状况我就很了解。我的办法是实行'岗位责任制'，具体的事务性工作我不管那么细，大家需要帮助的时候告诉我，我会给他们解决。我一边睁大眼睛看着他们，一边埋头搞我的技术。行政领导你最多干两届吧，但技术没有时限，看家本领不能丢啊。百分之七八十的人拥护我，我才当领导，不拥护我，我就去干技术，我喜欢干技术。"这正如爱因斯坦对不愿出任以色列总统而只愿一心一意搞科学一事进行评论的那样："政治是暂时的，而方程是永恒的。"黄瑞松对技术的执着和痴迷，使他成为了一个大家。或许，一个人只有以他全部的力量和执着致力于某一事业时，才能成为一个真正的大师。只有全力以赴才能技艺精通。

在黄瑞松的血液里，似乎流淌着一股与生俱来的认真。给他开车的蔡玉强师傅说："我常去会议室接他，他常常是最后一个走出会议室的。散会后其他人都走了，或者吃饭去了，他却不走，要把记录整理出来，在现场写一个小总结交上去才走。长年如一日，当院士后也如此。"他的秘书刘志强说："他对自己要求非常严格，都快八十了，每天按时上下班，保密本和计算机密钥每天用完都会按要求锁到保密柜中，虽然是小事，但天天坚持这样做，说实话，也许我们年轻人都未必能做得到。他的威信就是来自于对自己的严格要求。"

黄瑞松严于律己，却宽以待人，和同事们在一起的时候很有亲和力。他对科学试验失败相当宽容。在上级面前，经常把失败的责任揽在自己身上，敢于承担，对员工和身边的同志却非常宽容。在他身边工作过的同志们说："一般人刚见他时，觉得他很严肃，但接触后，觉得很好说话。他跟人一说起话时常带微笑，态度温和。”他们还说：“跟他在一起的时候我们很爱唠嗑，聊的话题范围很宽泛，他知识面很宽，善于倾听，也善于打开话题。经常关心我的孩子几岁了，在哪里上学，有什么爱好，我的妻子干得怎么样，工作称心吗？我有什么疑问只要看他不是很累，都愿意和他交流。”“他对人特别真诚亲切，我儿子结婚的时候邀请他，他和老伴儿就来了。”“看到老同志，他都主动打招呼。”他的亲和力，说到底体现了一种待人的真诚。他常常说，先做人，后做事，你尊重了群众，群众也会尊重你。

黄瑞松的真诚待人，还体现在许多时候首先为别人考虑，想别人的多，想自己的少。20 世纪 70 年代末，“鹰击一号”和“鹰击六号”两型号要任命主任设计师职务，他那时已担任室主任职务，领导根据他的专业能力和贡献，准备任命他为主任设计师，问他：“你当哪个型号的主任设计师？”但黄瑞松主动辞让了，说：“我哪个都不当，我当副的。”在他的建议下，由同一研究室的两位一直搞总体工作的、年纪比他大的同志担任了主任设计师，他自己担任副主任设计师，他认为这样能更好地发挥老同志们的积极性，自己已经是研究室主要领导了，不能什么都去争、都去占。20 世纪 90 年代末，他不再担任“Y3”总设计师和总指挥职务，专职从事“Y2”研制工作，原来的“Y2”“Y3”是一支研制队伍，为了加强研制力量，加快研制进程，两个型号要分开，原在一个研制队伍的同志也不能再同时兼两个型号的职务，要么干“Y2”，要么干“Y3”，只能选一个。当他的研究生魏毅寅来征求他的意见时，他出人意料地说：“你去干‘Y3’吧。”因为魏毅寅是搞控制的，而“Y3”的控制比较薄弱，特别需要他这样的顶梁柱。其实这个时候黄瑞松负责的“Y2”型号上的人退的退、走的走，已经青黄不接了，魏毅寅要是留下来当然是再好不过，但黄瑞松首先考虑的不是自己的处境和师生之间的特殊关系，而是全院大局。

当我第一次走进黄院士的办公室时，有一点令我印象格外深刻：凡是目力所及的地方，都是琳琅满目的书。一个大办公台上密密麻麻地堆满了一尺多高的书，估计有上千册之多。两个木制的书柜和两个铁皮的书柜里，也是汗牛充栋。在他家的书房，除了桌子椅子外，就是书柜。他看的书品类繁多，以工程技术、工程管理类为主，但也有一些文史哲方面的，比如2003年“Y2”进场飞行试验期间，他就带了一套《中华上下五千年》，看得津津有味。黄瑞松真是活到老学到老的典范，一生学而不厌，持之以恒，孜孜不倦，即便上了年纪，他也丝毫没有放松，他说：“我虽然是老同志，但干的都是预研和探索的项目，和年轻同志的起点是一样的，所以要时刻保持学习的热情。”通过刻苦的学习和勤奋的实践，不断深化对导弹工程技术的认识。黄瑞松认为，对工程技术的认知在于“求真”，而求真的关键在于“实践”，是一种“知”和“行”的统一。黄瑞松很庆幸这辈子自己搞了工程技术，一个工程技术科学家最大的作用就是把高高在上的科学技术和国计民生中的具体需求充分地结合在一起。理论科学家带领我们认识世界，工程科学家为我们改造世界。

黄瑞松经常从“矛盾论”和“实践论”观点来认知导弹工程问题。我国飞航导弹的发展本身就是在极度困难的条件下、在各种矛盾的夹缝中求得生存和发展的。导弹研制活动是一种矛盾运动，既有矛盾的普遍性，比如研制产品质量和进度的矛盾，导弹技术指标和成本的矛盾，导弹技术的先进性和成熟性的矛盾，导弹飞行距离与射击精度的矛盾，导弹总体与局部的矛盾，等等；也有矛盾的特殊性，毛泽东认为对事物认知的顺序上“总是由认识个别和特殊的事物，逐步地扩大到认识一般的事物”，在导弹研制中也是这样，比如“Y2”导弹让黄瑞松遇到了颤振，这对他们来说是个新生事物，通过学习钻研、请教专家、对“Y2”导弹做振动测试、试验对比分析等方法，找到了“Y2”颤振的原因并采取了有效措施，这是认知了“个别和特殊”，在后续的其他型号中，由于有了“Y2”的前车之鉴，就做好了预防措施，没有再次出现过因颤振而飞行失利的情况，这就推广到了“一般”。

在航天“质量问题双五条归零”制度中的“技术归零”中，“定位准确、机理清楚、问题复现、措施有效”四条讲的是“个别和特殊”，而第五条“举一反三”讲的则是“一般”，这也符合矛盾论的思想；又有主要矛盾和矛盾的主要方面，比如在他主持研制的“强国弹”中，国产涡喷发动机是主要矛盾，而在国产涡喷发动机这个矛盾中，成功和失利就是矛盾的两个方面，虽然过程中有一些失利，但成功是主流，因而成功是矛盾的主要方面；还有矛盾的同一性和斗争性，举导弹飞行试验的例子最突出，通常情况下，飞行失败和成功交替出现，二者可以相互转化，体现了飞行试验的同一性和斗争性。

黄瑞松因为熟谙“矛盾论”的思想，不仅对导弹研制的基本规律有透彻的认识并能做出科学的决策，而且也使他面对各种矛盾时，有一种镇定而超然的心境。比如“强国弹”和“Y2”连续失利，尽管压力巨大，但他都心怀成功的希望，充满必胜的信念。因为“矛盾论”告诉他，失败在一定条件下会向成功转化，只要努力就一定能成功，他常说“胜利在坚持中”。

黄瑞松经常给大家推荐毛泽东的《矛盾论》和《实践论》。在他自己身上，前者对他认识工程技术发展规律很有帮助，后者让他在工程技术的应用和检验方面很有收获。“矛盾论”解决了“知”的问题，而“实践论”解决了“行”的问题。毛泽东在《实践论》中指出：“通过实践而发现真理，又通过实践而证实真理和发展真理……实践、认识、再实践、再认识，这种形式，循环往复以至无穷，而实践和认识之每一循环的内容，都比较地进到了高一级的程度。这就是辩证唯物论的全部认识论，这就是辩证唯物论的知行统一观。”作为一个工程技术科学家，黄瑞松身上打上了深深的实践的烙印。“有知识的人不实践，等于一只蜜蜂不酿蜜”，古波斯诗人萨迪的这句话，黄瑞松非常认同。“要学会游泳，就必须下水”，列宁的这句话他奉为圭臬。“你要知道梨子的滋味，就要亲口尝一下”，毛泽东的这句话他更是四处宣讲。

黄瑞松从一个学习制导控制专业的年轻人，在工作初期以从事制导控制工程为主，逐步发展到跨专业系统，然后再上升到以总体为核心、总揽各个专业的大系统，最终跃升到集研制、预研、探索于一体的中国海防导弹发展体系……他一次次的提升，都得益于一步步扎实而艰辛的工程实践。是实践让他学会了很多东西，也是实践让他知道还有很多东西没有学会，学无止境，必须上下求索。

当工程组长的时候，黄瑞松就要求组里的年轻人要去生产一线待三个月至半年，以对他们设计的产品的生产和试验情况进行全面了解。他当副院长后，也要求总体设计部的设计人员去专业厂所蹲点学习和实践，促进总体和分系统的融合。黄瑞松自己率先垂范，深入一线。即便走上了领导岗位，他也定期去一线工程组蹲点，去指导一线人员，解决实际问题，也从一线了解最直接的工作情况。他说："我习惯到第一线去，特别是有故障的地方，我肯定会在现场，那里是最长知识的地方。一帆风顺好，但长知识不多，坎坷才能增长知识，哪里有困难我就去哪里。"当然，实践并不是孤立的，黄瑞松主张学习、实践、总结要充分结合，"不断学习，勇于实践，善于总结"形成一个完整的认知过程，通过一次次的过程循环，使自己的认知体系不断螺旋式上

黄瑞松参观毛泽东故居

升，使自己的能力水平得以提高，使自己的眼界和境界得以升华，从而帮促自己“勇往直前”，不断攀登高峰。

矛盾论、实践论使黄瑞松在工程技术研究中形成了鲜明的实事求是的风格。比如在“Y2”研制过程中，他力排众议决策使用激光惯导，又反对在末制导雷达上使用太多的新技术、新元件，这看似矛盾，却恰恰体现了他实事求是的精神。再如，他认为对最优控制理论的应用应持以实践效果检验为准的观点和态度，认为没有绝对的最优，只有相对满意。在工程应用中，最优控制只能在一定的条件下实现其有限效果。他说：“我不追求最优，最优是不存在的，最优的状态很难控制，过一点儿就不行。我倡导‘满意理论法’。”和他一道长期共事的郑总说：“黄总的实事求是精神令人印象深刻，一型新导弹武器系统的研发工作是一项复杂的系统工程，必然面临各种各样的复杂问题。一方面，军方、上级领导机关以及基层单位会提出各种指导意见、建议和诉求；另一方面，型号科研工作具有客观性、复杂性，需要一个认识过程。如何协调、整合这两方面的差异和矛盾，对于总设计师而言至关重要，其中有工作方法与艺术的要素，但是更重要的是要有坚持实事求是的基本原则。但是在实际工作中，坚持实事求是原则有时会有很大的风险和压力。黄总在这个重大问题上，即坚持原则又善于整合协调，最终把型号研制工作从荆棘丛生的困境中引向成功的顶点，使型号工作的所有参与方都能够凝心聚力，共同分享成功，从而体现出总设计师的洞察力、领导力、凝聚力和承载力。”

上面谈到的，黄瑞松在做事方面的“认真”，待人上的“真诚”，科研上的“求真”，都体现了他性格中的一种“率真”。关于这方面也有很多故事。比如，主持开会的时候，他不喜欢最后一个发言，而是经常主动参与讨论，把自己的观点早点亮出来，有时争论起来不惜和大家争得面红耳赤，而且嗓门越说越高。有同志提醒他要注意总师风度，他却说：“理不辩不明，你们别管我的大嗓门，讨论的时候我不是总师，我是代表个人，我提出我的想法，你说你的意见，你说的有道理按你的办，我说的有道理按我的办，不是看谁官儿大，谁的对咱们听谁的。”他的秘书张利说，按院士待遇坐飞机是可以坐头等舱的，但他从来不提。有一次去成都出差，她忘了给他买头等舱了。他这么大年纪，坐头等舱肯定比坐普通舱要舒服得多。张利不好意思地说："忘了给您买头等舱了。"黄瑞松却说了一句："头等舱得三千多吧？贵一倍呢！没必要没必要！咱俩坐一起还能说说话儿。"

耿直也是率真的一种表现，黄瑞松就是一个说话办事耿直的人，有人总结过宜兴人的特点，其中很突出的一点就是耿直。他是有什么说什么，不喜欢藏着掖着，曾经有同志被他批评哭过，但说完了就完了，大家并不太在意。路遥知马力，日久见人心，大家比较了解他，也因此而理解他。

认真、真诚、求真、率真，本质都是一个"真"字。黄瑞松是一个活得很"真"的人。

2015年的夏天对于我来说，是一个繁忙而充实的夏天。我推掉一应个人事务，深居简出，集中精力撰写书稿，主要是利用周末、晚上等时间进行。因为黄院士极其丰富广博的人生经历，和我收集到的浩如烟海的基础素材，常常使我不知如何下笔，取舍艰难。在写作中我是一个一贯惜墨如金的人，希望用比较洗练的文笔来突出他的性格、概括他的一生，但我常常有一种无力感。他的各种形象都那么生动鲜活，不时纷纭在我的脑海，但恰恰是这样，我的笔端有时就会游移而飘忽，他的形象还没有完全定住。我知道，悬挂于山间缤纷的飞瀑固然漂亮抢眼，但它最终汇聚并流向远方的那条河流才体现了一种沉静而深刻之美。我固然要描写黄瑞松多姿多彩的人生飞瀑，但最终的落脚点必须是他波澜壮阔的人生河流。我之所以有一种游移感、飘忽感，是因为我的头脑中还没有精准地映射出他人生河流的最本真的底蕴。

我决定停笔两天，什么也不做，一个字也不写，来好好沉淀一下，思考思考这个问题。

2015 年 9 月 3 日上午，世界的目光聚焦在了中国的北京。纪念中国人民抗日战争暨世界反法西斯战争胜利 70 周年大会在天安门广场隆重举行。蓝天白云，艳阳高照。铁流滚滚，气势如虹。在全世界的注目中，官兵们雄赳赳气昂昂、英姿飒爽地列队通过天安门，战机呼啸着飞过天安门上空，各种先进武器装备组成的方队威武地流经人们的视线，最后，一群和平鸽飞向蔚蓝色的天空，羽翼发出了“嗡嗡”的震荡声，似奏响了一曲浩然的和平之声。

本次阅兵向世界昭示了一个东方大国的重新崛起，也表达了我们珍爱和平、守卫和平的决心和信念。其中多型导弹在阅兵中亮相，作为导弹事业的一员，我当然也是心潮澎湃。我想，黄院士此刻肯定也在观看大阅兵，在本次阅兵中，他曾主持预先研究长达 7 年的中国第二代超声速反舰导弹也接受了检阅。中国的导弹事业，壮哉！凝结了多少代科技人员的奋斗和努力！

我突然想到了正在思考的那个问题，心灵忽至，我想，我似乎理清了纷纭的思绪并得出了明确答案，黄瑞松人生河流的底蕴，毫无疑问，是奋斗！无论他有多少种生动鲜活的形象，但最根本的形象是一个自强不息的奋斗者；无论他有多少种重要的品质，但最宝贵的品质是一种百折不挠的奋斗精神。特殊的是，在这个风云激荡、激情燃烧的时代，国家民族对强国强军的需要和选择，和他个人的奋斗形成了汇流，从而使得他的奋斗具有了一种波澜壮阔的历史背景、动人心魄的史诗气质以及感人肺腑的人格魅力。但凡国家命运和个人命运交织的地方，往往都会生长出一种壮丽非凡的高贵情怀，古往今来、古今中外都是如此。他卓著的科研成就，他丰硕的管理成果，他出色的能力才干，他坚定的理想信念，他不懈的学习钻研，他坚忍的品性，他宏伟的强军梦、强国梦，他曲折的人生经历，他可歌可泣的心路历程……这些形象、品质、要素，其实统统都是一种最原动力的奋斗精神的投射。人处在一种默默奋斗的状态，精神就会从琐碎的生活中得到升华。我想，我找到了一把去更好地理解他的钥匙，我决定将奋斗精神贯穿这部传记的始终。他曲折坎坷的人生之路，归根结底是一条奋斗的道路。奋斗，是他人生乐章中最高形式的音乐，也是那阙最美丽、最动人的音乐！

得到了这样的心灵启示，我的写作就变得更加流畅而动情。2015 年 9 月中下旬的时候，我的书稿已基本完成，而黄院士的身体也日渐康复，这两件令我欣慰的事终于也渐渐往一个指日可待的历史时点上汇流，这给我带来了无比的欢乐。说真的，我真有了一种海阔天高的美妙心境。我强烈期盼着，在连续劳作 4 个月后，在国庆节期间，我终于可以好好休息一番了。

但我知道，黄院士的身体好转后，他从此又将跌落进“操劳”的深渊，他是一个闲不住的人，劝不住，也拦不了。由他去吧，因为他心甘情愿。

2005 年，远程反舰导弹“Y2”设计定型，从此他不再担任导弹研制的技术职务和行政职务，但他干的许多工作性质上还是一线的工作。2004 至 2009 年，他还担任了中国航天科工集团公司科技委副主任职务。他仍然在孜孜以求地为中国航天描绘壮丽的蓝图。

对中国飞航导弹的发展，他一直密切地关注着、思考着。他一直关心着中国海防导弹的发展和命运。其实，在中国反舰导弹起步的 20 世纪六七十年代，世界上很多国家都不太注重反舰导弹的发展。当时世界上反舰导弹的研制能力最强的是苏联，我国紧步其后。西方诸国依仗其庞大的舰队及海上防空力量，忽视反舰导弹的发展。转折点是 1967 年第三次中东战争，埃及仅用 2 枚苏式“冥河”导弹就击沉了以色列的战舰，开创了小艇打大舰、反舰导弹成功击沉大舰的历史先河，自此，反舰导弹才蓬勃发展起来，导致了现代海战出现了新的革命。它向人们表明，在现代海上对抗中，巨舰大炮已不再是致胜的唯一因素。

在现代化信息化战争中，战争模式与以往相比已发生重大变化，非接触战成为战争的一种典型模式，由海湾战争已得到证实。根据《简氏防务周刊》公布的海湾战争资料统计，在参战的 87 种精确制导武器中，导弹 77 种。非接触战对武器系统提出了越来越高的要求。以高新技术为特征的现代战争已经是一种多维的、体系与体系对抗的“非对称”战争。

黄瑞松认为，飞航导弹的发展必须按大系统的观点，以作战效能为中心，着眼于体系建设，在战争中科学地组织和合理地使用各种军兵种的力量，很好地发挥各军兵种在协同作战中的作用。飞航导弹的未来使命，在发展以某新型远程飞航导弹为代表的超低空、亚声速飞航导弹的同时，发展超低空、超声速

黄瑞松参加韩国航展

黄瑞松参加珠海航展

飞航导弹以及临近空间的高超声速飞航导弹，以便建成近、中、远全程覆盖的，以及全空域对地、对海、对空、对信息链实施精确打击的飞航导弹体系。他的飞航梦是“天空任我飞，海洋任我航。陆海空天，千里寻的，智能控制，亚超高超，任我飞航！”我想，这也正是全体中国飞航人的共同梦想吧。

黄瑞松一直为中国飞航导弹发展、国家航天工程建设、科研人才培养积极奔走，多方建言，发挥专家作用。他先后被聘为哈尔滨工业大学兼职教授、浙江大学兼职教授、北京航空航天大学博士生导师、中南大学名誉教授、中国宇航学会飞行器分会高级顾问、上海交通大学空天科技战略专家委员会委员、中国工程院科技合作委员会委员、国务院和中央军委军工产品定型委员会专家咨询委员会委员、教育部新型飞行器某研究中心首届学术委员会主任、海军战术导

黄瑞松在华中科技大学举办讲座

黄瑞松给院士们讲解飞航导弹技术

黄瑞松在何梁何利基金
2006年度颁奖大会上

弹实验室学术委员会主任、国家某重大工程专家委员会委员、惯性技术国防科技重点实验室副主任等职务，参与了国家层面的863等多个重大项目论证，并多次参与了国家科学技术奖、何梁何利奖、国资委“千人计划”等评审或评选。当然，他本人也于2006年获得何梁何利基金科学与技术进步奖——这一奖项旨在奖励取得杰出成就的科技工作者，具有很高的地位和分量。

至今，黄瑞松仍然担任着中国航天科工集团公司和三院科技委顾问一职。中国航天科工集团公司党组给科技委的定位是："集团公司发展战略研究的智囊团，技术决策的参谋部，培养人才、培育创新思维的摇篮，技术交流的园地和党组与科技人员联系的桥梁和纽带"。黄瑞松作为第一届顾问、第二届

中国航天科工集团公司办公楼

航天三院办公楼和航天展示中心

副主任和第三、第四届顾问，始终以技术咨询、技术支持、技术服务贯彻并践行着这一定位。他曾多次参与集团发展战略、发展规划、重大技术方案的论证、科技创新课题的技术咨询和重大型号质量问题归零的审查把关等工作，并主持了有关创新课题的研究工作。

2012 年以来，相关国家在我国东海、南海和周边海域动作频频。比如，在钓鱼岛及其附属岛屿问题上，相关国家上演了“命名”“购买”“国有化”等一出出闹剧。我国政府进行了坚决、有力的斗争。一方面，对相关国家提出严正交涉，另一方面，公布了钓鱼岛及其附属岛屿的领海基线。然而，相关国家置若罔闻，不断派遣船只前往钓鱼岛附近海域，造成事态不断恶化。为切实维护我国领土主权完整，在将来有可能发生的军事斗争中占据主动，黄瑞松带领8个单位、30余人参加了一项专门课题研究工作。结合敌我双方军力对比分析，开展了多种反制手段、作战想定与仿真验证研究，评估了作战效能，并提出了武器装备发展的建议。评审组的专家们一致认为，该研究对于如何运用现有武器实现对来犯之敌进行快速反制具有重要意义，为大规模联合作战提供了数据和模型支撑，提出了通过型号研制与现役装备改造大幅度提升我体系协同作战能力的重要建议。

在当前“大众创业、万众创新”的新时代背景下，中国航天科工集团公司也掀起了“二次创业”“三创新”的热潮。在当前军事对抗表现出全域体系对抗的新态势下，高新武器装备的研制创新已经不能满足于单纯的科技创新了，高红卫董事长高屋建瓴地提出了“三创新”的理念，他在2014年科技委年会上指出：“当前我们是处于第三次科技革命、第四

甲午海战令黄瑞松刻骨铭心

黄瑞松在无人机试验现场

次工业革命、第五次产业革命的历史阶段的企业，科技创新无疑是增强核心竞争力的本钱，但科技创新单枪匹马地突击，效果必然有限，‘三创新’——科技创新、商业模式创新、管理创新相结合才能最大限度发挥科技创新的拉动作用。”三位一体的创新理念，正激发着科技与管理的新变革，黄瑞松和其他科技委专家作为集团公司的高级智囊，也与时俱进地深入地思考着这一新的命题，积极为中国航天科工集团公司的跨越式发展献计献策。

有人认为，科学中蕴涵着无限的美。显然，在黄瑞松这里就是这样。他喜欢沉浸在对科学技术沉思默想的优美活动之中，而这些思考也不断展示给他新的远景。这样，他就在不知不觉中进入了一种精神充盈且身心愉悦的美妙状态。

黄瑞松的研究生魏毅寅曾写过一篇回忆文章，从中我们可以从另一个侧面去了解黄院士。为了保留文章的原汁原味，我谨全文收录于此：

“我在黄先生指导下于1986年8月至1989年3月，在航天部三院总体设计部攻读硕士研究生，专业是飞行器导航与控制系统专业。

“黄先生指导研究生着眼素质，全面管理。我接受的教导是‘勤于学习、善于思考、不畏险阻、勇于登攀’，由于他的乡音很重，每次听他说出这16个字，我都怀疑我自己是不是听对了。在学习期间，经常听先生介绍航天（特别是飞航）精神与航天事业发展的历史事件，激发我热爱航天、热爱飞航的内在感情。先生的指导一丝不苟，对学术观点尤其坚持，对我的学位论文把关很严。

“关于学术观点：先生对最优控制理论的应用持以实践效果检验为准的观点和态度，认为没有绝对的最优，只有相对满意。在工程应用中，最优控制只能在一定的条件下实现其有限效果。从这个观点出发，对最优估计和最优滤波的应用也必须明确其假设前提。我的学位论文是关于惯性导航系统动基座初始对准技术的研究，其中的研究思路受到先生思想的影响，论文之外对最优滤波有比较多的研究和认识，而解决问题的方法对选择卡尔曼滤波器比较慎重。在学位论文终审时，先生还特别提出关于滤波算法最优性评价的修改意见。

“勤奋的榜样：黄先生指导我研究生期间，除担任总体设计部领导，还是多个武器型号的副总设计师，日常工作十分繁忙。他的包中总是有很多本技术报告，还有一本记得密密麻麻的小记录本。经常匆匆忙忙地开会研究各种技术问题，感觉他始终在忙着工作。晚上回家也要阅读、批示技术报告，每次去他家里，好像是给他一个休息的机会。尽管工作繁忙，他还是要抽出时间询问我的研究进展，关心我在研究室里的表现，提醒注意事项和解答问题。他的勤奋始终是我的榜样，也对我后来的工作风格有着直接的影响。

“认真负责：我的学位论文成稿的时候，黄先生作了全面审阅把关。不记得是什么原因了，先生的脚受伤不能走路，脚腕上打着石膏。记得他靠在一把椅子上，受伤的脚架在一只凳子上，把我叫到他的家里，逐段讨论我的论文。每次想起当时的情景，我都会感激他对我的培养，也被他认真负责的精神所激励。

“对晚辈的亲切和蔼：先生的一家对人很热情，每次去看望他们都会受到热情接待。师母也是学者，对年轻人、晚辈总是像母亲一样慈爱，关心学习，关心生活。先生在见到学生和年轻人，主动打招呼，亲热交谈。我很奇怪他对那么多青年人的事情有了解，很多人、事情记得那么清楚，谈起来感到格外亲切。

“系统工程的方法：黄先生的专业理论和实践经验十分丰富，在飞行器总体、导航控制、电子技术方面造诣很深，最为突出的是系统工程理念。在面对大系统、跨专业协调、技术管理等相对复杂的难题和局面时，先生主要以系统工程的方法分析问题、解决问题。我的学位论文研究偏重导航与控制技术，在选题开题、研究验证阶段，先生给我多次介绍系统工程的思想，并希望我能很好地运用。由于在研究生期间，有意识地学习理解系统工程的概念，为我毕业后主持大系统项目打下了很好的基础。

“毕业后的指导：我和黄先生的师生情谊是永远的，研究生毕业了，但是他对我的指导没有结束。我研究生毕业后在三院总体设计部总体室工作，参加的科研工作在黄先生的直接领导下，做主管设计师、主任设计师、副总设计师，直接感受到在学生阶段没有经历的科研实践，是连续的培养教学。先生的指导一如既往地严谨、认真、负责、勤奋，对我严格要求的同时，增加了很多信任和希望。我曾经在黄先生任总设计师的两个型号中任主任设计师和副总设计师。我事业刚刚起步阶段，在多次型号的科研试验和组织攻关中，先生有意授权我主持工作，并给予肯定，使我有机会快速成长，更直接获得解决复杂问题的机会，提高处理问题的能力。黄先生是我国超声速飞航导弹的创造者之一，始终怀有让我国超声速飞航导弹赶超世界先进水平的愿望——他自己的‘超声速梦’。他提出了先进超声速反舰导弹的方案，支持我们把这个‘梦想’变为现实，经过刻苦攻关，终于圆了他的‘超声速梦’。

“黄先生是恩师，是慈祥的长者，是事业的榜样，是中国飞航的旗帜。”

“9·3”阅兵后，我再次见到黄院士，他问起我这三天放假出去了没有？我说去康西草原玩儿了，带家里人去转了转，在那里住了一宿。他兴致勃勃地问怎么走，好玩儿不？我说那儿离延庆县城很近，开车过去要不了多长时间。草原还挺大的，景色也不错，白天可以骑马，开敞篷车兜风，晚上可以参加篝火晚会，吃手抓羊肉，可以住农家院，也可以住蒙古包，有一种塞外风情，挺不错的。他开心地笑了起来，神往地说，一定要去玩玩儿。他神采奕奕、精神饱满，我高兴地说，瞧您这身体，要不了多久，就可以开车出去转转了。是的，他基本上完全康复了。看得出来，这几个月没有机会走近大自然，给老人家憋坏了。

湖畔小憩

与老伴儿出游

黄瑞松喜欢走近大自然，去爬爬山，看看水，与大自然亲近亲近。别人在微信朋友圈里发的好看的图片，他都要保存下来。在家里，如果有时间看会儿电视，也要么是看新闻，要么是看风光片，百看不厌。他很少看电视剧，要看也是抗战、历史、军事这样的题材。近些年，他喜欢上了摄影，出去玩儿的时候照了很多照片。“他现在经常拿我当模特儿。”阿姨笑呵呵地说，“年轻的时候他经常说，等退休后我们到处走走，看看祖国的大好河山，但是他食言了。他原本打算退休后回宜兴的，也食言了。”2003 年，黄瑞松当选为中国工程院院士，当时的说法是未到资深院士前要坐班，资深院士就不用坐班了，因此他一

黄瑞松在三院运动会上传递火炬

黄瑞松的一生都在与困难对垒

美景如画，人在其中

徜徉山水之间

试试骑马也是一种乐趣

直在正常上班，很多心愿都还没实现呢！

尽管没有机会回老家宜兴长住，但他对家乡自始至终都充满了深切的怀念。说起家乡，他总是滔滔不绝。他说宜兴的美贵在自然，山清水秀很吸引人。不过这些年变化很大，2006 年到南京出差，由南京开车回去过，沿高速公路到宜兴，却没找到去和桥的路，兜了一个多小时的圈，他感叹说："有机会要多回去看看。"黄瑞松的口音很重，我认为这正说明了他对家乡深深的爱。遇到老乡，他还会经常考验对方是不是正宗的宜兴人。在 2008 年的宜兴同乡会上，他对一位"老乡"说了一句典型的宜兴方言——"嚓叽塔一跤，跌出个紫突罗块"，结

黄瑞松在宜兴一中为应届高中毕业生作报告

黄瑞松为母校宜兴一中题字

果对方没听懂，黄瑞松立即对他说：“你不是正宗的宜兴人，听懂了就是真正的宜兴人！”说到这里，他像一个得胜的孩子一般率真地笑了。

2014 年，黄瑞松回宜兴休假，这也是他离开老家后在家乡待的时间最长的一次，利用这难得的机会，不仅与弟弟盘松一家欢聚畅谈，而且实现了多年的愿望，去看望了自己的母校：高塍中学和宜兴一中。学校几经变迁，早不是记忆中的样子了。在宜兴一中，他有幸见到了他的班主任张老师，师生相见格外亲切，有说不完的话。在宜兴一中，他为高三应届毕业生作了一场报告，讲他的人生道路，宣传中国的航天事业，给他们普及航天知识，为他们写下了“事在人为，关键在为，只要敢为，一定大有作为”和“不断学习，勇于实践，善于总结，勇往直前”的勉励箴言。有学生因为听了他的报告，高考的时候报考了航天相关的专业，要在毕业后投身祖国的航天事业，他听了以后感到很欣慰。

崇尚简朴的黄院士，他的家装修得相当简单，布置也很简洁朴素。在书房的墙上，并排挂着一组四幅国画，分别是《梅》《兰》《竹》《菊》，虽然画不大，但构图精巧、笔法自然、设色典雅，使书房显出了几分雅致。梅、兰、竹、菊被誉为“四君子”。古人云“文房清供，独取梅、兰、竹、菊四君者无他，则以其幽芳逸致，偏能涤人之秽肠而澄莹其神骨……”

我的传记创作即将收官。

此时是北京时间 2015 年 9 月 26 日下午 16 时 19 分，星期六，明天就是中秋佳节了，我寻思，这个中秋节我得编一个特别别致的祝福短信发给黄院士。我突然想，此时此刻，他在做什么呢？如果我没猜错，他一定穿着他亲自“设计”的那件宽松的白圆领汗衫，静静地坐在书房的藤椅上，聚精会神地阅读。他标志性的满头白发，给人一种油然的亲近。他落在书上的目光，专注、宁静而幽远。书房的 CD 机正播放著名的军旅歌曲《激情燃烧的岁月》，动人的钢琴曲里流淌着深情的音符，那旋律令人心潮澎湃、荡气回肠……

黄瑞松大事年表

1938 年

7 月 18 日，生于江苏省宜兴县（现为宜兴市）和桥镇西锄村。

1944 年　6 岁

9 月，就读于江苏省宜兴县和桥镇南新乡西锄小学。

1950 年　12 岁

9 月，考入江苏省宜兴县和桥镇彭城中学，读初一。

1951 年　13 岁

9 月，转入宜兴县高塍镇赋村中学，读初二。

1952 年　14 岁

9 月，赋村中学搬到高塍镇改为高塍中学，读初三。

1953 年　15 岁

9 月，考入宜兴县第一中学读高中。

1955 年　17 岁

9 月，加入中国共产主义青年团。

1956 年　18 岁

8 月，考入中国人民解放军军事工程学院（哈军工）。

1961 年　23 岁

9 月，加入中国共产党。

1963 年　25 岁

3 月，从哈军工毕业，分配到国防部第五研究院一分院四部，担任设计员，从事我国第一个舰舰导弹制导控制系统设计工作。

1964 年　26 岁

2 月，按照解放军总政治部“干部下连当兵锻炼”的要求，赴海军第一支岸舰导弹部队 542 岸舰导弹部队四中队下连当兵，与战士同吃、同住、同劳动、同操作、同娱乐。

4 月，被国防部授予中尉军衔。

1965 年　27 岁

1 月，调入新组建的第七机械工业部（简称“七机部”）第三研究院总体设计部，从事我国第一代岸舰导弹研制工作，任设计员、主管设计师。

1 月，与杨韵茹女士结婚。

6 月，转业。

1966 年　28 岁

4 月，调入三院总体设计部新组建的空面导弹研究室，担任弹道与控制工程组组长，从事空面导弹的研制工作。

1967 年　29 岁

6 月，儿子黄兴东在北京出生。

1969 年　31 岁

1 月，女儿黄兴梅在江苏省宜兴县和桥镇出生。

9 月，在石家庄滹沱河军垦农场下放劳动锻炼。

1970 年　32 岁

从军垦农场调回原单位，从事我国第一代超声速空舰导弹型号的研制工作，历任主管设计师、总体副主任设计师、副总设计师。

1972 年　34 岁

妻子杨韵茹调入三院总体设计部三线筹备办公室工作，户口由西安调入重庆，在黄瑞松的建议下，开始从事仿真工作。

1975年　37岁

从事我国挂“轰六”飞机第一代空对舰导弹的研制工作，历任总体副主任设计师、副总设计师。

1977年　39岁

10月，任三院总体设计部研究室副主任，从事两型导弹的研制工作，第一代超声速反舰导弹首次飞行试验成功，荣立个人三等功。

1978年　40岁

10月，三院总体设计部第一届科技委成立，任科技委副主任，参与第二代舰舰导弹的研制工作。

参与研制的第一代岸舰导弹“海鹰二号”获全国科学大会奖。

1979年　41岁

妻子和孩子的户口由重庆调入北京，杨韵茹也正式调入三院总体设计部从事仿真工作。

1982年　44岁

3月，任三院总体设计部研究室主任，两型导弹总体副主任设计师。

1983年　45岁

4月，三院科学技术委员会成立，任委员。

6月，任总体设计部副主任，负责两个型号的研制工作，任副总设计师，主管预研和人才培养。

1984年　46岁

2月，任三院仿真工程副总设计师，主持总体设计部飞航导弹仿真工程建设，确定发展战略和技术途径。

10月，参与研制的第一代岸舰导弹和第二代舰舰导弹参加国庆三十五周年阅兵，外国专家称第二代舰舰导弹为“中国飞鱼”。

1987 年　49 岁

5 月，任研究员。研制的第一代空舰导弹武器系统获国家科技进步奖一等奖，主持决定订购银河一号仿真机并签订合同。

1988 年　50 岁

1 月，任航天三院总体设计部主任。参与研制的第二代舰舰导弹获国家科技进步奖特等奖，聘为哈尔滨工业大学兼职教授。

1989 年　51 岁

8 月，当选为中国系统工程学会军事系统工程委员会委员。

当选为中国宇航学会第二届理事。

1990 年　52 岁

8 月，任第二代舰舰导弹改进型副总设计师。

8 月，被授予“国家有突出贡献中青年专家”。

8 月，荣获航空航天工业部劳动模范。

8 月，当选为中国宇航学会无人飞行器分会常务理事。

1991 年　53 岁

决定总体设计部与航天系统工程研究所共同开发航天产品集成设计制造系统。

1992 年　54 岁

第一代超声速反舰导弹鉴定性飞行试验成功，主持确定飞航技术仿真系统的两个飞行仿真转台研制任务，并与承制单位签订研制合同。

1993 年　55 岁

任三院副院长，主管型号、质量、工艺、情报与技术基础工作。任三院预先研究总研究师，主管预研工作，主持“九五”“十五”“十一五”国防科技发展研究中飞航导弹发展战略研究及三院预先研究工作。

从事大技术跨度的新一代中远程反舰导弹的研制，任总设计师、总指挥。

主持第二代超声速反舰导弹预研工作。

研制的第二代舰舰导弹改进型获国家科技进步奖三等奖。

1994年 56岁

从事国家急需的新一代中程舰舰导弹的研制，担任总指挥。

从事第一代空地导弹的研制，任总设计师、总指挥，1997年底工作移交，不再担任。

研制的第一代超声速反舰导弹获中国航天工业总公司科技进步奖一等奖。

5月，当选为中国系统仿真学会理事。

主持飞航导弹计算机辅助设计与辅助制造（CAD/CAM）一体化的预先研究工作。

当选为航天科研管理研究会副理事长。

1995年 57岁

被聘为哈尔滨工业大学金属精密热加工国防科技重点实验室学术委员会委员。

第一代超低空超声速飞航导弹技术获国家科技进步奖三等奖。

1997年 59岁

当选为中国造船工程学会水面兵器学术委员会副主任委员。

1998年 60岁

新一代中程舰舰导弹设计定型飞行试验全面完成。

1999年 61岁

8月，被聘为中国航天机电集团公司第一届科技委顾问。

9月，中国航天机电集团公司聘任黄瑞松为三院科技委主任，不再担任三院副院长职务。

新一代中远程舰舰导弹第一次飞行试验成功。

10月1日，参加国庆五十周年活动，在观礼台上看着自己参与研制的新一代中程舰舰导弹经过天安门广场。

11 月，参加海军某大型演习任务，研制的多型导弹参加演习，受到上级领导的高度评价。

三院获海军某工程突出贡献奖，黄瑞松获先进个人嘉奖。当选为中国宇航学会第三届理事。

2000 年 62 岁

担任新一代导弹驱逐舰工程副总设计师。

2001 年 63 岁

12 月，不再担任三院科技委主任，全力以赴抓新一代中远程舰舰导弹研制工作。

为确保新型号按期完成研制，对型号队伍提出“四个主动”工作要求：有问题主动协商，有困难主动克服，有余量主动相让，有风险主动承担。

2002 年 64 岁

新一代中程舰舰导弹武器系统获国家科技进步奖一等奖。

4 月，不再担任新一代中远程舰舰导弹武器系统总指挥，专职总设计师工作。

在三院首次采用虚拟装配技术，产品从设计到制造一次成功，缩短了研制周期，保证了当年飞行试验任务的完成。

新一代中远程舰舰导弹自控飞行试验超程自毁，圆满完成飞行试验任务。

2003 年 65 岁

新一代中远程舰舰导弹当年飞行试验跨越三个阶段，飞行试验任务取得圆满成功。

12 月，当选为中国工程院院士。中央军委主席江泽民、中央军委副主席曹刚川等领导参观在三院举办的中国航天科工集团公司武器型号展时，向江泽民介绍了研制的型号产品，当江泽民听到他当选为中国工程院院士时表示祝贺。

2004年　66岁

5月，当选为中国航天科工集团公司第二届科技委副主任。

6月，参加中国工程院第七次院士大会，并在机械运载学部学术交流会上作了题为《关于仿真技术的应用与发展》的学术报告。

主编的《飞航导弹工程》由中国宇航出版社出版。

当选为中国宇航学会第五届理事。

2005年　67岁

1月，“Y2”导弹获国防科技工业武器装备型号研制金奖，黄瑞松排名第一，并被荣记一等功。

参加国家中长期发展规划中的重大专项论证工作，担任论证专家组组长。

参加国家科学技术奖的评审工作。

2006年　68岁

参与研制的第一代空地导弹武器系统获国家科技进步奖一等奖。

被国务院、中央军委军工产品定型委员会聘为专家咨询委员会委员。

10月，新一代中远程舰舰导弹武器系统获国防科学技术奖特等奖。获中国航天基金奖特别贡献奖。

11月，获何梁何利基金科学与技术进步奖。

12月，被北京航空航天大学聘为博士生导师。

2007年　69岁

1月，在国防科工委组织召开的2007年国防科技工业工作会议上，领取了新一代中远程舰舰导弹武器系统国防科学技术奖特等奖。

研制的新一代中远程舰舰导弹武器系统获国家科技进步奖一等奖。

2008年　70岁

1月，参加国家科学技术奖励大会。

参加2008年度国家科学技术奖评审工作。

参加何梁何利基金奖评审工作。

2009年 71岁

3月，参加中国人民解放军军事科学院、中国航天科工集团公司战略与技术创新发展研讨会。

参加2009年度国家科学技术奖评审工作。

4月，任中国航天科工集团公司第三届科技委顾问。

6月，参加2009年度中国航天科工集团公司新世纪百千万人才工程国家级人选评审会。

8月，参加哈尔滨工业大学金属精密热加工国防科技重点实验室学术委员会会议。

9月，参加《航天器制导、导航与控制》丛书编委会第一次会议。

11月，参加国防科学技术奖评审工作。被浙江大学聘为航空航天学院兼职教授。

2010年 72岁

1月，作为特邀嘉宾参加在人民大会堂召开的国家科学技术奖励大会。

4月，参加教育部新型飞行器联合研究中心成立大会，被聘为联合研究中心第一届学术委员会主任并主持第一次会议。

参加中国航天科工集团公司组织的《中国航天科工集团公司引进技术消化吸收再创新科研“十二五”规划》评审会。

5月，参加2010年度国家科学技术奖专用项目评审工作。

7月，参加国家科学技术奖评审工作。

8月，参加《航天器和导弹制导、导航与控制》丛书编委会第一次大会，被国防工业出版社及丛书编委会聘为编委会常委。

8月，参加国防科技工业杰出人才奖评审工作。

被聘为上海交通大学空天科技战略专家委员会委员。

被聘为中国航天基金会评审委员会委员。

被聘为中国工程院科技合作委员会委员。

2011年 73岁

3月，参加国资委第六批“千人计划”评审工作。

4月，参加“航空发动机和燃气轮机工程”咨询项目调研和研讨会。

5月，参加国家科学技术奖评审工作。

7月，在华中科技大学作“中国飞航技术发展与航天精神”学术报告。

10月，参加惯性技术国防科技重点实验室挂牌仪式暨学术报告会，被聘为实验室学术委员会副主任。

10月，参加中国宇航学会无人飞行器分会导航与控制专业委员会成立大会，并被聘为顾问。

11月，参加中国工程院与贵州省人民政府科技合作协议签字仪式，并加入一个院士工作站工作。

被聘为高超声速冲压发动机技术国防重点实验室学术委员会委员。

2012年 74岁

2月，参加中国航天工程科技发展战略研究院学术委员会第一次会议，被聘为学术委员会委员。

3月，参加中国航天科工集团公司空间动力技术发展研讨会。

4月，参加中国宇航学会委托三院总体设计部承办的2012“飞航杯”全国首届未来飞行器设计大赛活动。

5月，参加贵州省院士工作站活动并为贵州航天工业公司作“航天制导控制系统设计中需关注的问题”学术报告。

7月，被聘为哈尔滨工业大学金属精密热加工国防科技重点实验室第三届学术委员会委员。

10月，参加国资委组织的第九批“千人计划”评审工作。

2013年　75岁

1月，参加中国宇航学会无人飞行器分会专家咨询工作委员会成立大会，被聘为高级顾问。

4月，调研苏州东菱科技有限公司，考察航天三院镇江产业园。

5月，参加中国航天科工集团公司探索一代项目评审工作。

5月，参加在贵阳举办的中国科协第十五届年会暨院士援黔活动，并在贵州某航天单位院士工作站进行技术交流活动。

6月，参加国家科学技术奖专用项目评审工作。

6月，参加主题为“全军武器装备建设发展”的第三届军队高层次科技创新人才工程学术交流会议。

6月，参加中国航天科工集团公司“十大科技英才”“十大技能高手”评审工作。

7月，参加何梁何利基金科学与技术进步奖专业评审工作。

7月，参加中国宇航学会无人飞行器分会换届大会暨学术交流会，被聘为高级顾问。

9月，考察株洲电力机车研究所有限公司研发的机车控制、电力电器、风电、新材料等项目。

9月，考察中南大学粉末冶金、机电等重点实验室，被聘为中南大学名誉教授。

9月，被北京市人力资源和社会保障局聘为北京学者计划专家委员会委员。

12月，参加清华大学航天航空学院、北京航空航天大学宇航学院博士论文答辩。

2014年　76岁

4月，被聘为中国航天科工集团公司第四届科技委顾问。

后 记

黄瑞松院士是一位导弹工程科学家，他的一生都奉献给了中国航天事业和飞航导弹事业，从事导弹科研工作长达半个世纪之久，为中国国防建设作出了不可磨灭的贡献。在他重点参与和负责的导弹武器中，从射程上覆盖了近、中、远，从平台上涵盖了陆、海、空，从速度上包含了亚声速、高亚声速、超声速、高超声速，基本上反映了中国飞航导弹的发展脉络。所以，本传记除了描写传主本身外，通过黄瑞松的人生历程——这个历史的传动带，回溯和展现了中国飞航事业的发展。通过院士传记，能够让全社会了解中国飞航事业的发展和成就，作者认为这体现了一种既源于传记、又高于传记的意义。

本传记创作秉持真实、生动的原则。黄院士的人生本来就很精彩，任何添枝加叶和凭空臆造，都是“蛇足”。真实的故事自有万钧之力。关于真实，这也是黄院士本人一再重申的观点，他说“我要真实的黄瑞松，不要创作的黄瑞松”。在真实的基础上，作者力求生动。

关于创作的过程，在“侧记”中已经交待得比较清楚，不再赘述。作者只是想强调的是，由于素材的查阅和收集、采访、撰写需要在4个月时间内完成，在此期间作者还要正常上班，时间确很仓促，在正式动笔撰写期间，每天要完成13 000字以上，再加上作者能力水平有限，错误和不足之处在所难免，希望能得到读者的谅解和各界人士的批评指正。同时，比较遗憾的是，每个型号其实都有更多的内容可写，也能有更多的人物展现，但由于黄院士涉及的型号比较多，受整体篇幅的限制，只能浅尝辄止，希望在后续的作品中能有其它机会弥补。按照有关规定，未列出部分人员的真实姓名，也是一种遗憾。飞航事业是一项集体奉献、大力协同的事业，这个特殊群体——有一部分人员在当前甚至还不能以真名实姓来称呼他们，但毫无疑问，他们的事业神圣光荣，他们的事迹可歌可泣，通过这一次重温历史，作者对他们中的每一个人都充满了深深的敬意。

作者认为，航天院士传记是描绘航天人、宣扬航天精神的重要载体。在传承历史和文明的众多手段中，其中很重要的一种就是文字。《左传》有云“言之无文，行而不远”；美国著名诗人庞德曾说“文学是能永葆新闻性的新闻”；1977年徐迟的一篇《哥德巴赫猜想》，让全国人民的目光都投向了中国数学界，为即将召开的全国科学大会营造了热烈的氛围，点燃了无数年轻人投身科学的梦想和激情。这就是文字的魅力。希望作者的尝试能抛砖引玉，涌现出更多的精品。在创作过程中，黄院士本人的精神也深深感染了作者。他克服了那么多的困难和挫折，他一生奋斗求索的精神，一贯的乐观主义性格，已经融进了作者的灵魂，将成为作者人生的灯塔。今后，无论遇到多大困难和挫折，想想黄院士，作者一定能够获得一种勇敢的决心和力量。

《中国航天院士传记丛书》是在中国航天科技集团公司和中国航天科工集团公司统一领导下编写出版的，《黄瑞松院士传记》是在三院编审委员会和办公室的直接组织领导下完成的，在编写过程中，得到了院内外人士的大力支持和帮助。本传记第一、二章由凌览、凌翔共同编写完成，其余内容由凌览编写完成。

谨向以下接受过采访，或提供过资料，或其作品为作者提供过参考的人士致以衷心的感谢（排名不分先后）：马恒华、左赛春、王祖全、倪永兴、武振泉、路史光、杨宝奎、辛黎升、杨经卿、张春发、刘庆楣、蔡淑华、曹柏桢、兰卓群、余永恕、张哲、林毅、李永刚、常伯浚、曾兴权、吴宝初、吕国鑫、吴碧霞、关世义、万虹、张鸣举、曹建国、刘静、孟范源、汤龙生、徐海宝、张建舟、周福生、徐国朋、杨鸿昌、高庆芬、孙述廷、洪颖文、周志宗、赵栋材、姜福灏、叶永烈、高健、罗桂泉、李德芳、王满云、高红卫、周明、冯大伟、魏毅寅、郑严、张红宇、吕东明、孙志荣、张志高、胥曰仲、张志义、张召、田玉龙、李文刚、安慧、赵少奎、胡永继、韩连庆、张振家、张利、姚勇军、屈红霞、刘小勇、刘金、王健、吴达章、庞重义、罗金玲、王宇飞、蔡玉强、邱宏波、殷善贤、李春生、唐银新、赵岩、刘志强、张博文、燧发枪、翟东来、李乃奎、宋菲、储佳康。

谨向以下对创作过程中的资料收集整理、管理协调提供过直接帮助的人士和单位致以诚挚的谢意（排名不分先后）：于世元、王黎、李国春、岳铮、刘志强、刘航、刘铭、刘子豪、刘华英、侯甫芳、杜静、范皆、谈卉、高蕾、王玉华、郭敏、魏金石、李超、姜楠、中国航天科工集团公司科技委、三院院机关、三院总体设计部、三院情报研究所、红峰公司。

特别感谢黄瑞松院士及其家人的大力支持和帮助。

最后，作者想特别谈一谈黄瑞松院士喜欢音乐这个特点。黄院士确酷爱音乐，形影不离，看红头文件都要听，这一点确实奇特。科学与艺术的关系问题是一个奇妙的问题，因为作者也喜欢音乐，对这一点特别有兴趣。在本传记中，作者一次次地强调了“音乐”这个元素或意象，是有意为之的，比如，在第二章结尾的时候作者讲到他们同学合唱《中国人民解放军进行曲》后写道“但这对于黄瑞松来说，充其量不过是他人生壮丽乐章的序曲，逐渐磨进的最强音很快就要奏响了。”又如，作者形容他的奋斗是“奋斗，是他人生乐章中最高形式的音乐，也是那阙最美丽、最动人的音乐！”又如，作者描写他做手术前医生给他用手机放《莫斯科郊外的晚上》的生动情景；又如，作者分析音乐对他科研工作的积极影响“谁能反证，当黄瑞松沉浸在音乐中的时候，那些平常可遇不可求的科学技术的灵感，没来到他的脑海中，并随那美妙的音符翩翩起舞？”在如此多的铺垫后，作品的结尾自然就以“音乐”来结尾了。于是，作者想象了一个场景，就是他坐在书房椅子上听着音乐静静阅读的场景。这本传记就如同一支乐曲本身一样，经过序曲、间奏、主旋律……最终到达了灿烂的尾声。作者希望读者在阅读本传记的时候，脑海中会产生出这种意象，在浪漫的“乐音”陪伴中读完本书。

回顾黄院士的人生，回望那些峥嵘的岁月，回望三院人的奋斗史，确实心潮澎湃、荡气回肠。结尾提到的这首曲子《激情燃烧的岁月》，是一部反映革命军人的同名英雄主义电视连续剧的主题曲，这部连续剧和主题曲都非常经典，可谓家喻户晓，这部连续剧后，很多人用“激情燃烧的岁月”来代表新中国成立后相当长一段时期中国人民特有的奋斗、质朴、坚韧和充满乐观主义激情的时代。

请让我们也一起记住那个伟大的时代，以及那些令我们感动的人。

凌览 2015 年 9 月 26 日初稿于北京房山。

凌览 2015 年 12 月 15 日改于北京丰台。